MSRDS VPL

Microsoft Robotics Developer Studio Visual Programming Langage

THE ROBOT PROGRAMMING

for Improving Reasoning

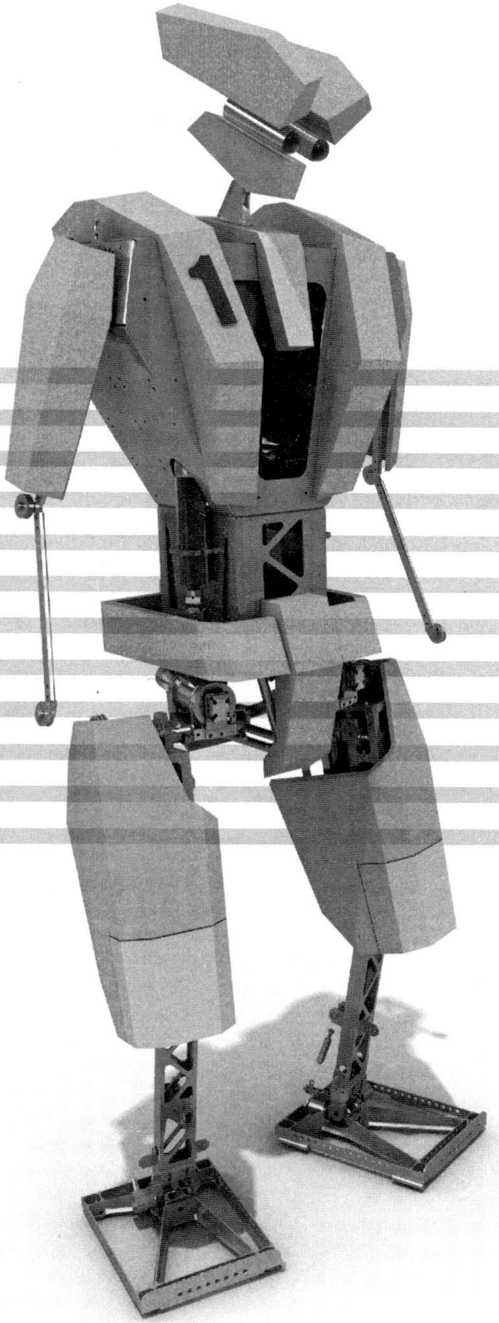

MSRDS VPL 논리력 향상을 위한 로봇 프로그래밍

| 정종인 • 김영준 지음 |

홍릉과학출판사

머리말

프로그래밍 접근의 새로운 시도 – VPL

20년 전 베이직 언어로 시작된 프로그래밍의 대중화는 C언어를 거쳐 현재 자바, C#, 파이썬, PHP 등 여러 제품으로 다양화 되어 가고 있으며, 각각의 툴들은 애플리케이션 개발 전체 영역을 커버하기 보다는 각자의 툴이 지니는 장점을 가장 잘 발휘하는 영역에서 사용자를 확보하고 사용되고 있는 상황이라 볼 수 있겠다.

이렇게 사용자 영역의 다양성과 제품의 다양성은 나름대로 생산성을 극대화시키는 장점을 가지는 반면에, 하나의 툴이 보편성을 가지지 못하고, 제한된 영역에서의 사용자층만 확보하는데 그치는 문제점을 야기하였으며, 또한 웹이 출현하기 전까지는 베이직이나 C언어 교육만으로 어느 정도 프로그래밍 툴에 대한 교육 문제가 해결되었으나, 현재는 개발 툴이 다양화됨에 따라 일선 교육현장에서는 많은 어려움을 겪고 있다.

그 이유는 어떠한 툴을 학생들에게 가르쳐야 할 것인가에 대한 선택의 문제와 학생들이 다양화된 툴의 학습을 쉽게 따라오지 못하는 문제 때문이다. 기존 툴들은 나름대로 고유한 전문성을 가지는 대신에, 학생들이 쉽게 툴에 적응하는데 어려움을 유발하게 되었다.

이러한 이유에서 본서는 학생들이 흥미를 가지고 쉽게 시작할 수 있는 새로운 형태의 개발 툴에 대한 시도로서 마이크로소프트사의 VPL을 소개하고자 하며, 알고리즘 학습에 필요한 기본 요소에 대해서도 충분히 이해할 수 있도록 설명과 함께 다양한 활용 사례를 추가해 놓았다.

본서에서는 프로그래밍 언어의 문법을 외우게 하는 기존 툴과 달리 다이어그램의 사용 패턴을 숙지함으로써 필요한 로직을 구현하도록 하는데 주안점을 두었으며, 학생들이 흥미를 가지고 쉽게 시작할 수 있는 다양한 예제의 수행을 통하여,

로직 개발에 필요한 응용력과 문제 해결 능력을 배양하는 데에도 많은 도움이 되기를 바란다.

끝으로, 책이 마무리 될 수 있도록 도와주신 홍릉과학출판사 편집자와 관계자 그리고 사장님에게 깊은 감사의 마음을 전한다. 또한 컴퓨터 교육 분야에서 많은 발전에 노력해주고 계시는 분들께 국가의 경쟁력을 키워나갈 수 있는 노력을 아끼지 말아주시길 당부 드리며, 함께 발전할 수 있는 기회를 만들어 나가길 바란다.

2012년 6월

저자 일동

이 책을 보기 전에

Q1. 누가 읽으면 좋은 책인가?

본서는 프로그래밍을 위한 논리력 향상 훈련 및 알고리즘 학습과 교육이 필요한 초등학생, 중고등학생 및 대학생, 그리고 관련 교육기관에 종사하는 업무 수행자들에게 도움이 될 수 있는 책이다.

특히, 컴퓨터교육 관련 중고등학교 또는 대학교에서는 학교에서는 기존에 다루었던 이론과정을 집적 실습해 볼 수 있는 기회를 제공하기 때문에 기존 교과 내용의 심화 및 응용과정에 적합한 책이다.

단계적으로는 자료구조 및 알고리즘 개발 외에도 MSRDS가 본래 지원하는 로봇 프로그래밍에도 확장이 가능하며, 게임개발 및 그래픽스 관련 교과에도 시뮬레이션을 접목하여 실습 교재로 활용할 경우 학생들이 실생활에 필요한 다양한 응용 시나리오를 직접 구현하고 접해볼 수 있음으로써 학생들의 IT 경쟁력을 배양시키는 데 많은 도움이 될 것으로 예상한다.

Q2. 책을 효율적으로 학습하기 위해서 어떻게 해야 하나?

본서는 이론내용 외에도 다양한 실습사례와 연습문제를 수록하고 있다. 이러한 연습문제는 해당 Chapter에서 배운 내용에 대한 이해와 응용력을 증진시킬 수 있도록 준비되었으며, 독자 스스로 해결할 수 있는 난이도로 구성되었다.

따라서 이러한 연습문제를 충실히 해결한다면, 본서에서 다루지 않았던 많은 응용 사례들을 독자 스스로 만들어 낼 수 있을 것으로 기대한다.

Q3. MSRDS VPL 프로그램은 어디서 활용할 수 있나요?

MSRDS의 VPL 프로그램은 다음과 같은 분야에서 활용될 수 있다.

- ► 논리력 및 사고력 향상
- ► 알고리즘 학습 및 개발
- ► IT 창의력 교육
- ► 로봇 프로그래밍
- ► 시뮬레이션 프로그래밍
- ► 물리 교육용 멀티미디어 교안
- ► 수학 교육용 멀티미디어 교안
- ► 창의 교육용 멀티미디어 교안
- ► 기능성 게임 개발

차 례

제 6 장 모듈화 / 177

제 1 장

MicroSoft Robotics Developer Studio (MSRDS)의 소개

1.1 MSRDS의 개요

많은 대중 매체와 각종 이벤트를 통해 이제 로봇과 같은 미래 기술들은 많은 이들에게 예전의 상상과 애니메이션 속에서만 존재하는 것이 아닌, 직접 만져볼 수 있고 체험할 수 있는 모습으로 성큼 다가온 것처럼 보인다.

특히, 저명한 미래학자나 빌게이츠와 같은 IT 전문가들은 향후 10년 이내에 가정에서 서비스화가 가능한 로봇들이 활성화될 것으로 보고 있으며, 점차 로봇 사회로 진화할 것으로 예측하고 있다. 향후의 준비되고 있는 가정용 로봇들의 대부분은 PC를 탑재하고 있고, PC 상에서 수행되는 각종 애플리케이션들을 통해 사용자에게 필요한 서비스들을 제공하고 있다. 과연 이러한 기기들을 로봇이라 불러야 할지, 아니면 진화된 PC라고 불러야 하는지에 대해서는 많은 논란이 있을 정도이다. 그만큼, IT와 로봇은 미래에 있어서 분리가 점차 어려워질 것으로 보고 있으며, 결국에는 로봇이 IT의 한 영역 내에서 지금의 PC가 차지하는 역할을 동일하게 소화해 내지 않을까 예상을 해본다.

따라서 로봇도 진화된 PC의 형태로 예측하듯이, 로봇에서 실행되는 애플리케이션도 결국은 PC용 애플리케이션의 진화된 형태로 볼 수 있을 것이다.

이러한 로봇 애플리케이션은 20년 전에 PC가 그러했듯이 로봇 산업의 발전에 있어서 가장 핵심적인 부분으로 인식되며, 반드시 거쳐 가야할 과정으로 예상하고 있다. 마이크로소프트(MS) 사에서는 로봇 애플리케이션 개발 또한 일반 소프트웨어 개발자의 역할로 생각을 하고 있으며, 이러한 배경에서, 일반 소프트웨어 개발자들이 쉽게 로봇 애플리케이션을 개발할 수 있도록 로보틱스 개발자 스튜디오를 출시하게 되었다.

MS의 로보틱스 개발자 스튜디오(MSRDS)가 세상에 선보인 지 이제 5년이 다 되어 가고 있다. 2006년 말에 1.0버전을 선보인 후, 현재에는 MSRDS R4 버전이 발표되었다. 아직 개발자들에게는 생소한 제품이지만, 나름대로 이제 여섯 살이 다 되어가는 제품으로서 차근차근 대중화를 위해 많은 준비가 이루어지고 있는 상황이다.

그동안 많은 개발자들에게 MSRDS가 소개되었지만, 로보틱스라는 제목 때문인지, 다들 이 툴이 로봇을 개발하기 위한 툴로서 생각을 하고 있다는 것이다. 따라서 일반 IT 개발자들이 로봇은 자신의 분야가 아니고 전문가의 영역으로 생각을 해오다 보니, MSRDS가 마치 로봇 전문가들의 툴인 것처럼 비추어져서, 일반 소프트웨어 개발자들이 선뜻 다가서는 데 많은 어려움이 있었던 것 같다.

사실, MSRDS는 로봇을 개발하기 위한 툴이 아니다. 엄밀히 말하면, MS의 모든 개발 제품이 그러하듯이 MSRDS는 로봇에서 실행되는 로봇 애플리케이션 개발 툴로 정의할 수 있다. 그리고 VPL (Visual Programming Language)과 같이 초보자가 쉽게 일반적인 프로그램을 시작할 수 있도록 지원하는 툴도 포함하고 있어서, 다양한 분야로 확장이 가능한 툴이다.

1.2 MSRDS의 탄생 배경

초기 하드웨어 중심의 로봇개발은 점차 컴퓨터 기술과 알고리즘의 발달에 힘입어, 다양한 소프트웨어 기반의 서비스 요소들이 기존 로봇의 구성 요소에 부가되어 가고 있는 추세이고, 또한 인간 친화형 로봇을 개발하는 데 있어서 이러한 소프트웨어 기반의 서비스 요소들의 역할이 점차 강조되어 가고 있는 상황이다.

그러나 이러한 로봇 애플리케이션 개발 작업들은 PC가 활성화되기 전 초창기에 겪었던 과정과 유사하게, 공통의 표준과 플랫폼이 없는 상황에 직면에 있으며, 이로 인해, 로봇 애플리케이션 개발자들은 특정 하드웨어에 의존하는 개발 작업과 공유가 되지 않는 결과물로 인해 모든 작업들을 매번 반복하거나 많은 시간이 소요되는 비생산적인 환경에 처하게 되었다.

MS의 빌게이츠는 8년 전, 현재의 로봇 산업이 20년 전 PC 산업이 태동될 시기와 비슷하게 전개되는 상황을 바라보며, 현 MS 로보틱스 그룹의 총책임자인 텐디 트라워에게 MS가 현재 로봇 분야가 직면하고 있는 문제를 어떻게 풀어갈 것인가에 대해 한 번 각 계의 사람들을 만나보고 해결책을 제안해 줄 것을 요청하였다. 이에 텐디는 로봇과 관련한 전 세계의 주요 대학 및 연구소, 기업들을 방문한 후 많은 현장의 어려움과 MS에게 바라는 사항들을 수렴하게 되었으며, 이를 토대로 빌게이츠에게 다양한 형태의 로봇 하드웨어 플랫폼 상에서 실행될 수 있는 로봇 애플리케이션 개발 툴에 대한 중요성을 보고하게 되었고, 그 뒤로부터 2년 후에 MSRDS가 탄생하게 되었다.

1.3 MSRDS의 프로그래밍 구성

MSRDS에서의 개발 작업은 크게 두 가지로 구분할 수 있다.

한 가지는 서비스 자체를 개발하기 위한 개발 작업이고, 또 하나는 서비스를 활용하기 위한 개발 작업이다. 즉, 여러 모듈로 구성된 애플리케이션을 개발하는 데 있어서, 사전에 단위 모듈들의 개발을 진행하고, 그 이후에는 기존의 개발된 단위 모듈들을 이용하여 상위의 애플리케이션을 개발하듯이 MSRDS를 통해서 개발되는 과정도 동일하게 적용된다.

서비스 개발 과정은 고급 과정에 속하며, 일반적으로 C#과 같은 언어를 이용해 단위 기능의 서비스를 개발한다.

서비스 활용 과정은 기존에 만들어진 단위 서비스들을 활용하는 과정으로서, 블록을 조립하듯이, 기존의 서비스들을 연결하여 원하고자 하는 기능을 수행하는 애플리케이션을 개발한다. VPL과 같은 시각언어 기반의 환경을 통해 초등학생들도 쉽게 개발을 진행할 수 있다.

이러한 프로그래밍 작업의 구분은 시간상의 전후 관계로 정의하기 보다는 단지 역할 분담으로 구분되는 것이다. 즉, 기본적인 서비스를 개발하는 개발자와 이러한 기본 서비스를 활용하여 학교나 기업에서 원하는 시나리오를 구현하는 애플리케이션 개발자로 구분한다.

서비스를 활용하는 개발 작업은 좀 더 쉽게 진행할 수 있다. MSRDS에서는 VPL이라 부르는 다이어그램 기반 개발 툴을 제공하는데, 기존에 만들어진 서비스들을 마우스를 이용해서 서로 연결하여 프로그래밍을 진행하는 툴로서, IT 기술을 모르는 일반인들조차도 아주 쉽게 프로그래밍 작업을 진행할 수 있다. 본서에서는 일반인들이 프로그래밍 논리력을 향상시키는 데 사용할 수 있는 좋은 도구인 VPL에 국한하여 집필하였다.

다음 그림은 VPL을 실행한 결과를 보여주고 있다.

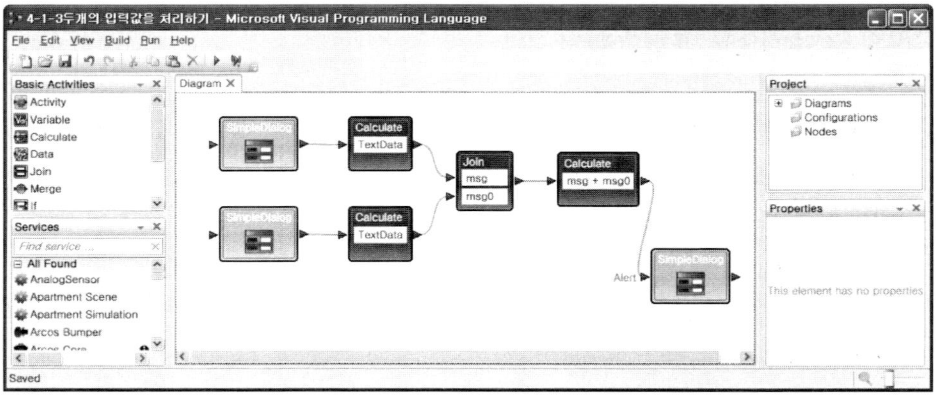

VPL은 초등학생들도 쉽게 사용할 수 있는 툴이지만, 전문가들도 사용할 수 있는 유용한 툴이다. VPL은 VPL 자체로도 실행이 가능한 툴일 뿐만 아니라, C# 코드로도 변환이 가능하기 때문에, C# 형태로 불러들여 개발할 수도 있다.

MSRDS에서의 또 하나의 중요한 장점 중에 하나는 시뮬레이션 환경을 제공한다는 것이다. 사실 제대로 된 로봇 애플리케이션 개발을 위해서는 로봇이 필요한 것이 사실이지만, MSRDS를 공부하는 데 있어서 반드시 로봇이 필요한 것은 아니다. MSRDS의 시뮬레이션에는 하드웨어 로봇이 없이도 기본적인 로봇 프로그래밍을 가능하게 하기 위한 시뮬레이션 로봇과 환경이 제공되며, 이러한 시뮬레이션 로봇을 활용하여, 독자들이 개발한 로봇 애플리케이션을 적용해 볼 수 있다. 그리고 직접 시뮬레이션 로봇도 만들어 볼 수 있고, 우주선이나 잠수함과 같은 특이한 형태의 시뮬레이션 로봇들도 직접 만들어 볼 수 있기 때문에, 현실적으로 불가능한 부분도 MSRDS의 시뮬레이션에서는 가능하게 할 수 있다.

다음 그림은 MSRDS의 시뮬레이션을 실행한 결과를 보여준다.

1.4 MSRDS 설치

가. MSRDS 다운로드

MSRDS는 버전 2008 R3로 발표되면서, 무료 제품으로 전환이 되었다. MSRDS 개발을 위해서는 전혀 비용이 들 필요가 없다. 현재까지 MSRDS의 버전은 R4 버전까지 나와 있다. 사용자 컴퓨터의 운영체제가 Windows7을 사용하면 R4를 사용하지만 Windows XP를 사용한다면 2008 R3를 사용하여야 한다.

MSRDS는 MSRDS 홈페이지(http://www.microsoft.com/robotics)에 접속한 후, 제품 다운로드 링크를 눌러 다운로드 받을 수 있으며, 다운로드 받은 후에는 exe 파일을 실행하여 설치를 진행하면 된다. 다음 그림은 MSRDS 홈페이지에 접속한 결과를 보여준다.

MSRDS R4를 다운받기 위하여 "Get It Now" 버튼을 누르면 다운로드 페이지로 이동하게 된다. 다운로드 페이지에서는 다음과 같이 "DOWNLOAD" 버튼을 볼 수 있으며, 이 버튼을 클릭하면, 파일을 다운로드 받을 것인지를 물어보는 대화창이 표시된다.

다음의 보안 경고창이 뜨면, "저장" 버튼을 클릭하여, 파일을 다운로드 받는다.

MSRDS 2008 R3 버전은 다운로드 페이지의 아래 부분에서 다운로드 받을 수 있도록 링크가 되어 있으므로 사용자의 컴퓨터 환경에 따라 R3 버전을 설치하여도 본 교재를 학습하는 데 전혀 지장이 없다.

또한, 마이크로소프트 사는 다음의 주소를 통해 로보틱스에 대한 정보를 제공하고 있으며 다양한 커뮤니티의 포털 웹사이트를 운영하고 있다.

> http://msdn.microsoft.com/en-us/robotics

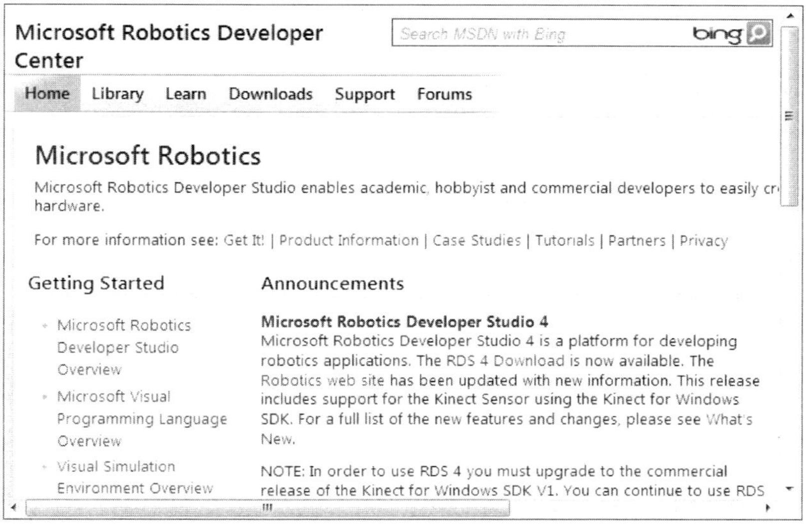

나. MSRDS 설치

MSRDS를 설치하고 정상적으로 실행하기 위해서는 한 가지 유의할 사항이 있다. MSRDS를 설치할 컴퓨터의 이름과 로그인하고 있는 계정에 모두 한글이나 특수문자가 포함되면 안 된다는 것이다. 만약 이 두 가지 중 한 가지 경우에 해당한다면, 컴퓨터 이름이나 로그인 계정 이름을 모두 영문으로 변경한 후, 설치를 시작하기 바란다.

:: [MSRDS R3 설치]

1. 설치를 시작하기 위해 다운로드 받은 "Microsoft Robotics Developer Studio 2008 R3.exe" 파일을 마우스로 더블 클릭하여 실행한다.
2. 설치 과정의 첫 번째 단계로서, 필요한 사전 프로그램들을 설치하는 창이 표시된다. "Install" 버튼을 클릭하여, 필요한 프로그램들을 설치한다.

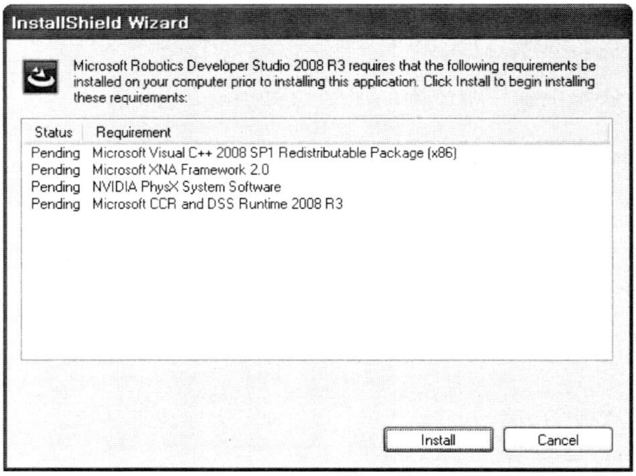

3. 위의 과정이 끝나고 나면, MSRDS 메인 프로그램의 설치 과정이 시작된다.

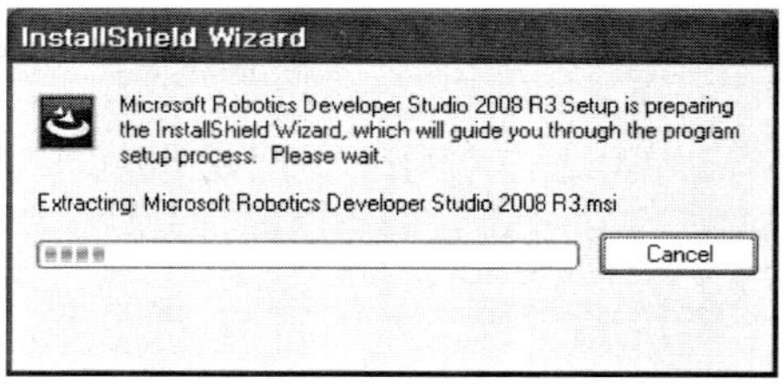

4. 압축된 파일이 모두 풀리고 나면, 아래의 창이 표시되며, "Next" 버튼을 클릭하여, 다음 단계로 진행한다.

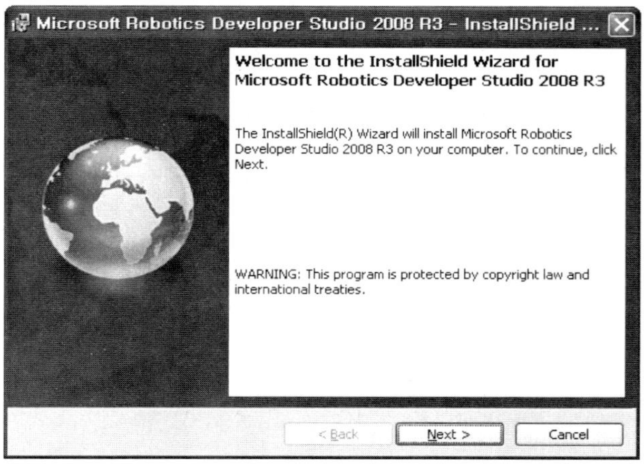

5. 다음의 화면에서는 라이선스 사용 동의에 "I accept…" 항목을 선택하고, "Next" 버튼을 클릭한다.

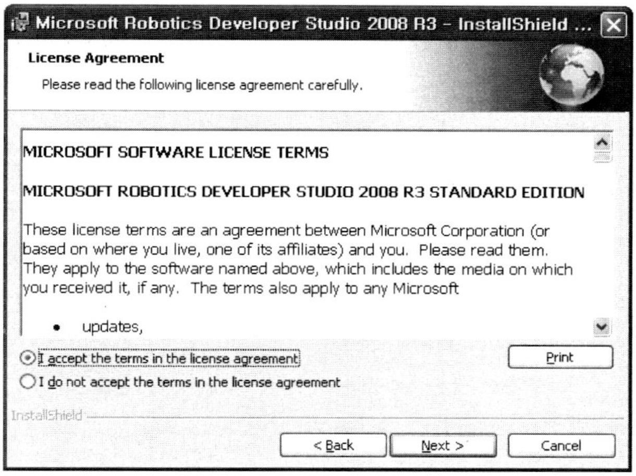

6. MSRDS에 대한 Feedback Program 참여와 자동 Update Check를 묻는 화면에서는 모두 "No"를 선택한 후, "Next" 버튼을 클릭해 준다.

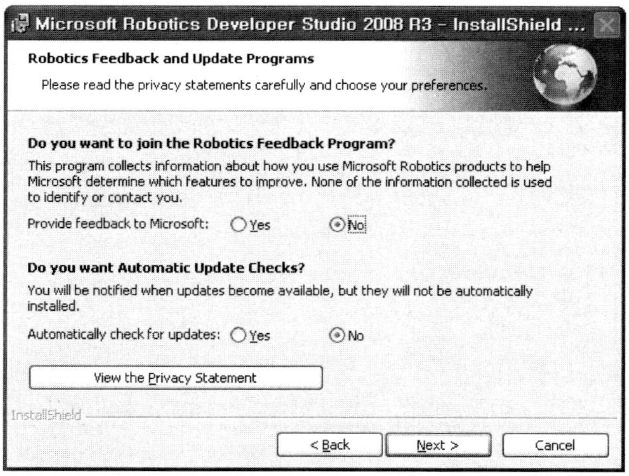

7. Setup Type 창에서는 "Complete" 항목을 선택해 주고, "Next" 버튼을 클릭하여 다음 단계로 진행한다.

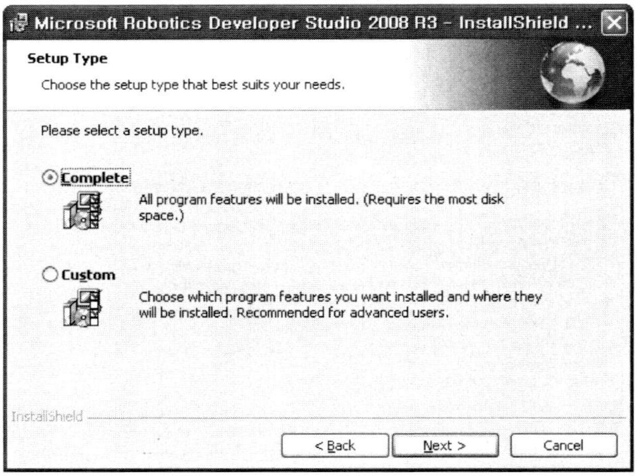

8. "Install" 버튼을 클릭하여, 설치 과정을 시작한다.

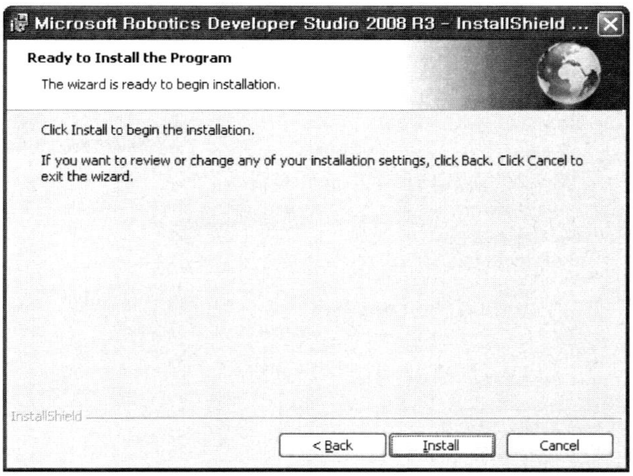

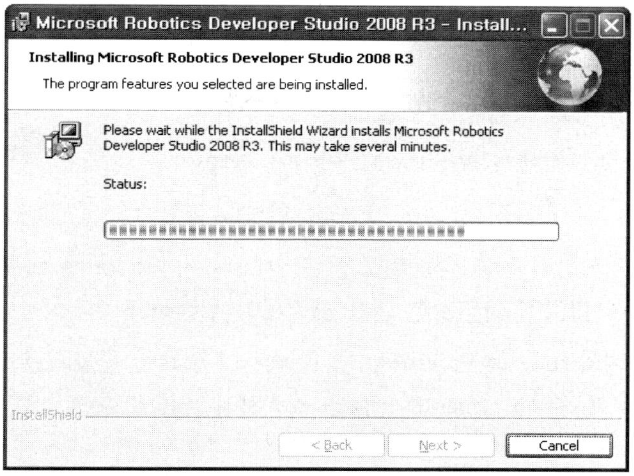

9. 설치 과정에는 약간의 시간이 소요되며, 정상적으로 설치가 마무리되면, 다음의 화면이 표시되고, "Finish" 버튼을 눌러 설치과정을 마무리한다.

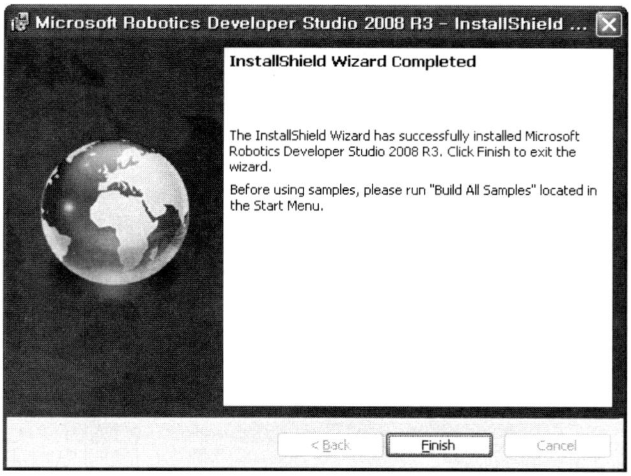

:: [MSRDS R4 설치]

MSRDS R4는 다음과 같은 설치조건을 요구한다.

- 컴퓨터의 운영체제가 Windows 7이어야 한다.
- MSRDS R4를 설치하기 전에 Visual Studio 2010이 설치되어 있어야 한다.

1. 설치를 시작하기 위해 다운로드 받은 "Microsoft Robotics Developer Studio R4 . exe" 파일을 마우스로 더블 클릭하여 실행한다.
2. 설치 과정의 첫 번째 단계로서, 설치마법사가 필요한 사전 프로그램들을 설치하는 창이 표시된다. "Install" 버튼을 클릭하여, 필요한 프로그램들을 설치한다.

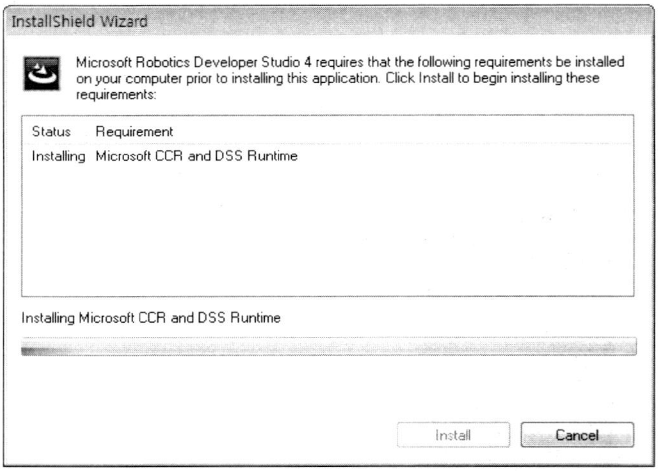

3. 위의 과정이 끝나고 나면, MSRDS 메인 프로그램의 설치 과정이 시작된다.

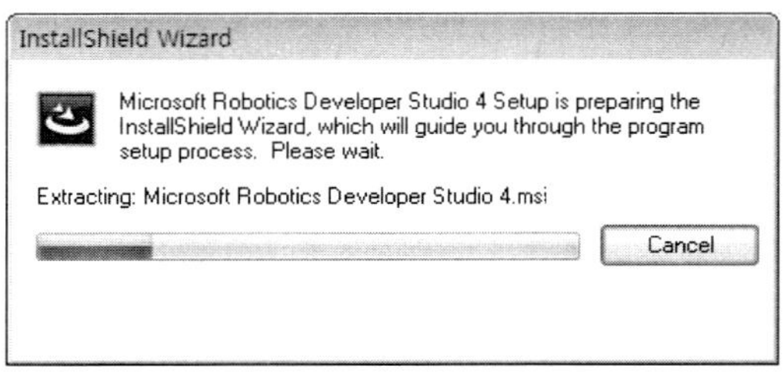

4. 압축된 파일이 모두 풀리고 나면, 아래의 창이 표시되며, "Next" 버튼을 클릭하여, 다음 단계로 진행한다.

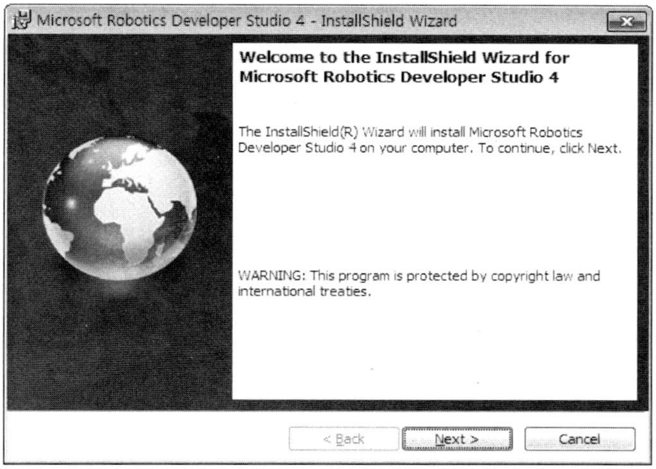

5. 다음의 화면에서는 라이선스 사용 동의에 "I accept…" 항목을 선택하고, "Next" 버튼을 클릭한다.

6. MSRDS에 대한 Feedback Program 참여와 자동 Update Check를 묻는 화면에서는 모두 "No"를 선택한 후, "Next" 버튼을 클릭해 준다.

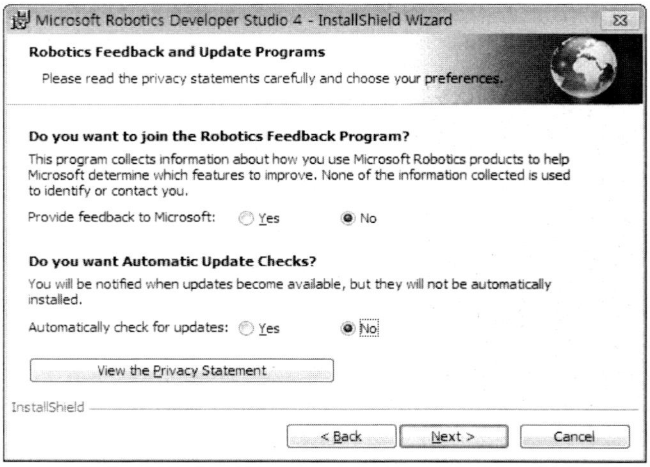

7. Setup Type 창에서는 "Complete" 항목을 선택해 주고, "Next" 버튼을 클릭하여 다음 단계로 진행한다.

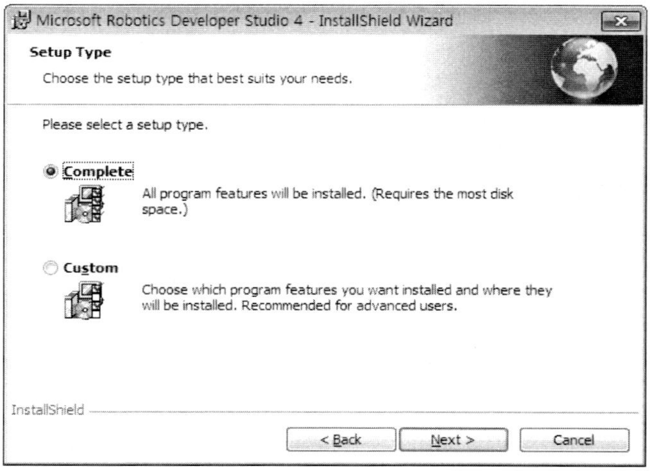

8. "Install" 버튼을 클릭하여, 설치 과정을 시작한다.

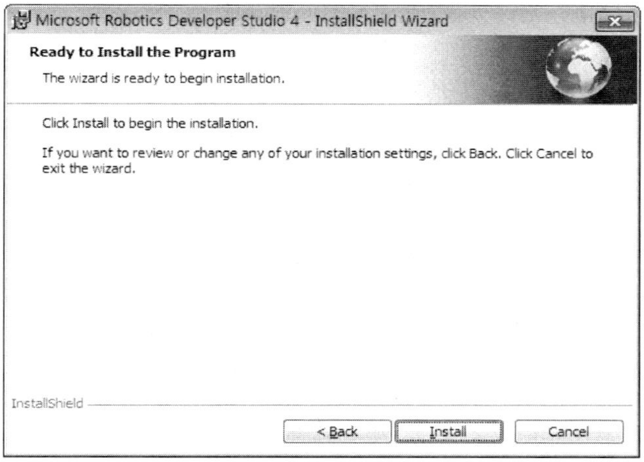

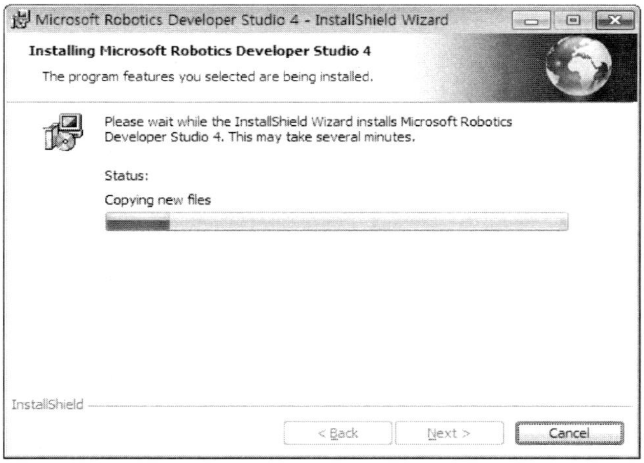

9. 설치 과정에는 약간의 시간이 소요되며, 정상적으로 설치가 마무리되면, 다음의 화면이 표시되고, "Finish" 버튼을 눌러 설치과정을 마무리한다.

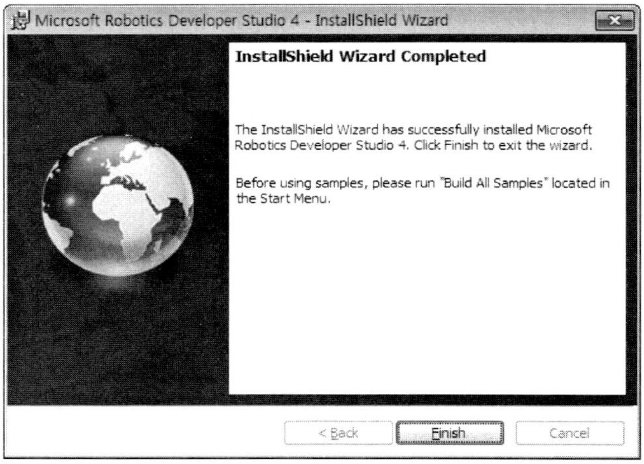

1.5 정상적인 설치 확인

MSRDS 설치 후에는 별도의 윈도우 프로그램 메뉴가 만들어지고, 아래와 같이 해당 메뉴를 통해 직접 프로그래밍 툴을 실행시킬 수 있다. MSRDS 관련 메뉴를 선택한 후, MSRDS가 정상적으로 설치되었는지 확인하기 위하여 다음과 같이 메뉴 맨 아래에 있는 "Visual Programming Language 4" 항목을 클릭한다.

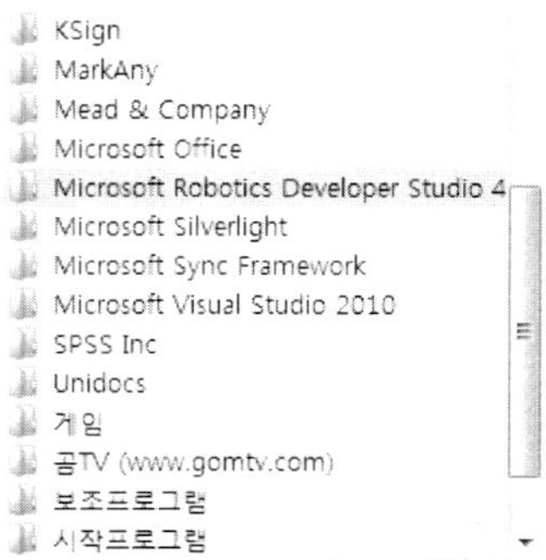

MSRDS 설치 과정에서 특별히 문제가 없다면, 다음과 같이 VPL이 정상적으로 구동되는 것을 볼 수 있을 것이다.

Microsoft
Visual Programming Language
© 2011, Microsoft Corporation. All rights reserved.
Loading ...

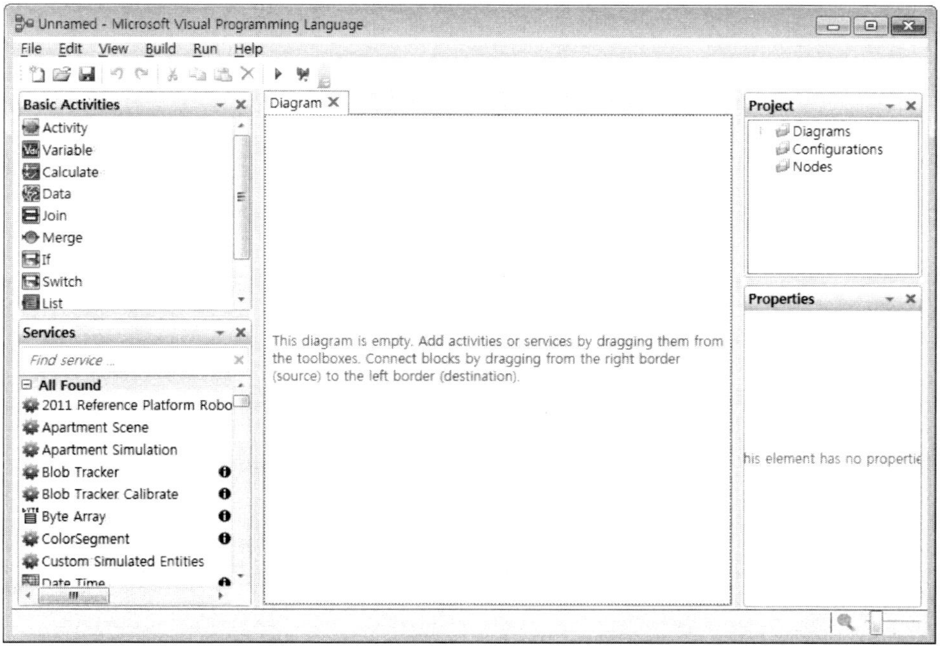
Unnamed - Microsoft Visual Programming Language
File Edit View Build Run Help
Basic Activities
Activity
Variable
Calculate
Data
Join
Merge
If
Switch
List
Services
Find service ...
All Found
2011 Reference Platform Robo
Apartment Scene
Apartment Simulation
Blob Tracker
Blob Tracker Calibrate
Byte Array
ColorSegment
Custom Simulated Entities
Diagram
This diagram is empty. Add activities or services by dragging them from the toolboxes. Connect blocks by dragging from the right border (source) to the left border (destination).
Project
Diagrams
Configurations
Nodes
Properties

제 2 장

VPL 소개

2.1 VPL 소개

VPL은 기존의 코드 기반의 프로그램 작성에서 사용되던 제어 흐름보다 다이어그램 흐름에 기반을 둔 프로그래밍을 하기 위하여 설계된 애플리케이션 개발 환경이다. 다이어그램 기반 프로그램은 명령의 집합을 순차적으로 실행하는 것이라기보다는 재료가 도착하는 것에 따라 주어진 업무를 수행하는 조립 라인에서의 일련의 근로자와 같다. 그 결과 VPL은 여러 가지의 동시성 또는 분산 처리 시나리오를 프로그램 하는 것에 아주 적합하다.

VPL은 변수와 논리와 같은 개념에 대한 기본 이해가 필요한 초보 프로그래머에게 적합한 툴이지만, 초보자에게만 제한되는 툴은 아니다. 프로그래밍 언어의 구조적 용이성을 기반으로 빠른 코드 개발을 원하는 고급 프로그래머에게도 매우 유용한 툴이며, VPL의 툴 박스가 로봇 애플리케이션 개발에 맞춰져 있지만 근본적인 구조는 로봇 프로그래밍에 제한되지 않고, 다른 애플리케이션 개발에도 적용될 수 있다.

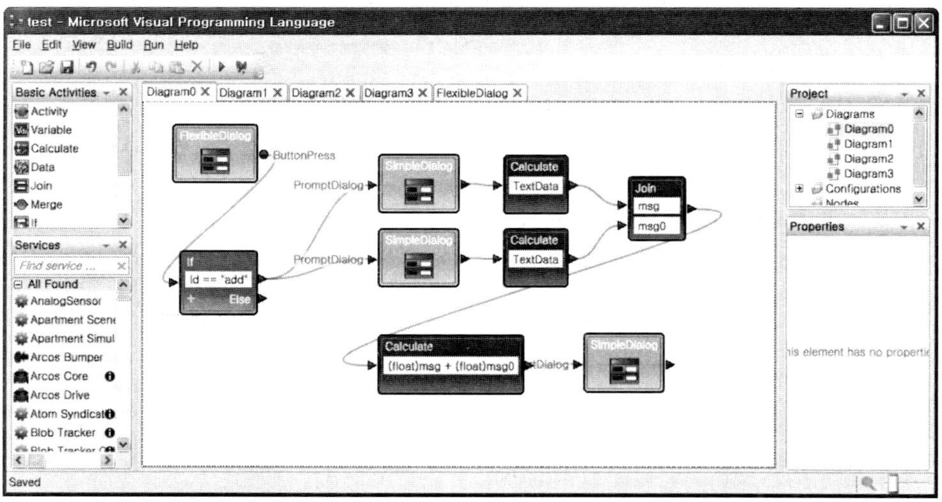

VPL의 데이터 흐름은 다른 액티버티 블록에 연결될 수 있는 입력과 출력을 가진 블록으로 표현된 액티버티 또는 서비스들의 연결된 순서로 구성된다.

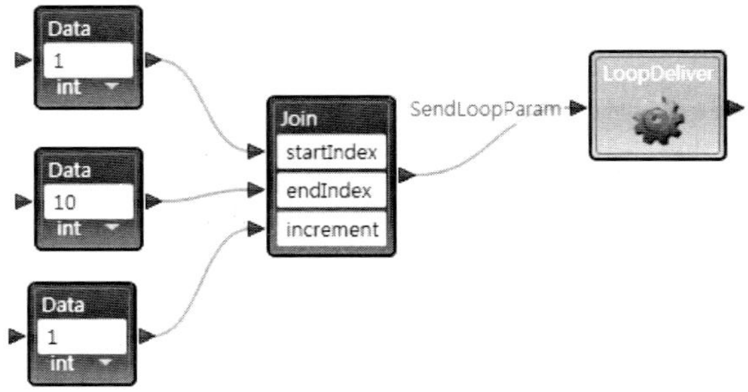

액티버티는 미리 정의된 서비스, 데이터 흐름 제어, 함수 또는 다른 코드 모듈을 표현할 수 있으며, VPL을 통해 개발되는 애플리케이션은 개별 프로세스를 순차적으로 나열한 다이어그램으로 볼 수 있다.

하나의 액티버티는 다른 액티버티들의 조합을 포함할 수 있으며, 액티버티를 조합한 것을 재사용할 수 있다. 이 점에서 VPL로 만들어진 애플리케이션 그 자체가 액티버티가 될 수 있다.

액티버티는 연결 단자와 액티버티의 이름을 포함하고 있으며, 사용자가 액티버티에 사용될 데이터 값을 입력하거나 할당하기 위한 입력 창을 포함할 수 있다.

액티버티는 연결 단자를 통하여 연결될 수 있는데, 액티버티 좌측의 연결 핀은 메시지를 입력 받기 위한 연결단자이고, 우측 핀은 메시지를 출력하기 위한 연결 단자를 표시한다.

2.2 VPL 실행하기

VPL을 실행하기 위해서는 화면 상단에 있는 삼각형 모양(▶)의 아이콘을 클릭하거나 F5키를 누른다.

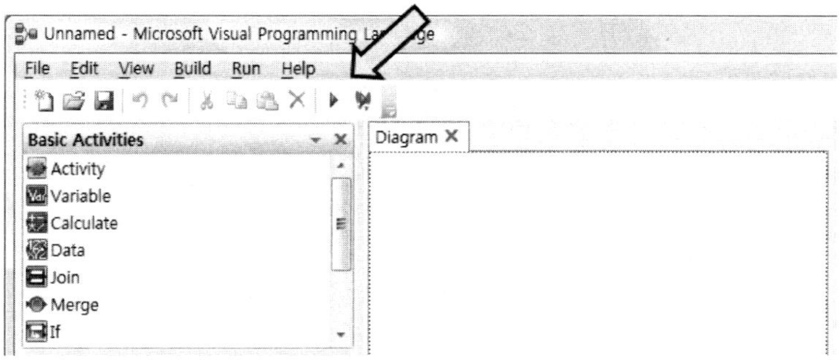

윈도우 방화벽이 설정되어 있는 경우에는 맨 처음 VPL의 다이어그램을 실행시킬 경우에 다음과 같이 방화벽의 차단을 해제할 것인지를 물어보는 창이 표시된다. 이 창에서 "액세스 허용" 버튼을 클릭해야 VPL이 정상적으로 실행될 수 있다.

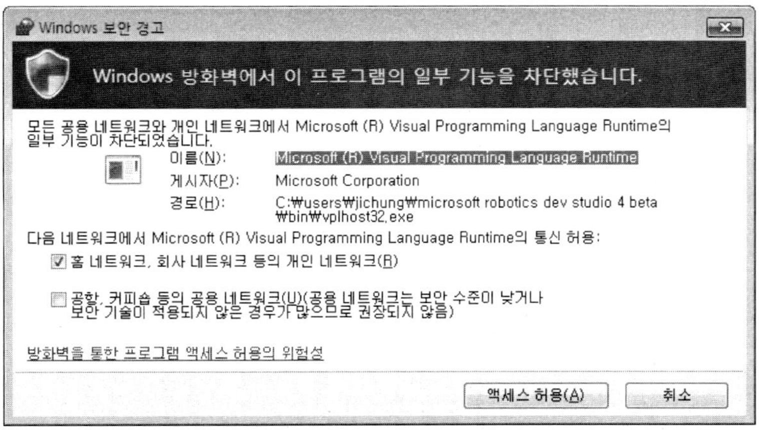

다이어그램이 실행되면, 다음과 같은 실행 상태를 보여주는 창이 별도로 표시되며, 실행중인 다이어그램을 종료하고자 할 경우에는 다음 창의 "Stop" 버튼을 눌러 실행을 종료시킬 수 있다.

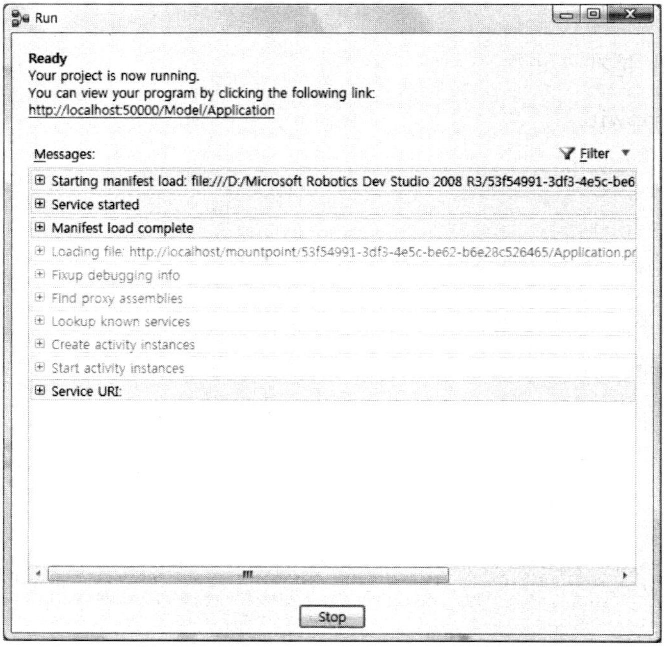

2.3 VPL의 구성 요소

2.3.1 기본 액티버티 툴 박스

기본 액티버티(Basic Activities) 툴 박스에는 VPL 다이어그램에서 로직을 구현하는 데 있어서 기본적으로 가장 필요한 기능들을 모아 놓았다.

기본 액티버티 툴 박스는 다음과 같은 액티버티들을 포함하고 있다.

- Activity – 서브 모듈 또는 프로시저와 같은 기능을 하며, 작성된 다이어그램을 모듈화시킬 때 사용하여, 다른 블록으로 분리시킬 때 사용한다.
- Variable – 변수를 선언할 때 사용하며, 값을 변경시킬 수 있다.
- Calculate – 변수의 값을 읽어오거나 수식을 계산할 때 사용한다.
- Data – 상수를 선언할 때 사용한다.
- Join – 분기된 다이어그램 흐름을 하나로 합칠 때 사용한다.

- Merge – 여러 개의 다이어그램을 하나의 흐름으로 공유할 때 사용한다.
- If – 조건 분기문을 처리한다.
- Switch – switch 조건문을 처리한다.
- List – 배열과 같이 여러 개의 값을 하나로 처리할 때 사용한다.
- Comment – 주석을 추가할 때 사용한다.

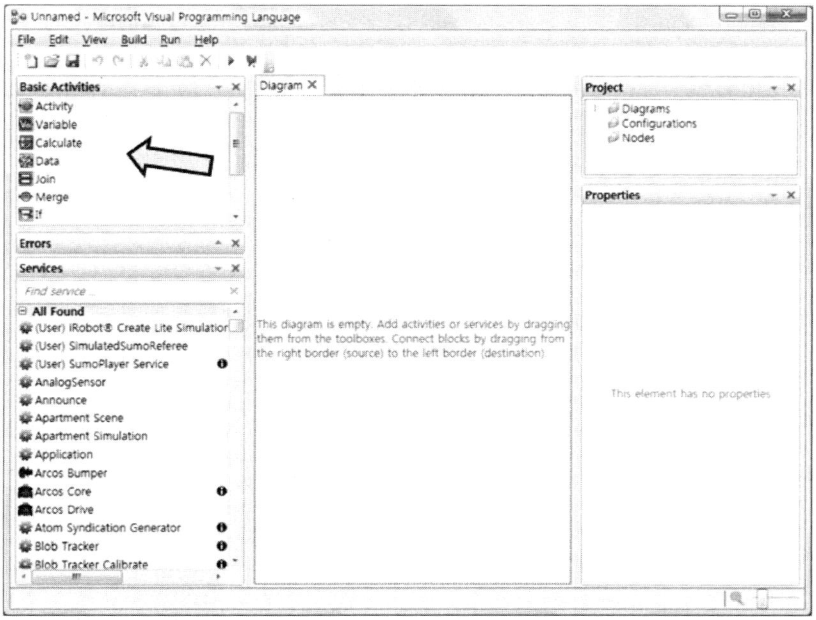

2.3.2 서비스 툴 박스

VPL 창의 좌측 하단은 서비스 툴 박스로 구성된다.

서비스 툴 박스에는 이미 만들어져 있는 서비스들과 개발자들이 개발한 서비스들이 추가되어 표시된다. VPL에서도 서비스를 개발하여 추가할 수 있는데, VPL 다이어그램을 완료한 후, 상단의 Build 버튼을 클릭하게 되면, 개발된 다이어그램이 하나의 서비스로 생성되어, 재사용할 수 있게 된다.

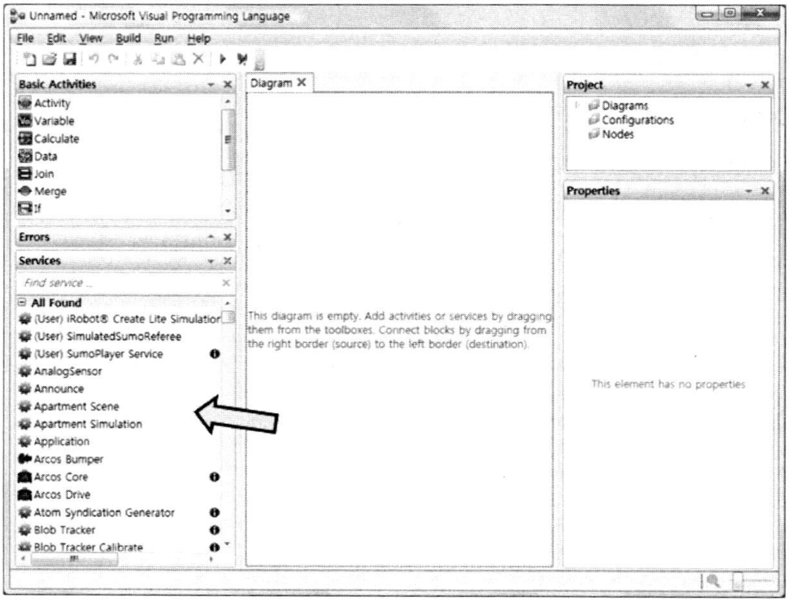

2.3.3 프로젝트 툴 박스

VPL 창의 우측 상단은 프로젝트 툴 박스로 구성된다. VPL에서는 여러 개의 다이어그램을 추가할 수 있는데, 추가된 다이어그램들은 프로젝트 툴 박스에서 확인할 수 있다.

프로젝트 툴 박스에 있는 Diagrams 항목은 생성된 다이어그램 리스트를 트리 형태로 보여주고 있으나, 기본적으로 트리 구조가 축소된 상태이므로, 생성된 다이어그램들의 목록을 보기 위해서는 마우스로 Diagrams를 클릭하여 확장시켜 주어야 한다.

VPL을 맨 처음 접하는 사용자들이 가장 범하기 쉬운 오류는 여러 개의 다이어그램을 생성해 놓은 후에, 탭의 "X" 버튼을 눌러서 다이어그램을 종료시킨 후, 해당 다이어그램이 삭제된 것으로 이해하는 것이다. 사실, 다이어그램의 탭에서 "X" 버튼을 누른 경우는 다이어그램을 삭제시키는 것이 아니라 단지, 다이어그램을 닫기만 해놓은 상태이며, F5키를 눌러 실행시킬 경우, 이러한 모든 다이어그램이 모두 실행되게 된다.

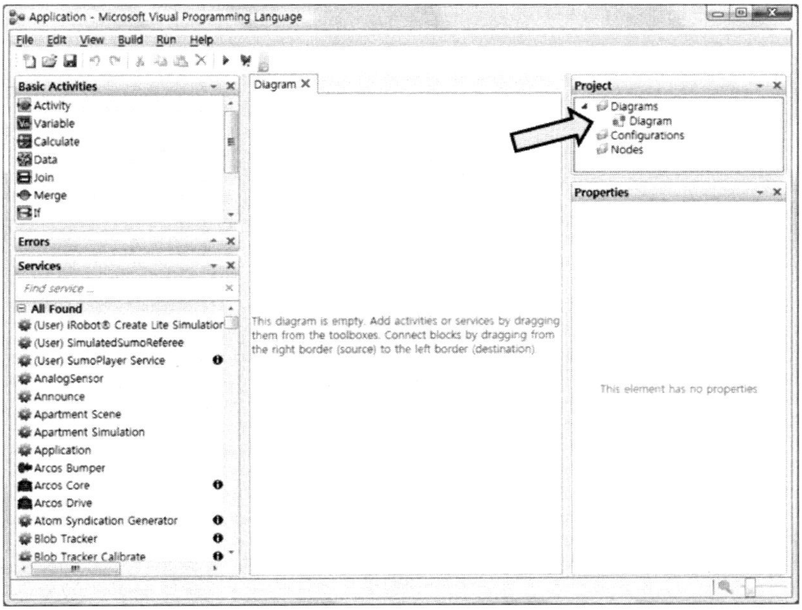

이러한 문제를 해결하려면, 프로젝트 툴 박스에서 생성된 다이어그램을 확인한 후, 불필요한 다이어그램을 해당 툴 박스에서 제거시켜 주어야 한다.

2.3.4 속성 툴 박스

VPL 창의 우측 하단은 선택된 액티버티 또는 서비스들의 속성을 보여주는 속성 툴 박스로 구성된다.

If 액티버티나 Join 등의 액티버티를 사용할 때 연결하고자 하는 조건의 항목을 늘리거나 줄일 경우에는 속성 창에서 각각 "Add"나 "Delete" 버튼을 눌러 추가하거나 삭제시킬 수 있다. 기타 서비스들의 기본 초깃값을 설정해 줄 경우에도 속성 툴 박스를 이용하여 값을 설정할 수 있다.

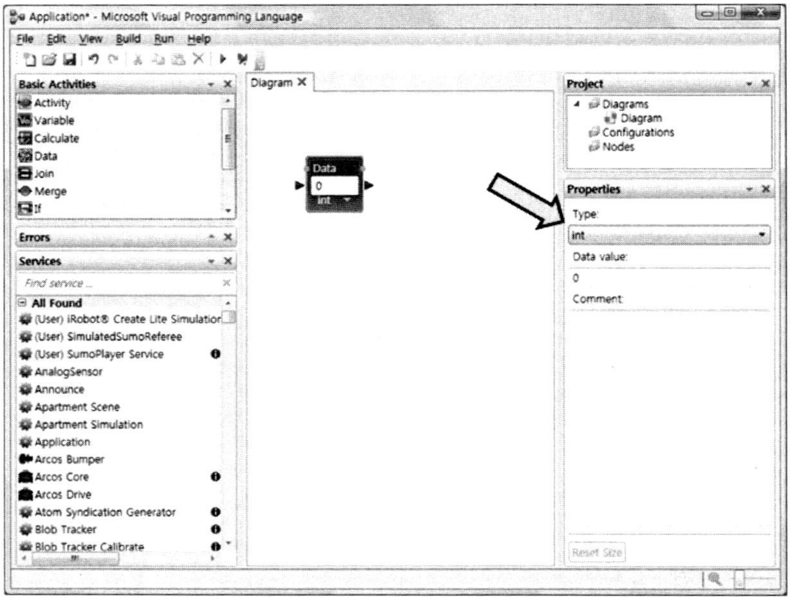

2.3.5 새로운 다이어그램의 추가

VPL을 실행하면, "Diagram" 이름의 기본적인 다이어그램이 표시된다. 프로그램을 진행하면서, 다이어그램을 추가하고자 할 경우에는 메뉴에서 다음과 같이 "Add Diagram" 메뉴를 클릭하여 다이어그램을 더 추가할 수 있다.

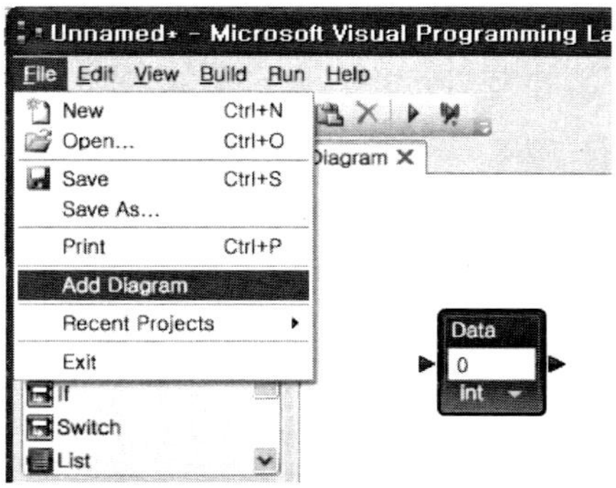

다음 그림은 다이어그램이 추가된 결과를 보여주며, 우측의 프로젝트 툴 박스에도 다이어그램이 추가된 것을 볼 수 있다. 추가된 다이어그램은 우측의 프로젝트

툴 박스에서 이름을 변경할 수 있으며, 또한 사용하지 않는 다이어그램은 반드시 삭제해 주어야 한다.

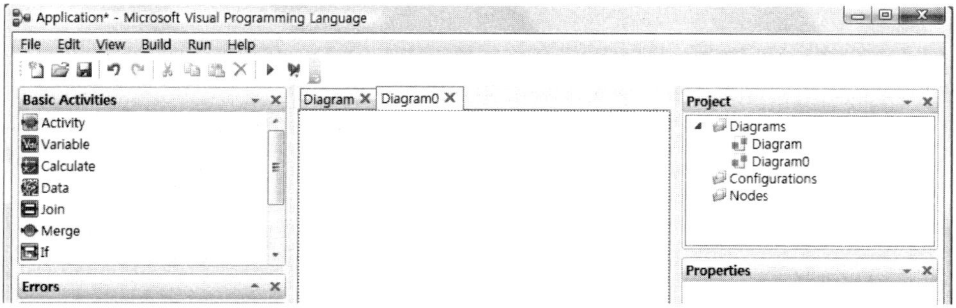

2.3.6 다이어그램을 서비스로 생성하기

VPL은 작성된 다이어그램을 서비스로 변환하여 재사용할 수 있다. VPL을 실행하면 기본적으로 서비스 툴 박스는 다음과 같다.

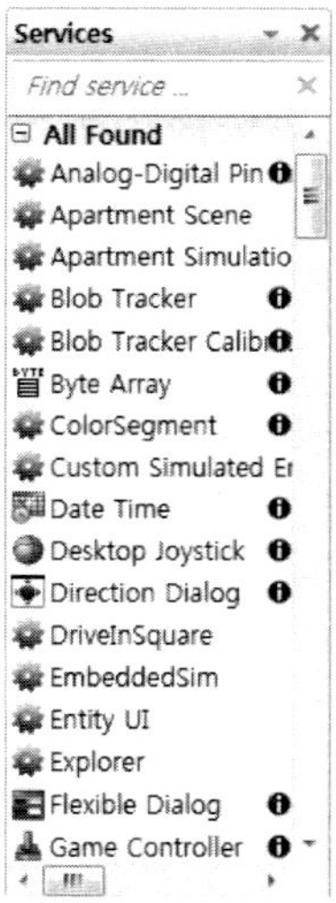

서비스 파일들은 MSRDS₩bin 폴더 안에 다음과 같이 위치하게 된다.

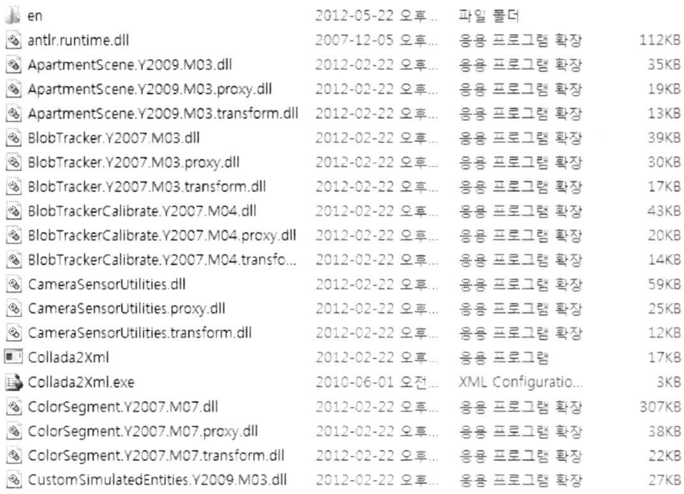

작성된 다이어그램을 재사용하기 위하여 서비스 툴 박스에 등록하는 과정을 알아보자.

먼저 VPL에서 "Add.mvpl"로 저장되어 있는 다이어그램을 서비스로 등록하기 위하여 Build 메뉴에서 "Compile as a Service" 항목을 클릭한다. 이 항목을 클릭하면, 컴파일 과정을 거쳐 C# 코드와 함께 작성된 VPL 다이어그램들이 서비스로 등록된다. 한 가지 유의할 사항으로, 다이어그램 별로 서비스들이 생성되므로, 다이어그램의 이름을 사전에 겹치지 않도록 변경해 주어야 한다.

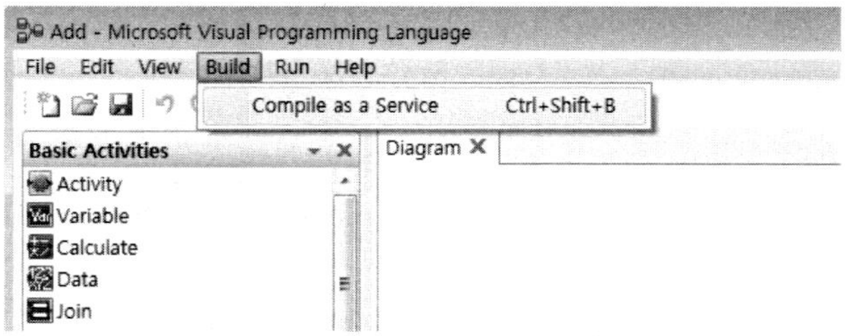

"Compile as a Service" 항목을 클릭하면 다음과 같이 컴파일하고 성공적으로 컴파일이 완료되었다는 창이 나타난다.

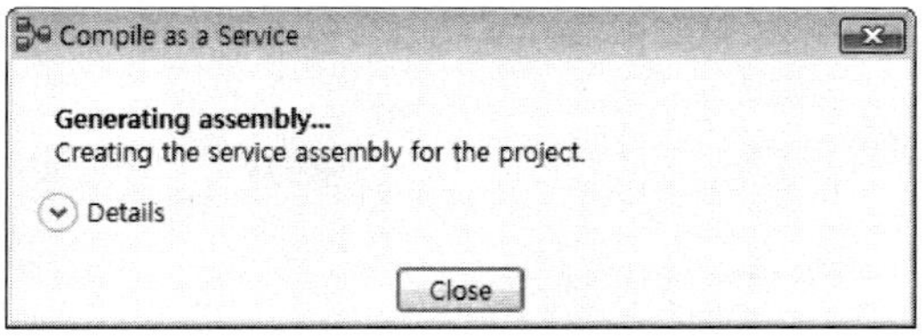

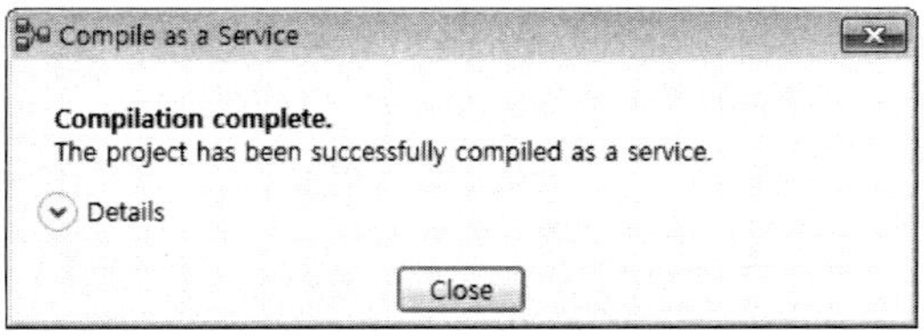

이제 서비스가 등록되었는지 확인하기 위하여 MSRDS₩bin 폴더에 가보니 다음과 같이 Add서비스가 등록되어 있음을 확인할 수 있다.

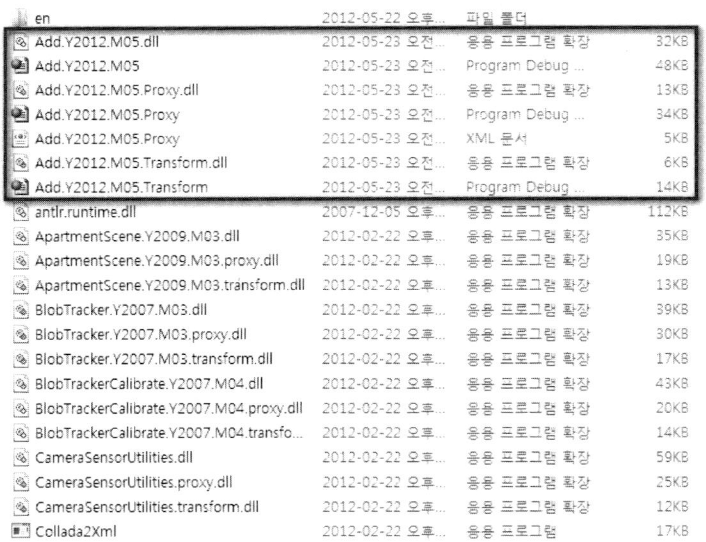

이제 VPL 창에서 등록한 Add 서비스가 있는지 확인하여 보자.

View 메뉴의 "Reload Services"를 클릭하면 VPL의 서비스 툴 박스는 다음과 같이 Add 서비스가 등록되어 있음을 알 수 있다.

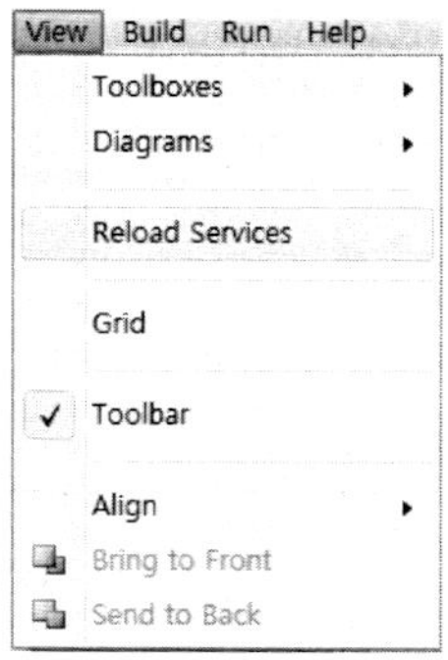
View
Build
Run
Help
Toolboxes
Diagrams
Reload Services
Grid
Toolbar
Align
Bring to Front
Send to Back

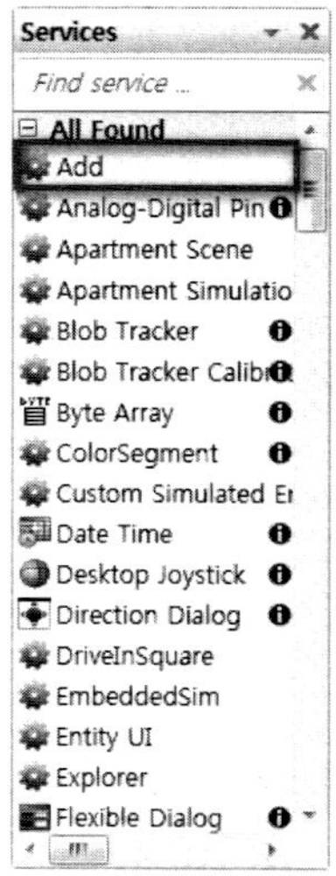
Services
Find service ...
All Found
Add
Analog-Digital Pin
Apartment Scene
Apartment Simulatio
Blob Tracker
Blob Tracker Calibr
Byte Array
ColorSegment
Custom Simulated E
Date Time
Desktop Joystick
Direction Dialog
DriveInSquare
EmbeddedSim
Entity UI
Explorer
Flexible Dialog

제 3 장

기본 액티비터

3.1 Data 액티버티

3.1.1 Data 액티버티의 기능

Data 액티버티는 상수의 값을 정의하여 다른 액티버티나 서비스에 그 값을 보낼 때 저장 공간으로 사용하며 저장된 값은 수정할 수 없다. Data 액티버티에 값을 저장하기 위해서는 데이터 형을 지정한 후 값을 입력한다. Data 액티버티에서 데이터 형을 지정하기 위해서 텍스트 박스 아래의 드롭다운 리스트를 클릭하면 여러 종류의 데이터 형이 나타난다. 그러면 원하는 형을 선택하고 텍스트 박스에 값을 입력한다. 입력하는 값이 문자열일 경우, 따옴표가 없이 문자열만 입력한다.

VPL에서는 다음의 데이터 형을 지원한다.

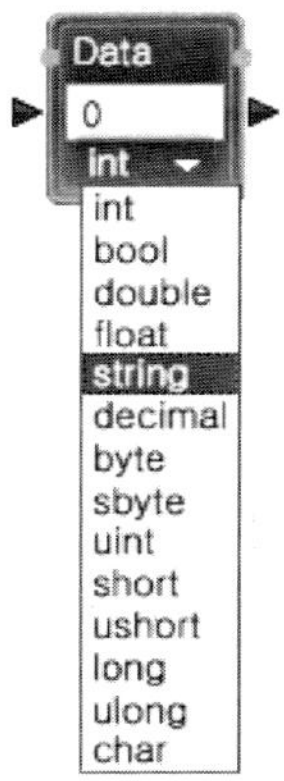

데이터 형	설명
bool	부울 값: 참, 거짓
byte	부호 없는 8비트 정수(0~255)
sbyte	부호 있는 8비트 정수(-128~127)
char	문자
decimal	고정소수점 10진수
double	배정도(64비트) 부동소수점(실수)
float	단정도(32비트) 부동소수점(실수)
int	부호 있는 32비트 정수
uint	부호 없는 32비트 정수
long	부호 있는 64비트 정수
ulong	부호 없는 64비트 정수
short	부호 있는 16비트 정수(-32768~32767)
ushort	부호 없는 16비트 정수(0~65535)
string	문자열

3.1.2 Data 액티버티를 이용한 "Hello World" 출력

Data 액티버티에 문자열 "Hello World"를 저장하고, 저장된 Data 액티버티의 내용을 Simple Dialog 서비스를 사용하여 출력하고자 한다.

VPL 창의 기본 액티버티 툴 박스에서 Data 액티버티를 더블 클릭하거나 드래그 드롭을 하면 다이어그램에 Data 액티버티가 생성된다. Data 액티버티의 드롭다운 리스트에서 "string"을 선택하고 텍스트 박스에 "Hello World"를 입력한다.

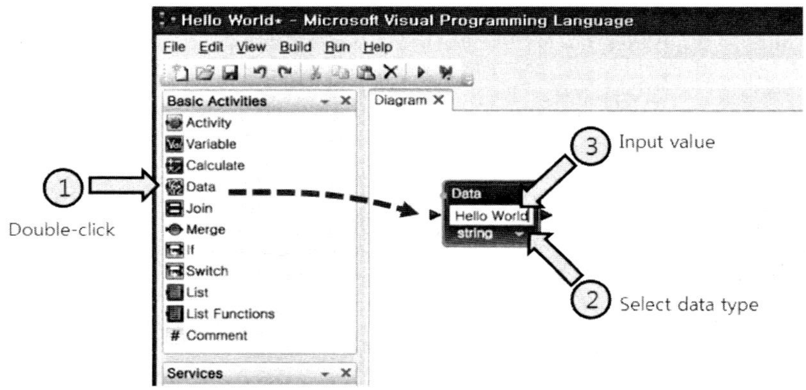

Simple Dialog 서비스를 서비스 툴 박스에서 찾아서 더블 클릭하거나 마우스를 드래그 드롭하여 Data 액티버티 옆에 가져온다. Simple Dialog는 일반적인 프로그램에서의 다이얼로그 창과 유사한 기능을 수행한다.

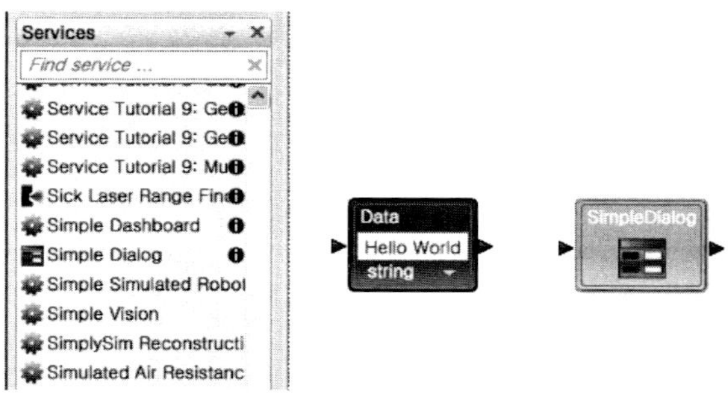

Data 액티버티의 출력 단자를 Simple Dialog 서비스 입력단자에 마우스로 끌어다 놓는다.

Simple Dialog 서비스 입력단자에 마우스를 끌어다 놓으면 Connection 창이 뜬다. 그 창의 From: 항목에서 "DataValue", To: 항목에서 "AlertDialog"를 각각 선택한 후 "OK" 버튼을 누른다. 그러면 다시 Data Connection 창이 뜬다. Value 항목에서 "value"를 선택하면 Data 액티버티와 Simple Dialog 서비스의 연결선에 연결 속성값 "AlertDialog" 값이 나타난다.

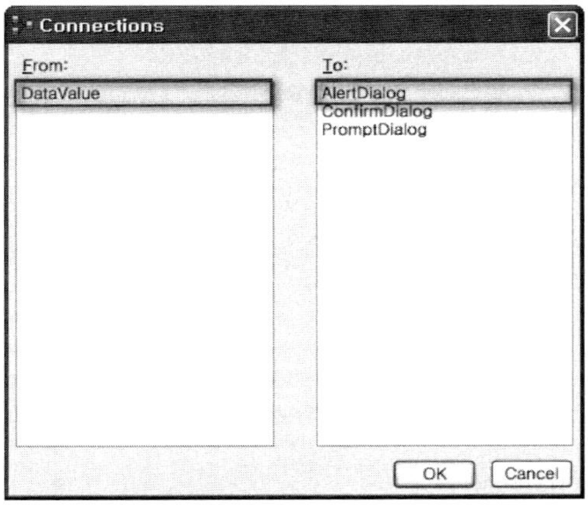

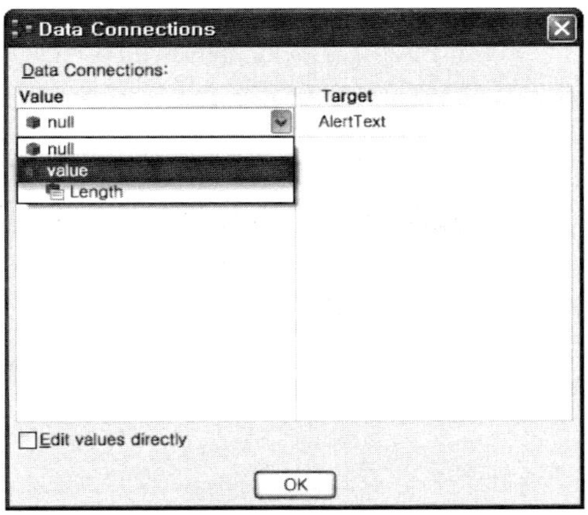

이제까지 작업한 과정을 File 메뉴의 "Save As"를 선택하여 프로젝트 이름을 입력한 후 저장한다.

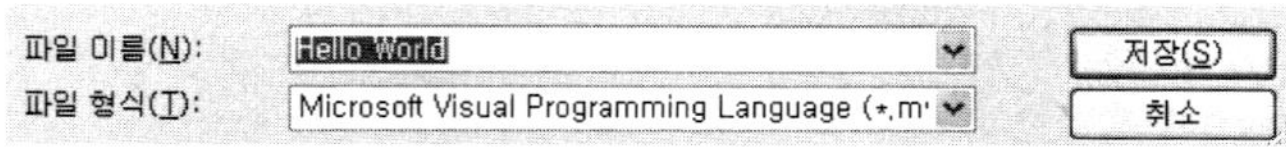

Run 메뉴의 "Start"를 선택하거나 F5를 누르면 Run 창이 뜨면서 실행되어 결과가 출력된다. 결과 실행을 종료하려면 Run 창에 있는 "Stop" 버튼을 누르면 된다.

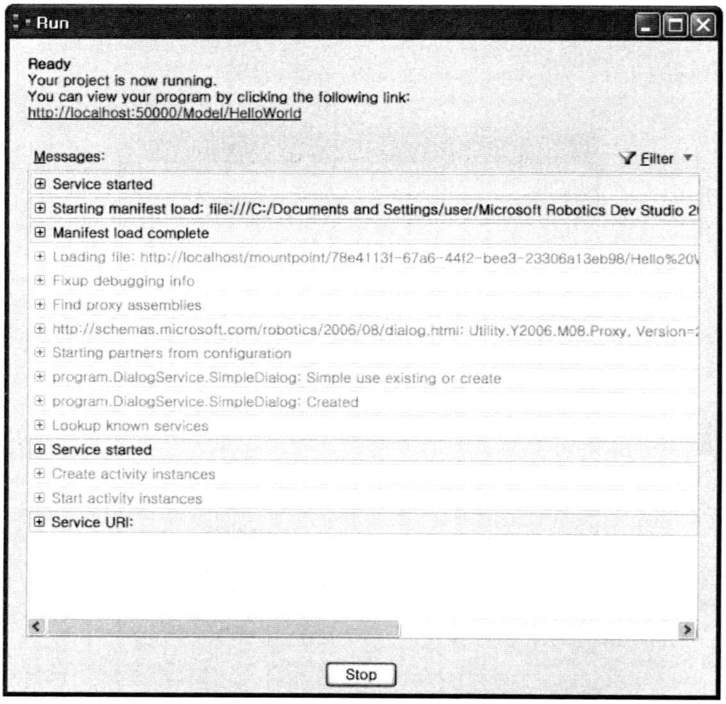

3.2 Variable 액티버티

3.2.1 Variable 액티버티의 기능

Variable 액티버티는 변수를 생성하여 그 변수에 값을 저장하고 읽어올 수 있게 한다. 텍스트 박스 아래에 있는 "…" 버튼을 클릭하면 나타나는 드롭다운 리스트에서 변수를 선택한다. 어떠한 변수도 정의되어 있지 않았을 경우에 아무런 변수도 나타나지 않는다. 새 변수를 만들기 원한다면 "…" 버튼을 누른다. 변수를 추가하고 그 형을 정의할 수 있는 Define Variables 다이얼로그 창이 나타난다. 다른 방법은 Edit 메뉴에서 "Variables"를 선택하여도 Define Variables 다이얼로그 창이 뜬다.

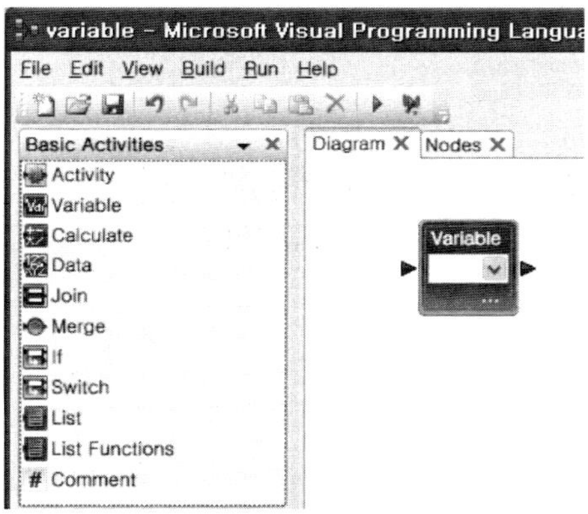

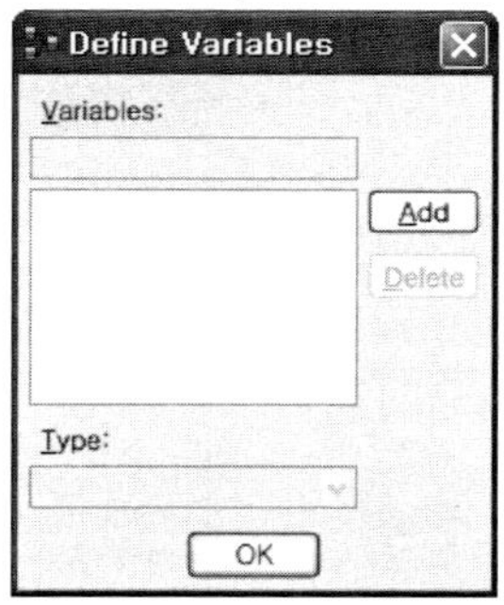

Variable 액티버티에서 사용하는 데이터 형은 Data 액티버티와 동일하다. 변수명은 알파벳문자와 숫자, undercore(_)로 구성하여야 하며 반드시 알파벳문자로 시작하여야 한다. 변수를 참조할 때 같은 데이터 형의 변수를 참조하여야 한다.

3.2.2 변수를 선언하고 값을 할당하는 방법

VPL에서는 기존의 다른 프로그래밍 언어와 같이 다양한 데이터 형의 변수를 선언할 수 있다. 변수를 선언하고 그 변수에 값을 저장하는 방법에 대하여 알아보자.

먼저 변수를 선언하여야 한다. 우선 기본 액티버티 툴 박스에서 Variable 액티버티를 더블 클릭 하거나 또는 드래그 드롭하여 다이어그램에 Variable 액티버티를 생성한다. 그 액티비티의 "…" 버튼을 클릭하여 원하는 데이터 형과 변수명을 추가한다.

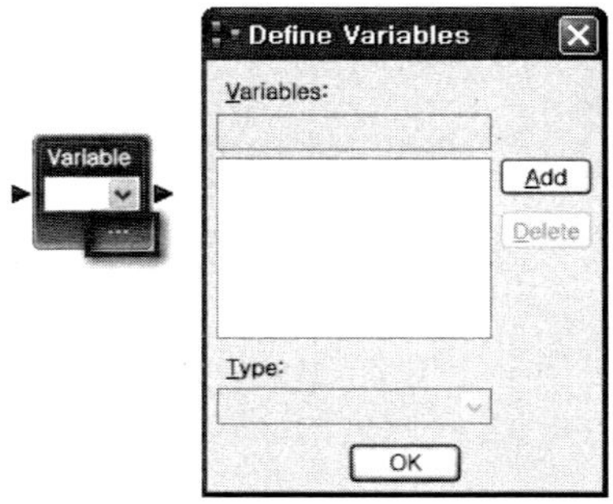

Add 버튼을 클릭하여 string 형의 "myName" 이름을 추가한다. 다이어그램에 "myName"이라는 변수가 선언되었다.

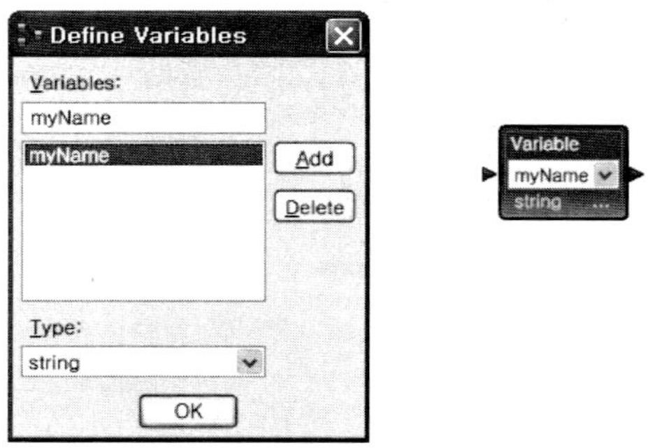

이제 이 변수에 값을 할당하여 보자. VPL에서는 변수에 값을 할당하기 위해서 Data 액티비티를 사용한다. 기본 액티비티 툴 박스에서 Data 액티비티를 더블 클릭하거나 드래그 드롭하여 "myName" Variable 액티비티 왼쪽에 놓는다.

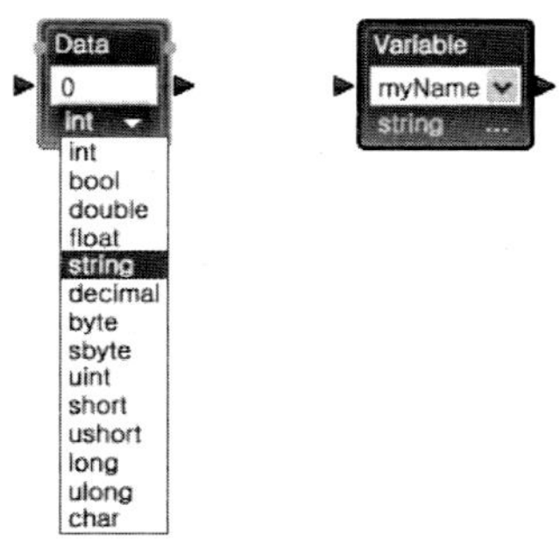

데이터 형을 string으로 선택하고 텍스트 박스에 원하는 문자열을 입력한다. 데이터 형은 Variable 액티버티에 연결된 데이터 형과 일치하여야 한다. 본 예제에서는 "홍길동"이라고 입력한다.

입력을 마친 후에는 Data 액티버티의 우측에 있는 출력단자를 마우스로 선택한 후 Variable 액티버티의 좌측에 있는 입력단자에 연결한다.

연결을 하면 Connections 다이얼로그 창이 자동으로 실행된다.

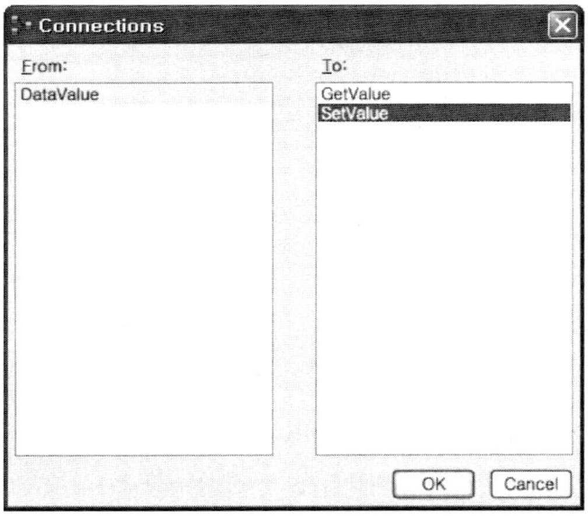

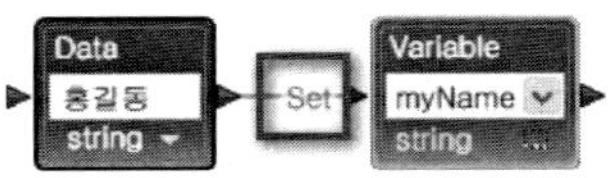

Connections 창에서 From: 항목은 "DataValue", To: 항목은 "SetValue"로 설정한다. 기본적으로 Variable 액티버티는 값을 읽어 오는 것과 값을 설정하는 두 가지 기능을 제공한다. 값을 읽어 올 때는 "GetValue", 값을 설정할 때는 "SetValue"를 선택하여야 한다. 본 예제에서는 Data 액티버티의 값을 변수에 저장하는 것이므로 "SetValue"를 선택한다. 선택한 후 OK 버튼을 눌러 창을 닫는다.

이제 변수 myName에 값이 잘 저장되었는지 확인하는 과정만 남았다. myName에 값이 저장되었는지를 확인하기 위해 해당 변수의 값을 화면에 출력해 보도록 하자. 특정 변수의 값을 화면에 출력하기 위해서 서비스 툴 박스에서 Simple Dialog 서비스를 선택한다.

서비스 툴 박스에 있는 서비스들이 많기 때문에 빨리 찾기 위해서 툴 박스의 상단부에 "Find service…"라고 적혀 있는 텍스트 박스에 "Simple"이라고 입력한다. 그러면 툴 박스 창에 Simple 단어를 포함한 서비스들이 표시되기 때문에 좀 더 빨리 선택할 수 있다.

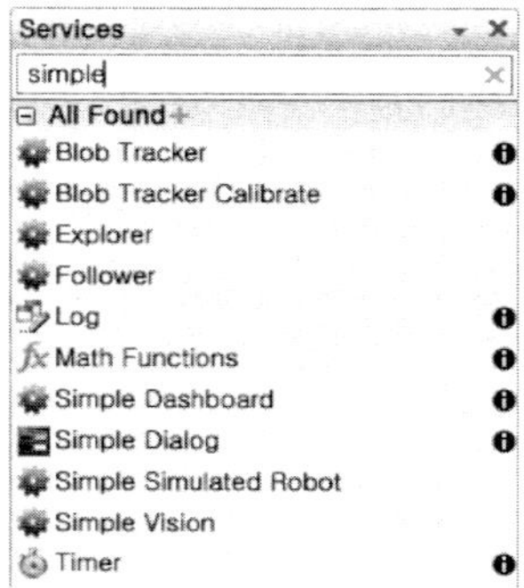

Simple Dialog 서비스는 기본적으로 값을 출력하는 기능과 값을 입력 받는 기능, 그리고 사용자로부터 OK 또는 Cancel 등의 선택 여부를 입력 받는 기능이 제공된다.

Simple Dialog 서비스를 Variable 액티버티 우측에 위치시킨 후, Variable 액티버티 오른쪽에 있는 출력단자와 SimpleDailog의 왼쪽에 있는 입력단자를 연결한다. 두 점을 연결하게 되면 Connections 창이 실행된다. 그 창에서 From: 항목은 Variable 액티버티로부터 설정된 값으로부터 가져오므로 "SetValue"를 선택한다. To: 항목의 AlertDialog는 입력 받은 값을 표시하는 기능을 수행하며, PromptDialog는 값을 키보드를 통해 입력 받는 기능, ConfirmDialog는 사용자로부터 OK와 Cancel을 입력 받는 기능을 수행한다. 본 예제에서는 입력되는 값을 화면에 출력할 용도로 Simple Dialog를 활용하는 것이므로 "AlertDialog"를 선택하고 OK 버튼을 누른다.

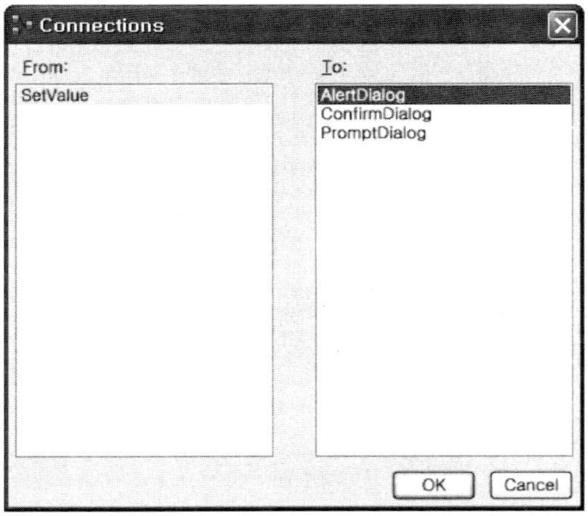

OK 버튼을 누른 후에는 Data Connections 창이 자동으로 실행된다.

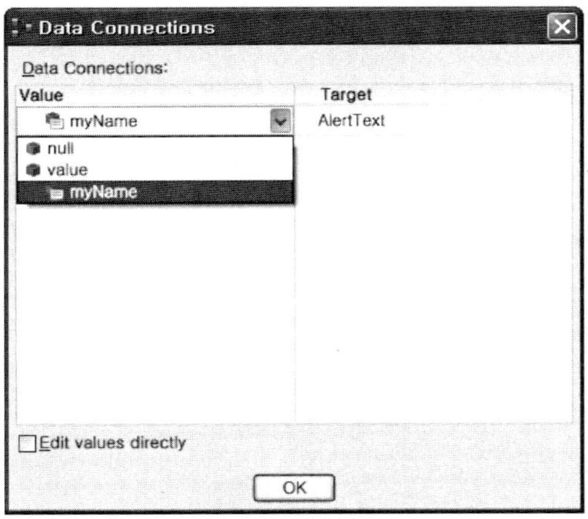

Data Connections 창의 Value 항목에 있는 콤보박스를 마우스로 클릭하여 표시되는 항목 중에서 "myName"이라는 항목을 선택한다. 이렇게 하면 변수 myName에 저장되어 있는 값이 Simple Dialog 서비스의 AlertText에 전달된다.

OK 버튼을 누른한 후에는 다음과 같이 연결된 다이어그램을 볼 수 있다.

이미 연결된 액티비티들 간의 연결을 재설정 하거나 매핑되는 값을 수정하려면, 해당 액티비티들 간에 연결되어 있는 중간의 선에 마우스를 위치시킨 후 마우스의 오른쪽 버튼을 클릭한다. 클릭 후에는 팝업 메뉴를 볼 수 있으며, 해당 연결을 삭제하거나 연결정보 창을 실행시킬 수 있다. 또한, Data Connections를 선택하여 세부적인 변수들의 매핑관계도 확인하거나 수정할 수 있다.

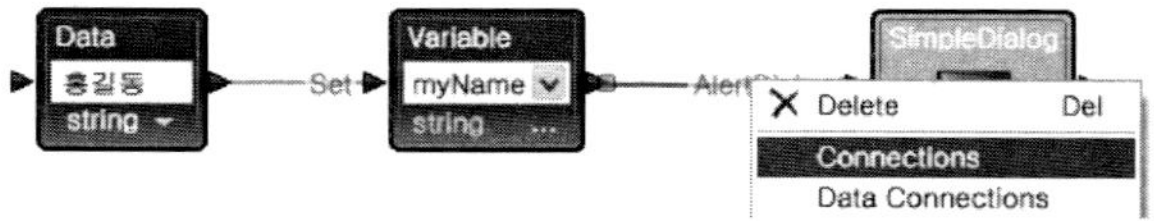

이제 작성된 프로그램을 저장한 후 상단에 있는 실행 아이콘을 클릭하여 프로그램을 실행시킨다.

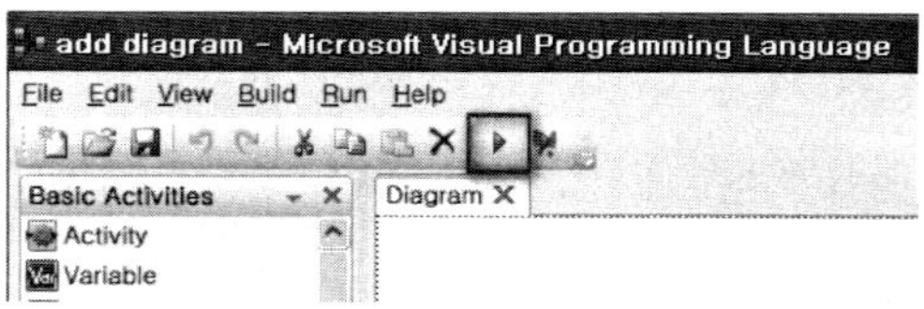

프로그램 실행 후에는 실행 상태를 보여주는 Run 창이 표시된다.

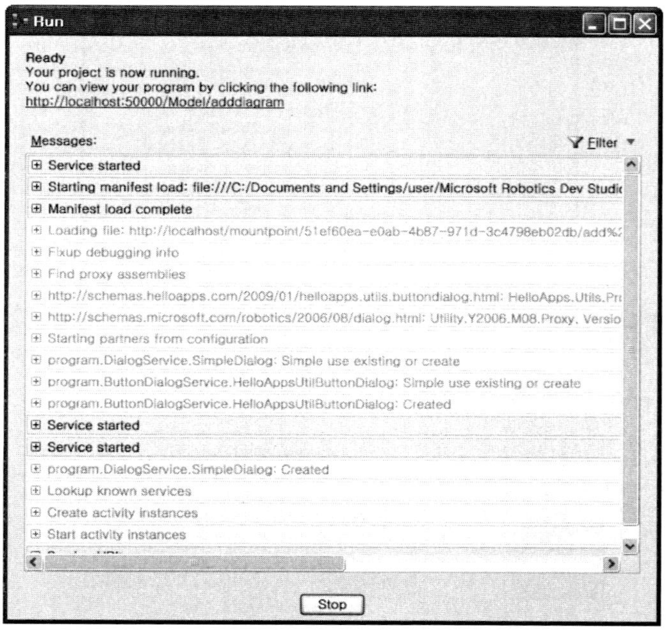

Run 창이 표시된 후에는 Simple Dialog 창이 표시되며, 입력 받은 값을 화면에 표시한다.

실행중인 프로그램은 Run 창에서 하단의 Stop 버튼을 클릭하여 종료시킨다.

3.3 Calculate 액티버티

3.3.1 Calculate 액티버티의 기능

Calculate 액티버티는 텍스트 박스에 입력된 수식으로 간단한 산술연산이나 논리연산을 수행한다. 텍스트 박스에 입력되는 수식은 수치, 입력되는 메시지의 값, 데이터 구성요소, 다른 서비스에서 제공되는 값으로 표현된다.

수치 데이터에 대해서는 다음과 같은 연산자를 사용할 수 있다.

연산자	설명
+	더하기
-	빼기
*	곱하기
/	나누기
%	나머지(modulus)

\+ 연산자는 덧셈뿐만 아니라 " "로 표현되는 문자열과 수치데이터를 연결하는 데 사용할 수 있다. 예를 들면, "The answer is"+ x/4 와 같이 +는 문자열 "The answer is"와 수치 데이터 x/4를 연결하는 데 사용한다.

논리연산자는 다음과 같다.

연산자	설명
&&	AND
||	OR
!	NOT

수식에서 우선순위를 위하여 괄호를 사용할 수 있다. Calculate 액티버티의 텍스트 박스를 클릭하면 입력되는 메시지의 값, state 변수, 다른 서비스에서 제공하는 값의 리스트가 나타난다. State 속성은 같은 다이어그램에 있는 Variable 액티버티에 선언된 변수를 사용할 때 사용한다. 예를 들면, Variable 액티버티에 op1, op2, op3 변수가 선언되어 있다면 state.op1, state.op2, state.op3로 지정할 수 있다. State를 사용하지 않으면 변수를 접근할 때마다 Get을 사용하여 그 값을 읽어 와야 한다. 이 속성을 사용하면 Calculate에서 변수의 값을 직접 읽어 올 수 있기 때문에 다이어그램을 아주 간단하게 작성할 수 있다.

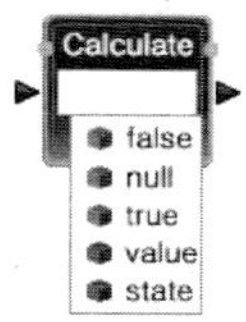

3.3.2 Calculate 액티버티를 사용하여 변숫값 처리하기

Variable 액티버티에서 기본적인 변수의 선언과 값을 표시하는 방법을 알아보았다. 본 예제에서는 변수의 값을 변화시키는 방법에 대해 알아보자.

화면에 "당신의 이름은 홍길동입니다."라고 표시해 보도록 하자. 우선 이전 예제 파일에서 Variable 액티버티와 Simple Dialog 서비스의 연결을 제거한다.

그리고 기본 액티버티 툴 박스에서 Calculate 액티버티를 선택하여 Variable 액티버티와 Simple Dialog 서비스 사이에 추가한다.

Calculate 액티버티는 다양한 형태의 계산이나 연산을 할 수 있다. 기본적으로, 사칙연산 및 나머지 연산 그리고 문자열을 연결하는 형태 등의 연산을 수행한다.

Calculate 액티버티의 텍스트 박스에 마우스를 클릭하면, 자동으로 사용 가능한 변수들이 표시된다.

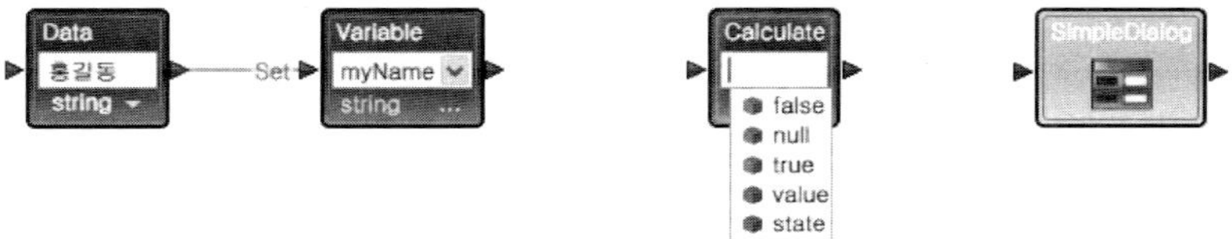

Variable 액티버티와 Calculate 액티버티를 연결한다. 이때에는 특별히 별도의 Connection 창이 표시되지 않는다. 연결 후에 Calculate 액티버티의 텍스트 박스에 마우스를 클릭하면 다음과 같이 "myName"이라는 변수가 더 추가된 것을 볼 수 있다.

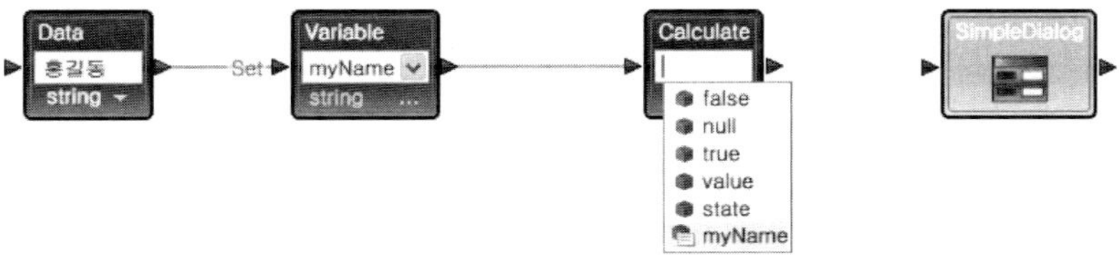

사용 가능한 변수 항목에서 "myName"이라는 변수를 선택한다. Data나 calculate 액티버티는 value라는 이름으로 값을 항상 반환한다.

이제 Simple Dialog 서비스와 연결한다. 이때 다음과 같이 Connections 창이 자동으로 표시되며, To: 항목에서 "AlertDialog"를 선택한 후 OK 버튼을 클릭한다.

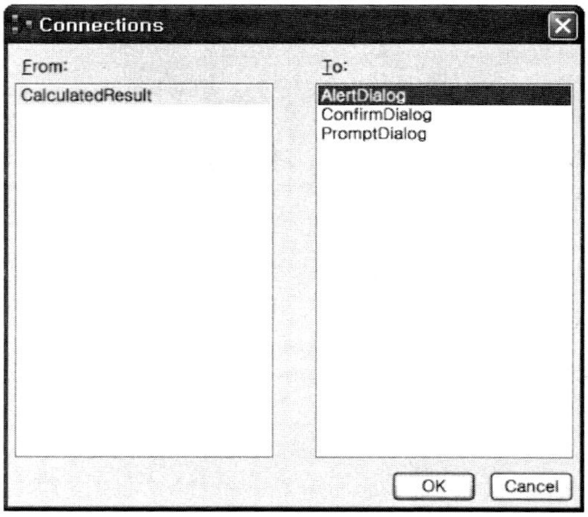

이어서 보여지는 Data Connections 창에서 Calculate 액티버티의 결과 값이 value로 참조되기 때문에 다음과 같이 좌측의 Value 항목을 "value"로 선택하고 OK 버튼을 클릭한다.

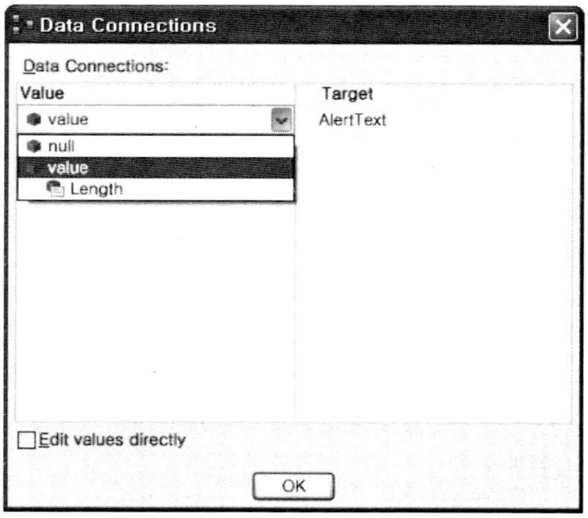

자 이제 실행을 시켜보자. 실행 후에는 아래와 같이 Data 액티버티에서 입력한 "홍길동"이라는 값이 변수 myName에 저장된 후, Calculate 액티버티를 거쳐서 Simple Dialog에 전달되어 그대로 표시되는 것을 알 수 있다.

위의 예는 Calculate 액티버티에서 특별한 작업 없이 입력된 값을 그대로 전달한 것 밖에는 없다. 이번에는 입력된 값에 문자열을 추가하는 작업을 해 보자.

Calculate 액티버티의 텍스트 박스에 마우스를 클릭한 후, 아래와 같이 입력한다.

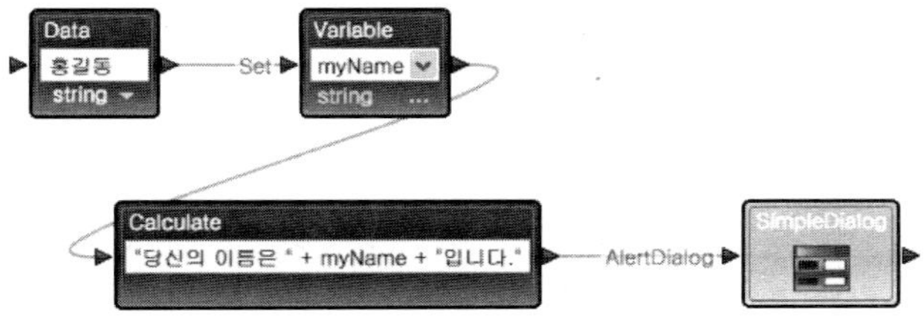

자 이제 실행을 시켜보자. 다음과 같이 Data 액티버티에 저장되어 있는 값이 Calculate 액티버티에서 정의한 문자열과 연결되어 출력되는 것을 볼 수 있다.

3.3.3 Calculate 액티버티를 사용하여 입력 값 처리하기

이번 예제는 사용자로부터 이름을 입력 받은 후에 화면에 "나의 이름은 … 입니다." 라고 표시하고자 한다. 본 예제를 수행하기 위해서 두 개의 Simple Dialog 서비스와 한 개의 Calculate 액티버티를 사용한다. Calculate 액티버티는 입력된 값들에 대한 연산을 수행하는 것 외에도 Simple Dialog 서비스에서 문자열 값을 읽어내는 기능도 수행한다.

먼저 다이어그램에 Simple Dialog 서비스를 추가한다. 그리고 이어서 Calculate 액티버티를 추가한다. Simple Dialog 서비스의 출력단자와 Calculate 액티버티의 입력단자를 연결한다. 이때 Connections 창의 From: 항목을 "PromptDialog – Success"로 선택한다.

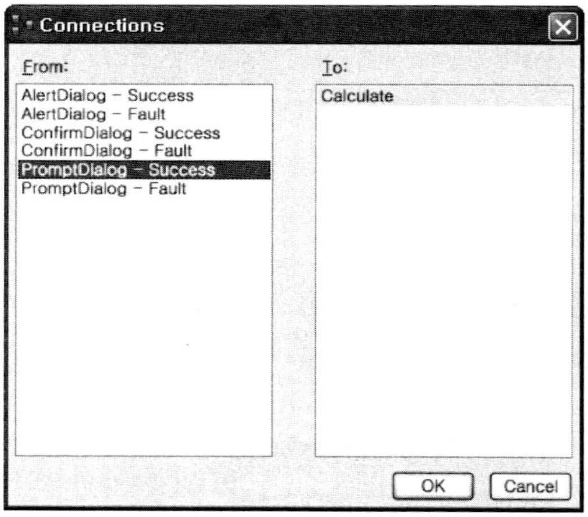

연결한 후에는 Calculate 액티버티의 텍스트 박스를 마우스로 클릭하면 다음과 같이 선택 가능한 값들이 표시되며, Simple Dialog 서비스에서 넘어온 "TextData"가 마지막 항목에 보인다. 이 "TextData"를 선택한다.

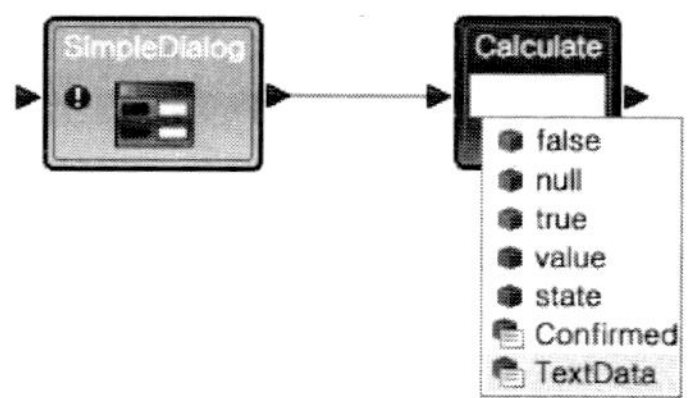

이번에는 다시 Simple Dialog 서비스를 추가한다. Simple Dialog 서비스는 이미 추가되어 있기 때문에, 또다시 Simple Dialog 서비스를 추가할 경우에는 다음과 같이 기존 Simple Dialog 서비스를 공통으로 사용할 것인지 아니면, 새로운 이름으로 Simple Dialog 서비스를 등록할 것인지를 물어보는 창이 표시된다.

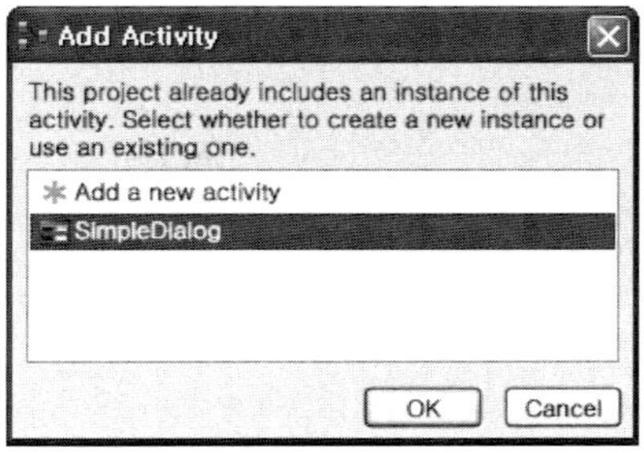

본 예제에서는 이미 추가되어 있는 Simple Dialog 서비스를 공통으로 사용해도 되므로, 두 번째 항목인 "SimpleDialog" 항목을 선택한 후 OK 버튼을 클릭한다.

비록, 기존의 Simple Dialog를 재사용하는 것으로 선택은 하였지만, 화면에는 Simple Dialog라는 동일한 이름으로 동일한 액티버티가 추가된다. 다이어그램에서는 두 개의 액티버티로 보이지만, 실제는 하나의 서비스만 실행되며, 실행 중인 Simple Dialog 서비스가 재사용된다.

Calculate 액티버티의 출력단자와 추가된 Simple Dialog 서비스의 입력단자를 연결한다. 이때 Connections 창이 표시된다.

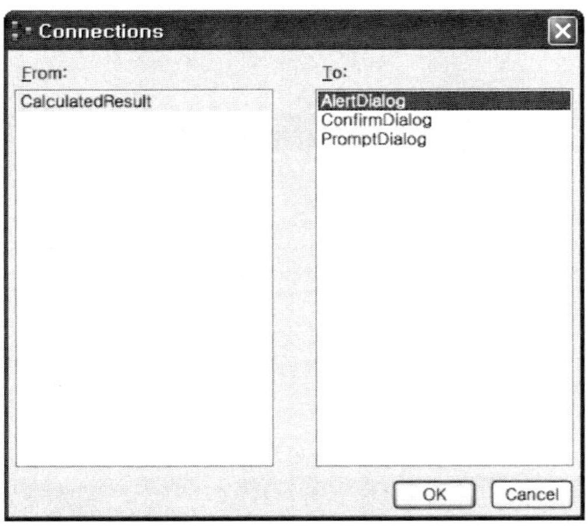

이번에는 입력된 데이터를 화면에 표시할 것이기 때문에, To: 항목에서 "AlertDialog" 항목을 선택한다. OK 버튼을 클릭하면 다음과 같이 Data Connections 창이 다시 표시된다. 좌측의 Value 항목에서 "value"를 선택한다.

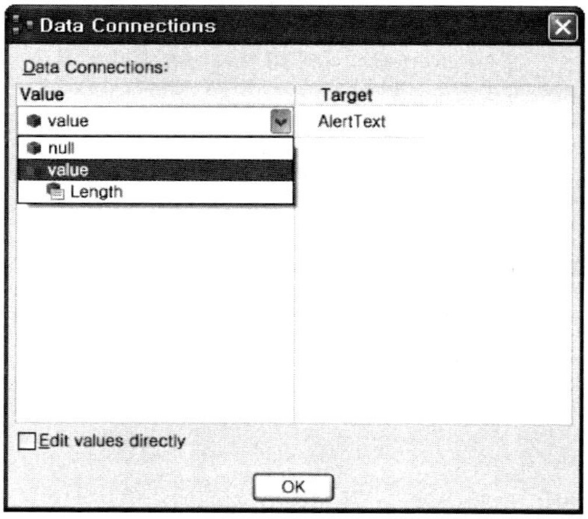

이제까지 완성된 형태는 다음과 같다.

위의 프로그램을 저장하고 실행하면 다음과 같이 입력창이 표시되며, 텍스트 박스에 문자열을 입력한다.

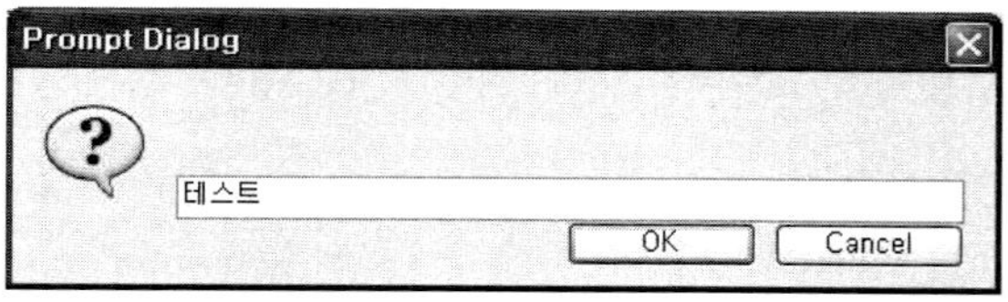

OK 버튼을 클릭하면, 다음과 같이 입력된 문자열이 표시되는 것을 확인할 수 있다.

이번에는 입력된 문자열을 수정하여 입력된 값 앞 뒤에 고정된 문자열을 더 추

가하는 예제를 수행해 보자.

가운데에 있는 Calculate 액티버티의 텍스트 박스를 마우스로 클릭한 후 다음과 같이 입력한다.

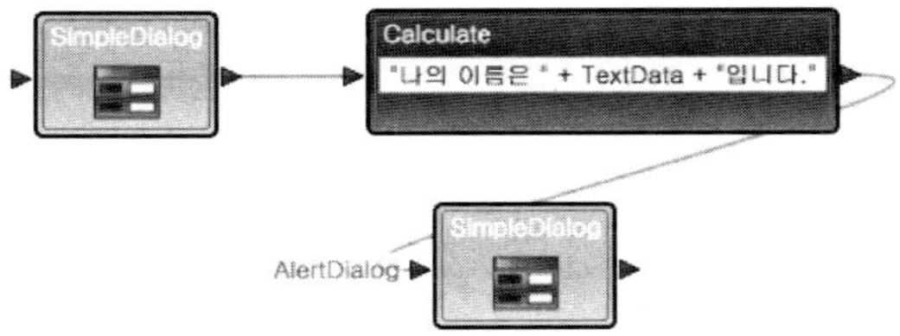

위의 프로그램을 저장한 후 다시 실행해 보면 다음과 같은 실행결과를 얻을 수 있다.

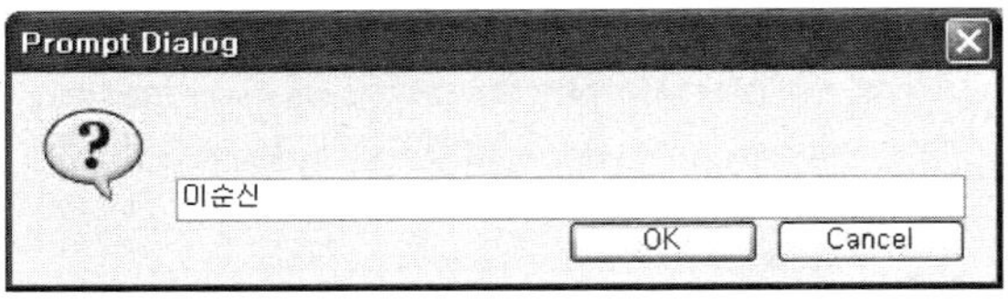

3.4 Comment 액티버티

Comment 액티버티는 문서 정리 목적으로 다이어그램에 텍스의 박스를 추가하는 기능을 가지고 있다. 코멘트는 자신이 작성한 코드를 다른 사람들이 이해하는데 도움을 주거나 훗날 프로그램을 변경하고자 할 때 기억을 되살려 주는 역할을 한다.

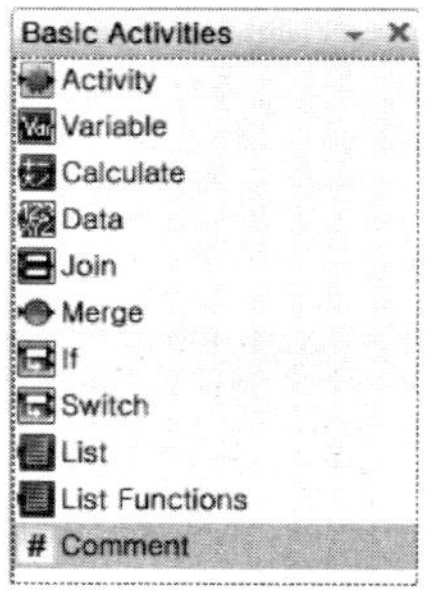

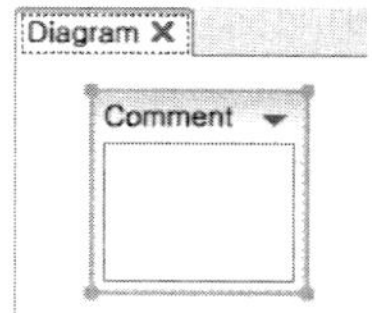

Comment 블록은 어떠한 연결을 하지 않으며 다이어그램의 어느 곳이라도 배치할 수 있다. Comment 액티버티를 클릭하면 나타나는 속성창의 Title에서 주석의 이름을 변경할 수 있다.

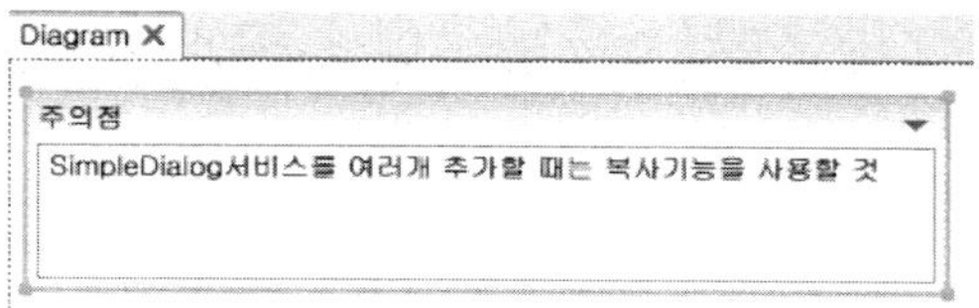

제 4 장

제어 및 배열 액티버티

4.1 Join 액티버티

4.1.1 Join 액티버티의 기능

Join 액티버티는 두 개 이상의 데이터 흐름을 묶는 데 사용한다. Join 액티버티는 입력되는 모든 메시지의 데이터가 입력되어져야 동작한다는 점에서 Merge 액티버티와 다르다. 텍스트 박스에 입력하는 이름은 메시지를 나타내는 지역변수의 이름이다. 직접 변수를 사용하거나 데이터 멤버를 참조하기 위한 표기법인 도트(.)를 사용한다. 예를 들면 변수 "val"에 있는 데이터 멤버인 "field"를 참조하기 위해서는 "val.field"라고 표기한다.

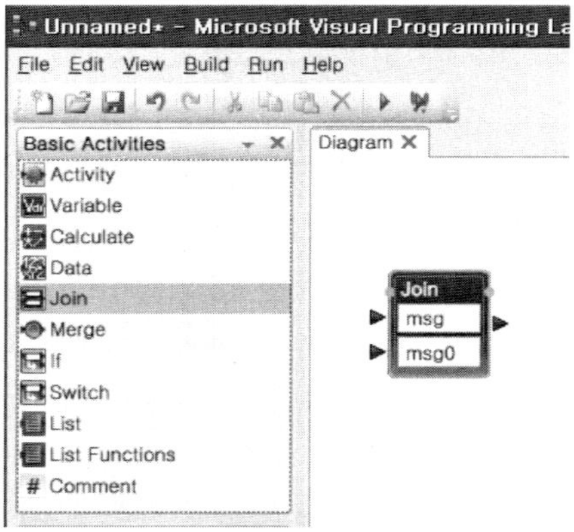

4.1.2 Join 액티버티를 사용한 두 개의 수 더하기

두 개의 숫자를 더하는 문제를 작성하여 보자. 이 문제를 해결하기 위해서는 이제까지 사용한 액티버티 외에 Join 액티버티를 사용한다. Join 액티버티는 두 개의 입력 값을 받아들이며, 입력된 값이 모두 전달될 때까지 기다린 다음, 두 개의 값을 그 다음 액티버티로 전달하는 기능을 수행한다.

:: [다이어그램 구성]

1. 두 개의 Data 액티버티를 다이어그램에 추가한 다음, 텍스트 박스에 각각 10과 20을 입력하고 int 형으로 설정한다.

2. 기본 액티버티 툴 박스에서 Join 액티버티를 선택한 후 추가한다. Join 액티버티가 추가된 후에는 기본적으로 변수 "msg"와 "msg0"으로 설정되어 있는데, 이 값은 개발자가 임의로 수정해도 상관이 없다. 편의상 값을 op1과 op2로 변경을 하도록 하자. 이 값들은 변수의 이름으로서, Join 액티버티에 입력된 값들이 새롭게 정의한 변수에 저장된다.

3. 두 개의 Data 액티버티의 출력단자들을 Join의 두 개의 입력단자에 각각 연결한다. 이때에는 별다른 창이 표시되지 않는다. Calculate 액티버티를 추가한 후에는 Join의 출력단자를 Calculate 액티버티의 입력단자에 연결한다. Calculate 액티버티의 텍스트 박스를 마우스로 클릭한다. 마우스 클릭 후에는 다음과 같이 사용 가능한 값 또는 변수의 목록들이 표시된다.

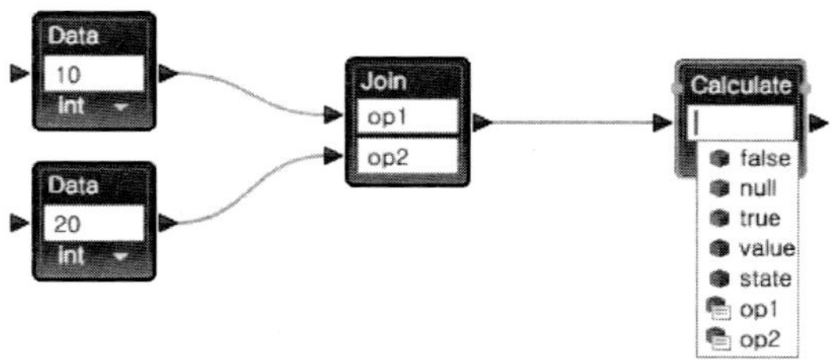

4. 마우스를 클릭하여 나타나는 사용 가능한 값의 목록으로부터 Calculate 액티버티의 텍스트 박스의 내용을 다음과 같이 입력한다.

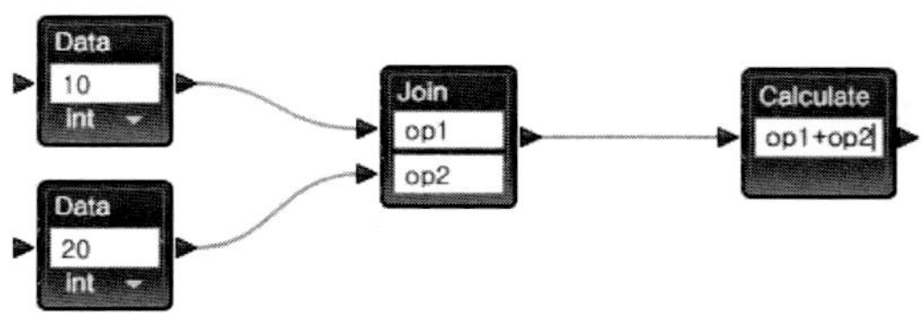

5. 마지막으로 Simple Dialog 서비스를 추가한 후에 Calculate 액티버티의 출력단자와 Simple Dialog 서비스의 입력단자를 연결한다. 이때 Connections 창이 표시되며, 값을 출력하기 위해 To: 항목을 "AlertDialog"로 선택한다. 이어서 표시되는 Data Connections 창에서는 좌측 Value 항목을 "value"로 선택한다.

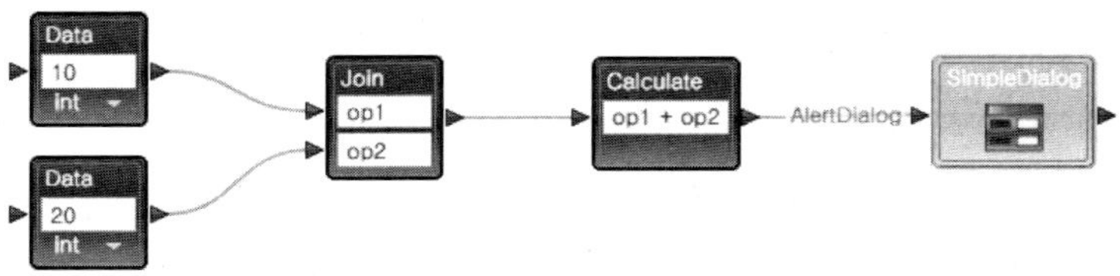

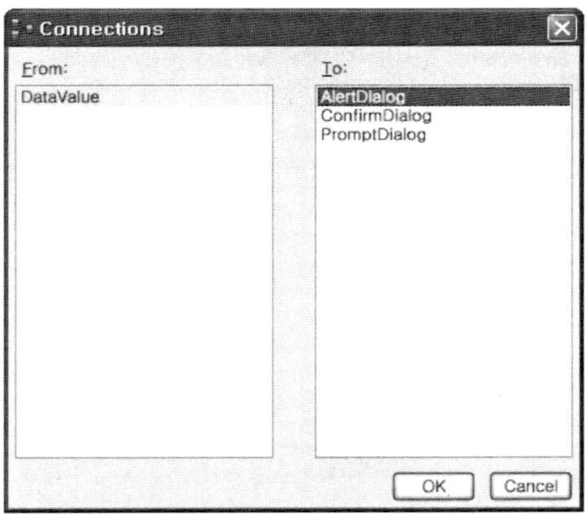

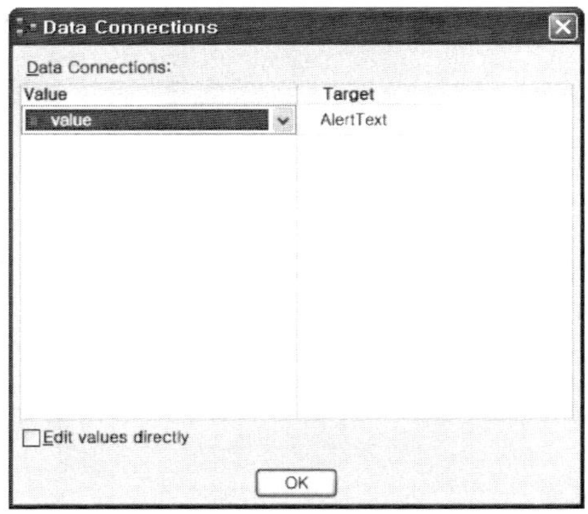

:: [실행결과]

다이어그램을 저장한 후, F5 키를 눌러 실행시키면 다음과 같이 Alert Dialog에 결과가 출력되는 것을 볼 수 있다.

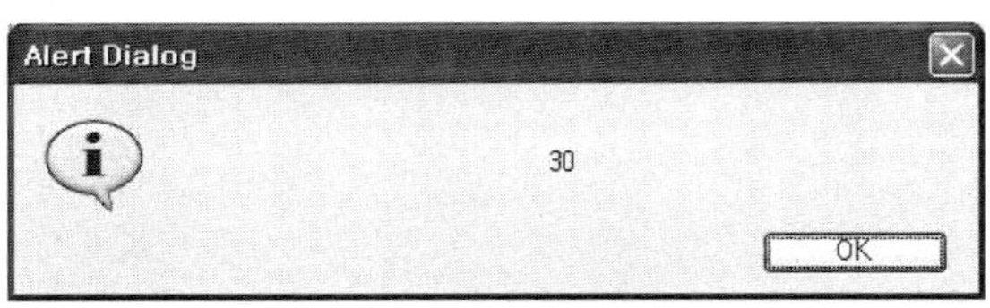

4.1.3 두 개의 입력 값을 처리하기

사용자로부터 데이터를 입력받아 화면에 출력하였던 단원 3.3.3의 예제에 Join 액티버티를 추가하여 두 개의 데이터를 입력받아 처리하는 다이어그램을 작성하여 보자.

:: [다이어그램 구성]

1. 단원 3.3.3에서 작성한 다이어그램에서 첫 번째 Simple Dialog 서비스와 Calculate 액티버티의 연결선을 삭제한다.

2. Join 액티버티와 Calculate 액티버티를 각각 한 개씩을 다음과 같이 추가하여 배치한다.

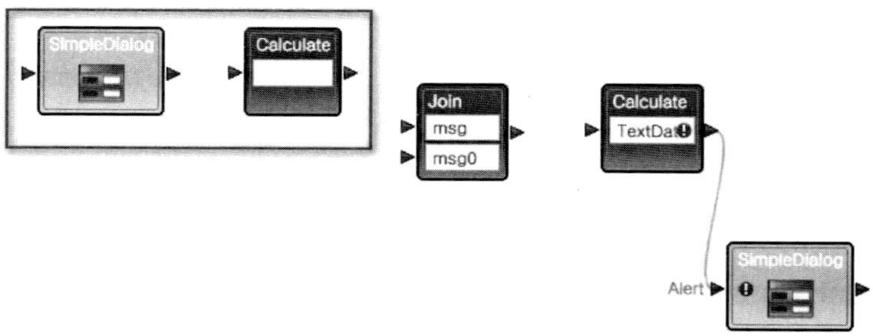

3. 반복하는 블록들은 복사하여 붙일 수 있다. 마우스로 드래그하여 Simple Dialog 서비스와 Calculate 액티버티를 구간 선택한 후 마우스 오른쪽을 클릭하여 복사한다. 복사한 내용을 다음과 같이 추가할 위치에 마우스를 올려놓고 붙여 놓기를 하면 쉽게 작성할 수 있다.

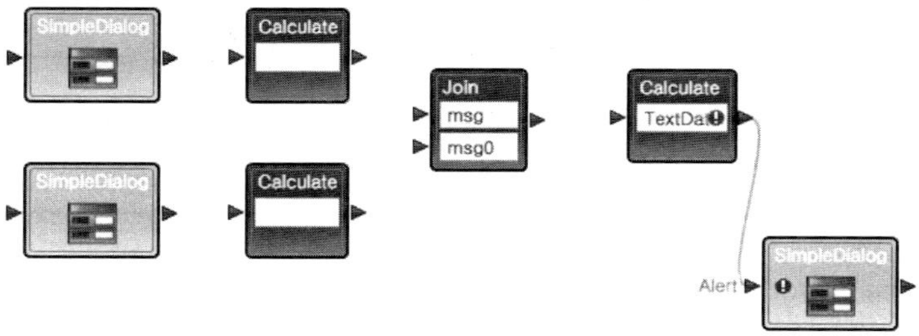

4. 왼쪽 두 개의 Simple Dialog 서비스를 각각 그것의 오른쪽에 있는 Calculate 액티비티에 연결하면 Connections 창이 뜬다. From: 항목은 "PromptDialog–Success"로 설정하고 OK 버튼을 누른다.

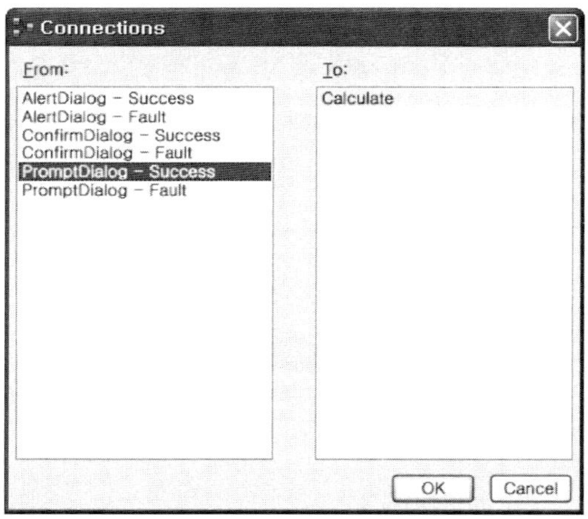

5. Calculate 액티비티의 텍스트 박스에 "TextData"를 입력하거나 텍스트 박스에 마우스를 올려놓고 클릭하면 선택할 수 있는 항목이 나타난다. 항목에서 "TextData"를 선택하여 입력할 수 있다.

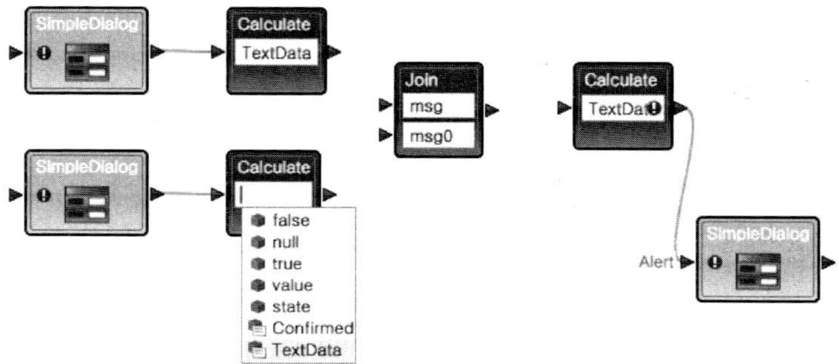

6. Caculate 액티버티를 Join 액티버티의 msg와 msg0에 각각 연결하고 Join 액티버티의 출력단자를 Calculate 액티버티의 입력단자에 연결한다. Calculate 액티버티의 텍스트 박스에 msg와 msg0을 더하는 수식을 입력하여 보자. 첫 번째 방법은 텍스트 박스에 수식 "msg+ msg0"를 직접 입력한다. 두 번째 방법은 Calculate 액티버티의 텍스트 박스에 마우스를 올려놓고 클릭하면 선택할 수 있는 항목 리스트가 나타난다. 그때 "msg"를 선택한 후 "+"를 입력하면 선택할 수 있는 항목 리스트가 나타난다. 그러면 "msg0"를 선택하여 수식을 완성할 수 있다.

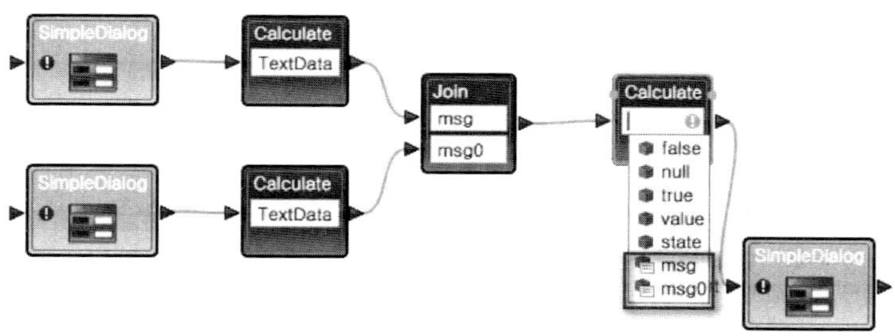

7. 최종 완성된 다이어그램은 다음과 같다.

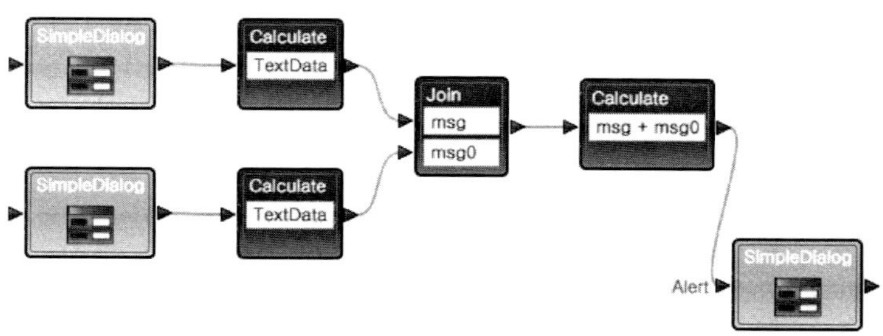

:: [실행결과]

완성된 다이어그램을 저장하고 실행하면 2개의 Prompt Dialog 창이 뜬다. 한 개의 창에는 "대한", 다른 창에는 "민국"을 입력하고 OK 버튼을 누르면 두 개의 문자열을 연결하여 "대한민국"이 출력됨을 확인할 수 있다.

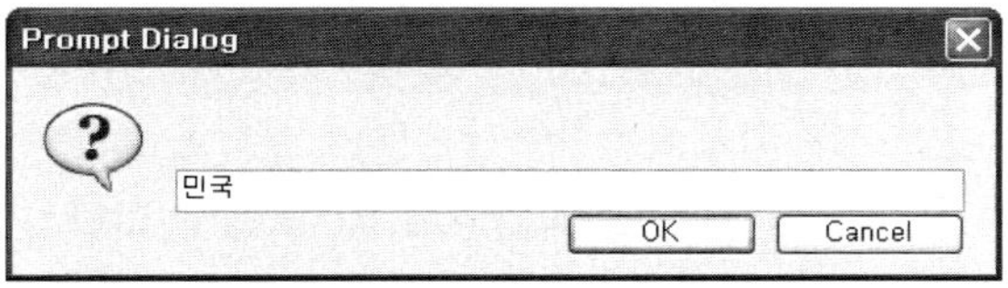

Simple Dialog 서비스는 문자열을 입력하거나 출력하는 기능을 가진다. Prompt Dialog 창에 숫자를 입력하더라도 문자열로 인식하므로 Calculate 액티버티에서 두 개의 수를 단지 연결만 한다. 예를 들면 한 개의 Prompt Dialog 창에 "10", 다른 창에 "20"을 입력하면 "1020"이 출력된다.

그러면 Simple Dialog 서비스에 입력된 수를 문자열로 연결하는 것이 아니라 크기를 갖는 수로 계산하기 위해서는 입력되는 문자열을 수로 변경만 해주면 된다. 문자열을 수로 변경하기 위해서는 데이터 캐스팅(casting)을 사용한다. 데이터 캐스팅은 입력되는 데이터 형을 다른 데이터 형으로 변환한다.

두 개의 Prompt Dialog 창에 "10"과 "20"을 입력하였을 때 "30"으로 계산하여 출력하는 다이어그램으로 변경하여 보자.

Simple Dialog 서비스의 바로 오른쪽에 있는 Calculate 액티버티의 텍스트 박스에 "(int)TextData"를 입력한다. 문자열인 TextData를 int 형으로 변환한다는 의미이다.

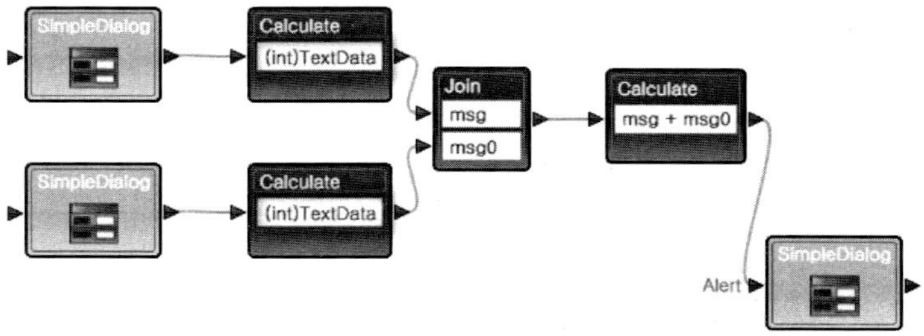

4.2 If 액티비티

4.2.1 If 액티비티의 기능

If 액티비티는 입력되는 메시지와 주어진 조건식에 따라서 출력을 선택하는 기능을 제공한다. 조건이 참이면 입력 메시지를 첫 번째 출력단자로 전달하고, 거짓이면 Else 출력단자로 전달한다. 조건식의 표현은 다음의 관계연산자를 사용한다.

관계연산자	설명
= 혹은 ==	같다
!= 혹은 〈〉	같지 않다
〈	보다 작다
〉	보다 크다
〈=	작거나 같다
〉=	크거나 같다

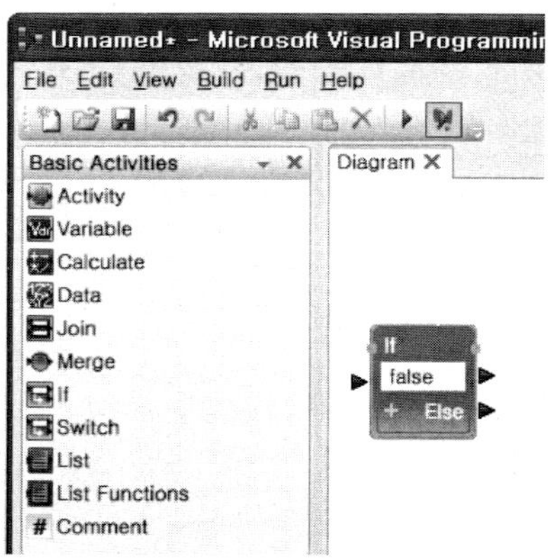

관계연산자는 Calculate 액티버티에 사용할 수 있으며 연산 결과는 참과 거짓이다. If 액티버티에 여러 개의 조건식을 추가하기 위해서는 액티버티의 Add(+) 버튼을 눌러서 조건식을 추가할 수 있다. 그래서 한 개의 If 액티버티에 서로 다른 여러 개의 조건식을 사용할 수 있다. 조건식은 위에서 아래로 순서대로 체크되어 진다.

4.2.2 조건식 사용하기

두 개의 값을 입력 받은 후 값이 같은지, 다른지 비교하고 값이 같으면 "같다", 다르면 "다르다" 메시지를 표시하는 예제를 작성하자.

:: [다이어그램 구성]

1. 먼저, 두 개의 문자열을 입력 받기 위해 두 개의 Simple Dialog 서비스와 두 개의 Calculate 액티버티를 추가한다. 추가한 후에 각 Simple Dialog 서비스와 Calculate 액티버티를 연결하고, Connections 창에서 From: 항목을 "PromptDialog - Success"로 설정한다. 연결 후에는 Calculate 액티버티의 텍스트 박스에서 TextData 항목을 선택한다.

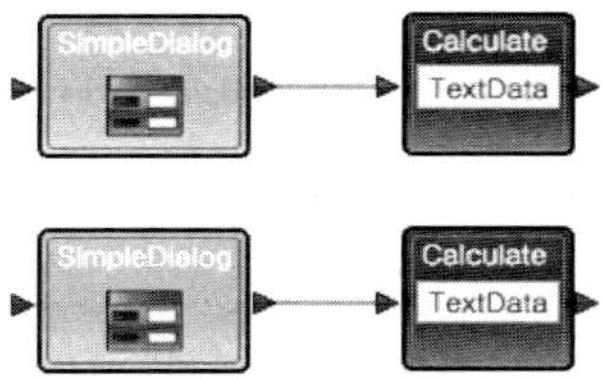

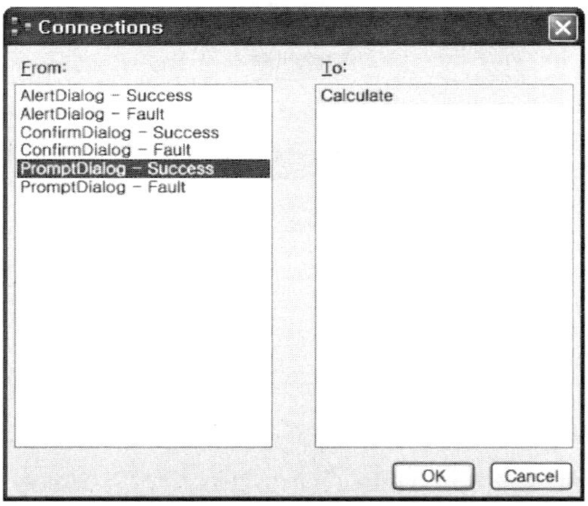

2. Join과 If 액티비티를 추가한다. 두 개의 Calculate 액티비티의 출력단자를 Join 액티비티의 입력단자에 연결하고, Join 액티비티의 텍스트 박스에 msg1, msg2를 각각 입력한다. If 액티비티의 텍스트 박스에 마우스를 올려놓고 클릭하면 선택할 수 있는 값의 리스트가 나열된다. 그때 msg1과 msg2를 선택하여 조건식 "msg1==msg2"를 텍스트 박스에 입력한다.

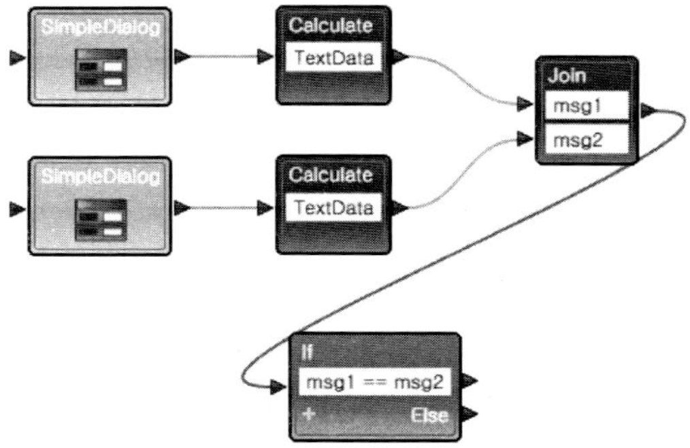

3. 두 개의 Data 액티비티를 추가하고 데이터 형을 "string"으로 설정한다. If 액티비티의 첫 번째 출력단자에 연결되는 Data 액티비티의 텍스트 박스에는 "같다", 두 번째 출력단자에 연결되는 Data 액티비티의 텍스트 박스에는 "다르다"를 입력한다.

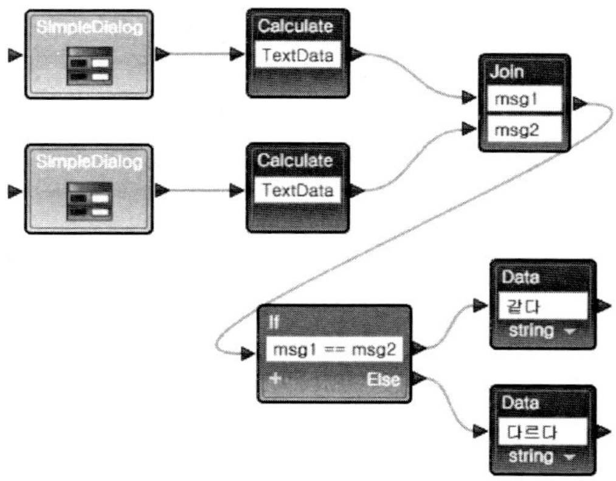

4. 두 개의 Simple Dialog 서비스를 추가하고 서비스의 입출력 방향을 변경한 후 두 개의 Data 액티비티와 연결한다. 이때 Connections 창의 To: 항목은 "AlertDialog"로 설정하고 Data Connections 창의 Value 항목은 "value"를 선

택한다. 블록의 입출력 연결 방향을 변경하기 위해서는 블록을 클릭한 후 오른쪽 버튼을 누르면 "Flip Connections" 항목을 선택하면 된다.

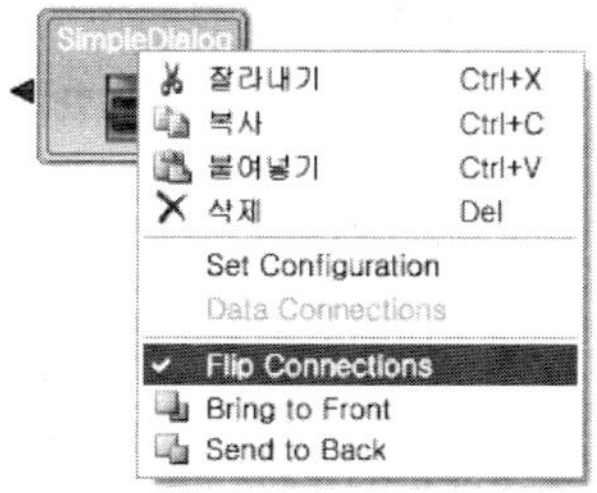

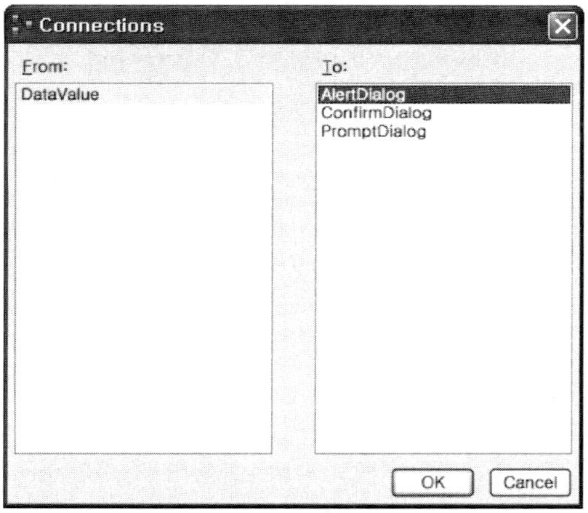

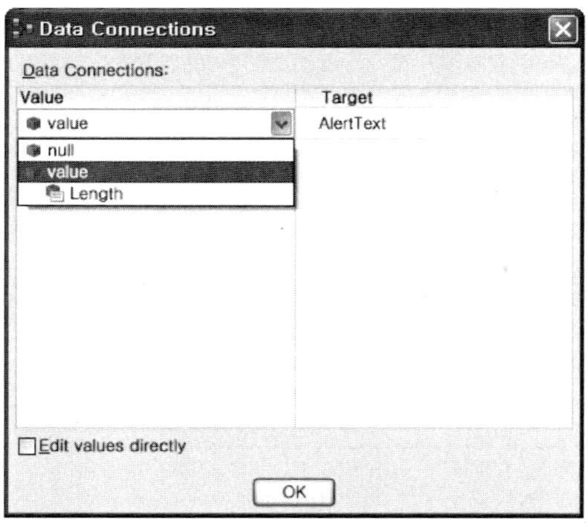

5. 최종 완성된 다이어그램은 다음과 같다.

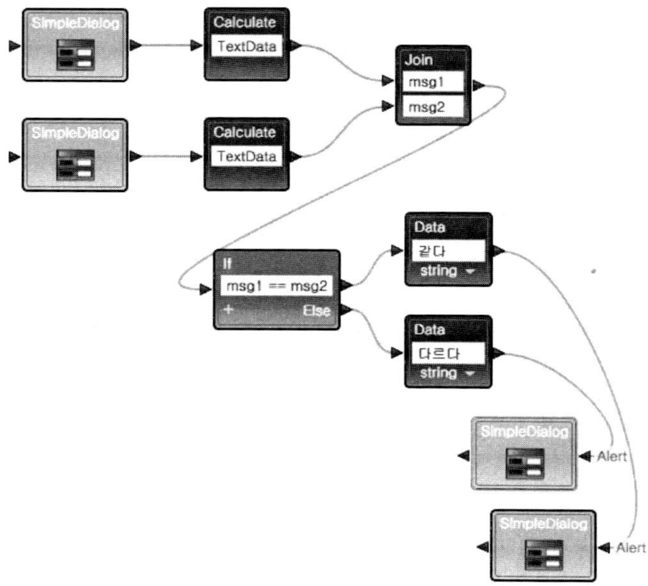

:: [실행결과]

다이어그램을 저장한 후, F5 키를 눌러 실행하여, Prompt Dialog에 다른 두 개의 값을 입력하면

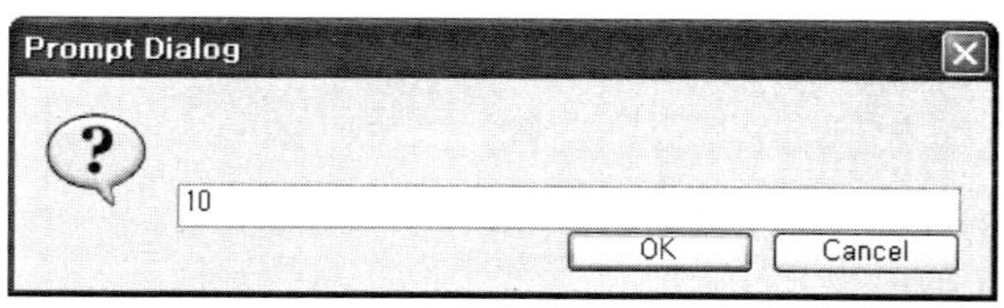

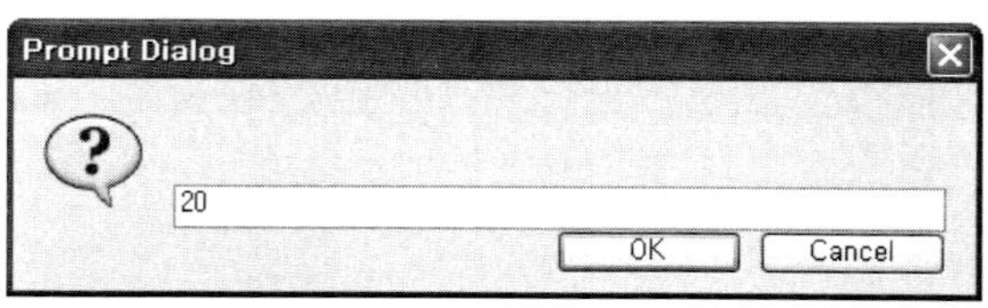

결과는 다음과 같이 출력한다.

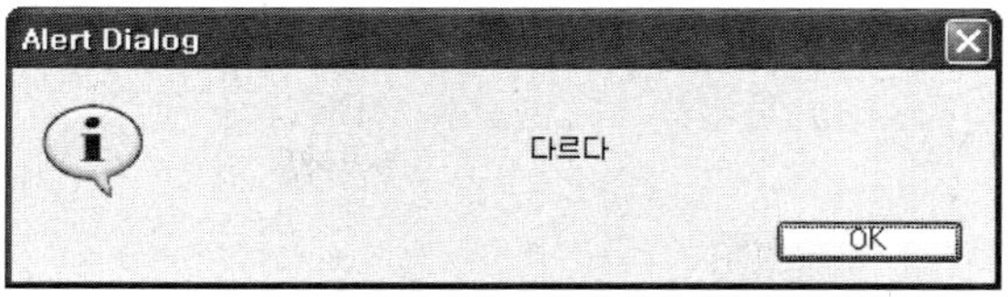

4.3 Merge 액티버티

4.3.1 Merge 액티버티의 기능

Merge 액티버티는 단순히 두 개 이상의 데이터 흐름을 합쳐서 통과시켜준다. Merge에서 메시지가 통과할 때 어떠한 조건이나 메시지 간의 의존성은 없다. 단순히 메시지를 다음 블록으로 전달하는 기능만 갖는다. 많은 입력 데이터 흐름이 같은 블록으로 연결될 경우, Merge 액티버티는 데이터 흐름을 합쳐서 통과시켜주므로, 같은 블록을 한 개만 사용하면 되므로 블록의 수를 줄일 수 있다.

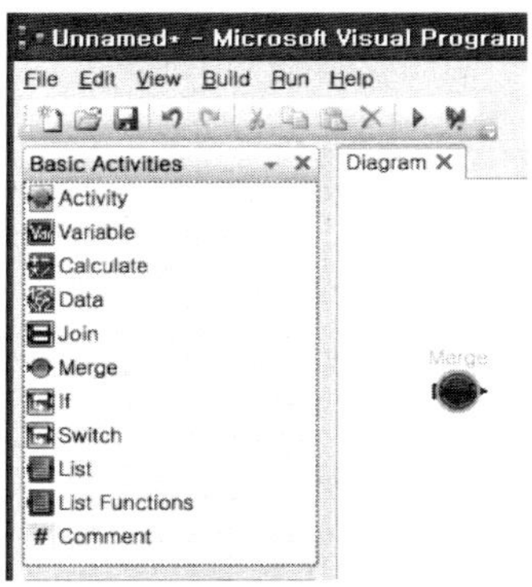

4.3.2 블록의 재사용

단원 4.2.2의 다이어그램에서 마지막에 추가한 두 개의 Simple Dialog 서비스와 Data 액티버티의 연결선을 제거한다. Data 액티버티와 Simple Dialog 서비스 사이에 Merge 액티버티를 추가하고, Simple Dialog 서비스를 한 개 삭제한다.

두 개의 Data 액티버티의 출력단자를 Merge 액티버티의 입력단자에 연결하고 Merge 액티버티의 출력단자를 Simple Dialog 서비스의 입력단자에 연결한다.

이때 연결 시 Connections 창의 To: 항목은 "AlertDialog"로 설정하고 Data Connections 창의 Value 항목은 "value"를 선택한다.

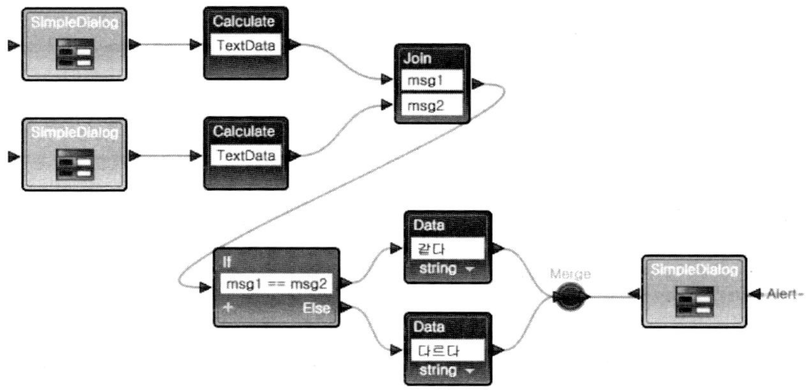

단원 4.2.2에서는 각 Data 액티버티에 Simple Dialog 서비스를 연결하였지만 여기에서는 두 개의 Data 액티버티가 한 개의 Simple Dialog 서비스를 공동으로 사용한다. 즉, 블록을 재사용하기 위하여 Merge 액티버티가 사용된다.

4.3.3 반복 구조 구성하기

이제까지 배운 액티버티들을 사용하여 1부터 10까지 합을 구하는 다이어그램을 작성하여 보자. 본 예제에서는 두 개의 변수가 필요하다. 한 개는 1부터 10까지 반복하기 위한 제어변수이고, 나머지 한 개는 합을 저장하기 위한 변수이다. 더불어 두 개의 변수의 초깃값을 저장하기 위한 Data 액티버티가 필요하고, 두 개의 데이터 흐름을 묶기 위하여 Join 액티버티가 필요하다.

그리고 반복횟수가 10에 도달하였는지 체크하기 위하여 If 액티버티가 필요하며, 합을 계산하고 반복횟수를 1씩 증가시키기 위하여 Calculate 액티버티가 필요하다. 마지막으로 합을 출력하기 위하여 Simple Dialog 서비스가 필요하다.

:: [다이어그램 구성]

1. 다음과 같이 액티버티들과 서비스를 추가한다.

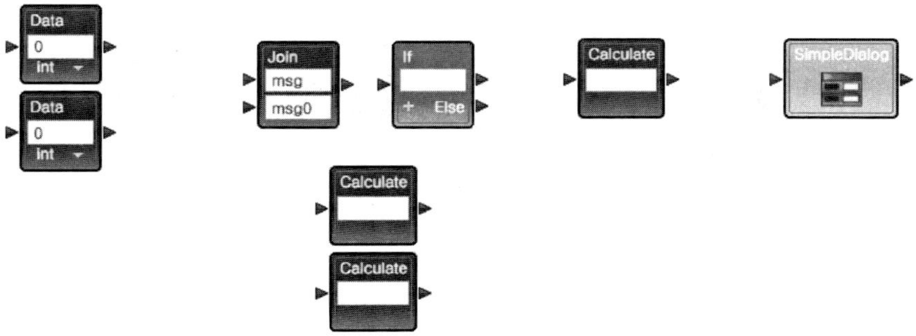

2. 합을 저장할 변수명을 sum, 반복횟수를 저장하는 변수명을 loop라 한다. sum과 loop의 초깃값을 "0"으로 설정한 후 Data 액티버티와 Join 액티버티를 연결한다. loop가 10까지 도달하였는지 체크하기 위하여 If 액티버티에 조건식 "loop〉10"를 입력한다.

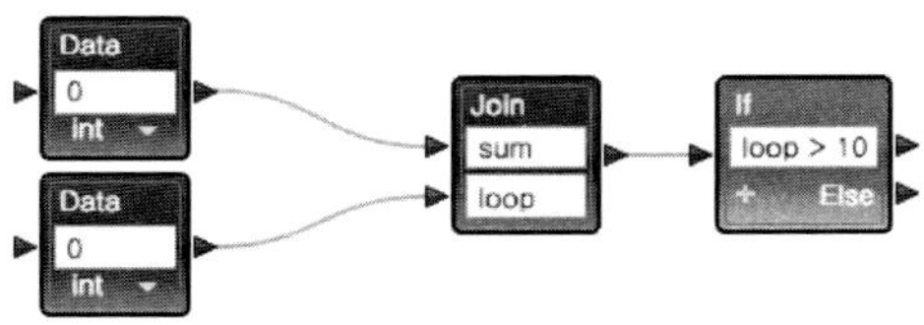

3. If 액티버티의 조건식이 참이면 sum을 출력하고, 거짓이면 sum에다 loop를 더하고(sum+loop), loop를 1 증가(loop+1)시킨 후 다시 If 액티버티에 의해 조건식을 체크하여야 한다. 이때 If 액티버티의 Else 출력단자에 연결된 Calculate 액티버티는 두 개이다. 한 개의 출력단자에서 두 개의 Calculate 액티버티를 연결하기 위하여 출력단자를 두 개의 Calculate 액티버티에 직접 연결할 수 있지만 일반적으로 Merge 액티버티를 사용하여 연결한다. 또한, Join 액티버티의 sum 변수의 입력단자에 초깃값을 기억하고 있는 Data 액티버티와 sum+loop를 계산하는 Calculate 액티버티를 연결하여야 하므로 Merge를 사용하여 두 개의 데이터 흐름을 묶어야 한다. 두 개의 Calculate 액티버티가 Join 액티버티의 입력단자에 연결하기 위하여 Calculate 액티버티의 입력단자와 출력단자의 방향을 바꾸기 위하여 오른쪽 마우스를 클릭한 후 "Flip Connections"를 선택한다. Join 액티버티의 loop 변수의 입력단자도 같은 방법으로 Merge 액티버티를 사용하여 데이터 흐름을 묶는다.

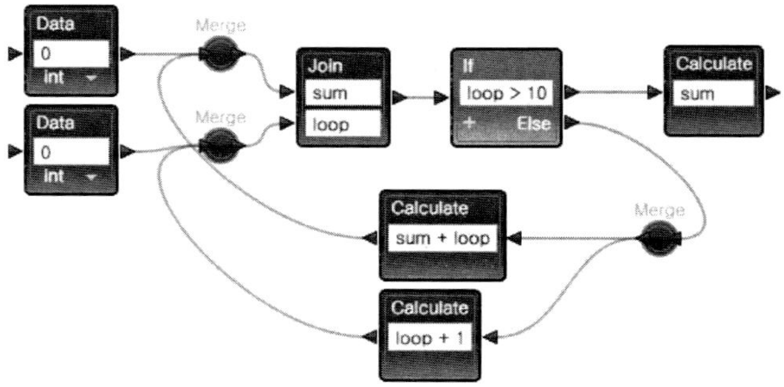

4. sum을 출력하기 위하여 Calculate 액티버티를 Simple Dialog 서비스에 연결한다.

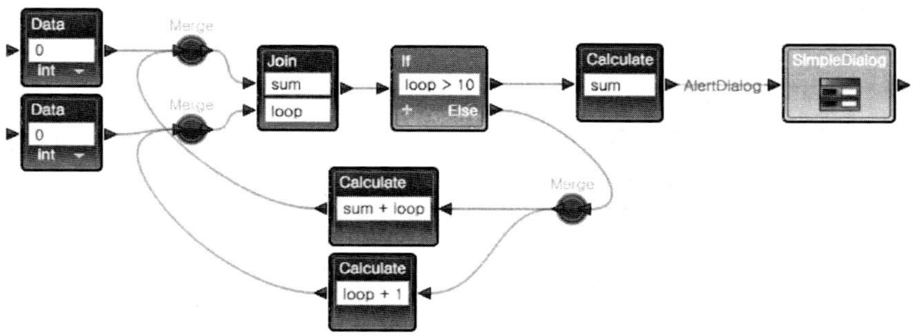

:: [실행결과]

다이어그램을 저장한 후, F5 키를 눌러 실행시키면 다음과 같이 출력된다.

4.3.4 영문자 개수 계산하기

키보드를 통하여 숫자나 영문자를 한 자씩 입력할 때 현재까지 입력된 영문자의 개수를 세는 다이어그램을 다음과 같은 절차로 작성하여 보자. 입력되는 문자는 숫자와 영문자로 한정한다고 가정한다.

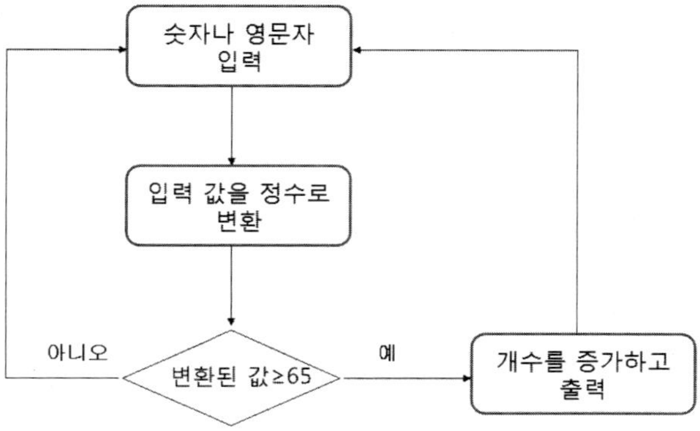

:: [다이어그램 구성]

1. 두 개의 Data 액티버티, 한 개의 Simple Dialog 서비스와 한 개의 Variable 액티버티를 다이어그램에 추가한다. Variable 액티버티의 Add 버튼을 눌러서 int 형 변수인 Char_Count와 char 형 변수인 Input_Char를 추가한다. Data 액티버티의 텍스트 박스에 Prompt Dialog에서 보여줄 안내 문장을 입력한다. 즉, 문자열로 "숫자 또는 영문자를 한 글자씩 입력하세요."를 입력한다.

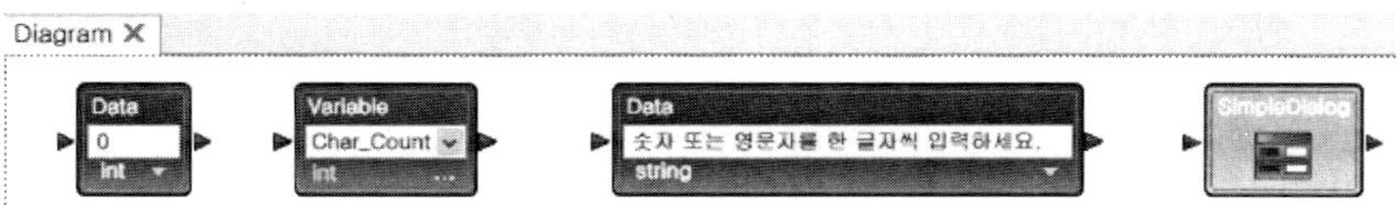

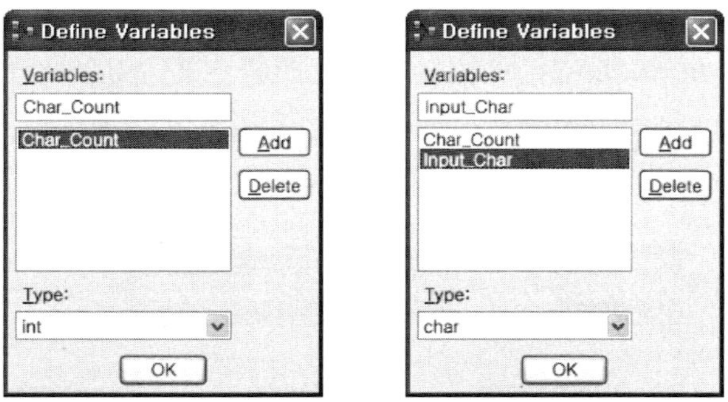

2. 첫 번째 Data 액티비티에 0을 저장한 후 변수 Char_Count를 선택한 Variable 액티비티에 "SetValue" 속성으로 연결한다. 두 번째 Data 액티비티를 Simple Dialog 서비스에 "PromptDialog" 속성으로 연결한다. 이어서 나타나는 Data Connections 창에서 PromptText의 Value 항목을 "value"로 설정한다.

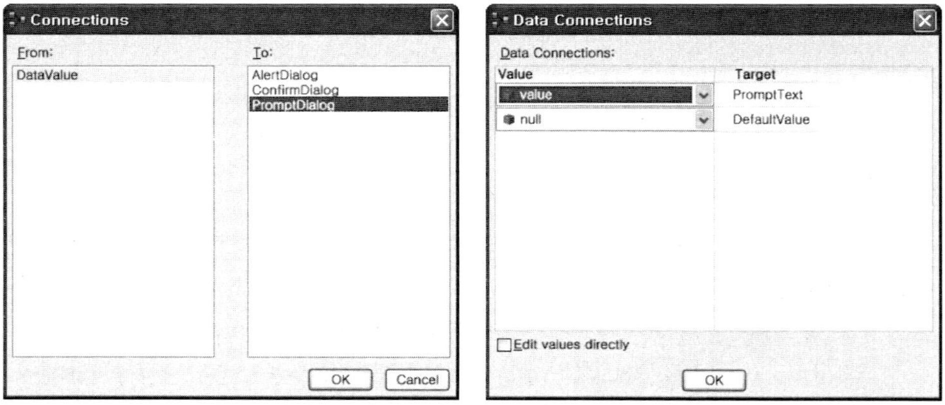

3. Simple Dialog 서비스로부터 입력받은 값을 int 형으로 변환하기 위하여 두 개의 Calculate와 Variable 액티비티를 추가한다. Simple Dialog 서비스를 첫 번째 Calculate 액티비티에 연결하고 텍스트 박스에는 "(char) TextData"를 입력한다. 입력된 값을 변수 Input_Char에 저장하기 위하여 Variable 액티비티에 "SetValue" 속성으로 연결한다. 그 변수에 저장된 값을 정수로 변환하기 위하여 Variable 액티비티와 두 번째 Calculate 액티비티를 연결하고 텍스트 박스에는 (int)Input _Char를 입력한다.

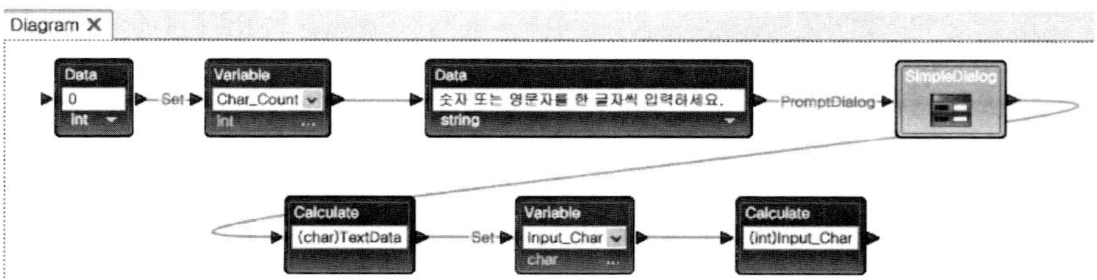

4. If, Calculate, 두 개의 Variable 액티버티를 추가한다. 정수로 변환된 값이 "65"보다 크면 영문자에 속하고, 그렇지 않으면 숫자에 속하게 되므로 If 액티버티의 텍스트 박스에는 "value>=65"를 입력한다. value는 앞에 있는 Calculate 액티버티의 출력값을 나타난다. "A"의 아스키 코드 값은 65이다. 조건이 참이면 영문자의 개수를 증가하고, 거짓이면 특별히 수행할 내용이 없다. 조건이 거짓일 때 변수 Char_Count의 내용을 읽어오기 위하여 Variable 액티버티를 "GetValue" 속성으로 연결하였지만 Variable 액티버티가 없어도 정상적으로 실행이 된다.

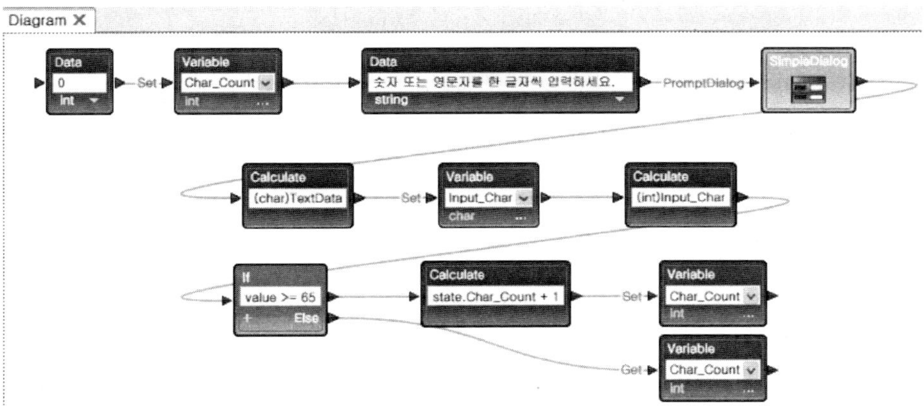

5. 입력 값에 대하여 영문자의 개수를 출력한 후 계속 숫자나 영문자를 입력받기 위하여 처음상태로 되돌아가야 한다. Merge, Calculate, Simple Dialog 서비스를 추가한다. Calculate 액티버티의 텍스트 박스에는 ""다음 숫자 또는 영문자를 입력하세요. ₩n(지금까지 입력한 영문자의 개수는 "+Char _Count+"개입니다)""를 입력한다. Calculate 액티버티를 Simple Dialog 서비스에 "AlertDialog" 속성으로 연결한다. 단계 4에서 If 액티버티의 조건이 거짓일 경우 Variable 액티버티를 사용하지 않으면 Merge 액티버티에는 "!"가 나타난다. Merge 액티버티의 입력에 같은 유형의 메시지가 입력되지 않으면 "!"가 나타난다. "!"가 나타나더라도 정상적으로 수행되어 올바른 결과가 나온다. "!"가 나타나지 않게 하기 위하여 다이어그램 수행에 아무런 영향을 주지 않는 "GetValue" 속성의 Variable 액티버티를 추가한 것이다.

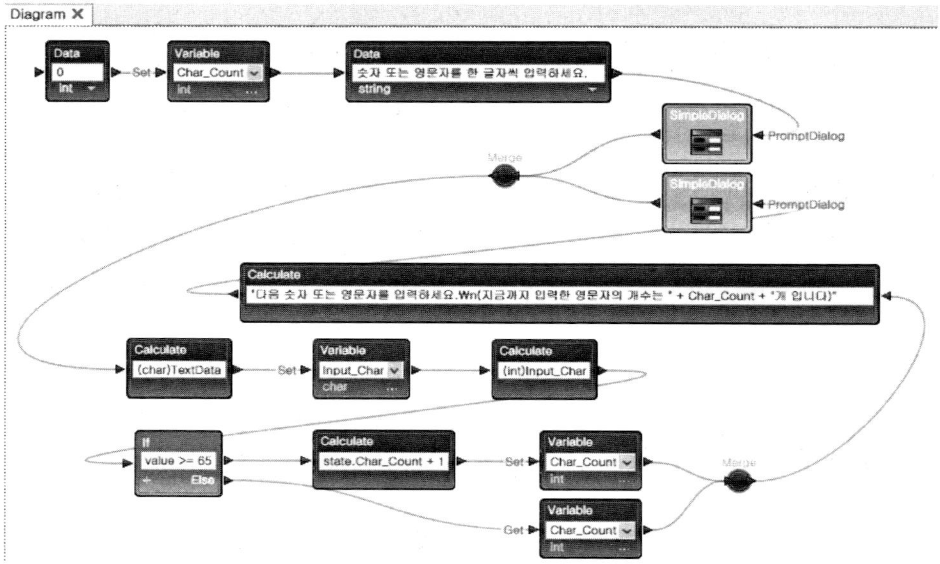

:: [실행결과]

다이어그램을 저장한 후, F5 키를 눌러 실행시키면 다음과 같이 Prompt Dialog가 뜨면서 입력 값을 기다린다. 값을 입력하고 엔터키를 누르면 결과가 나타나면서 새로운 입력 값을 기다린다. 2, k, n, 6을 차례로 입력하였을 경우 그때까지 입력한 영문자의 개수가 출력된다.

4.3.5 소수 구하기

소수(prime number)는 1과 자신의 수만 약수를 갖는 양의 자연수를 의미한다. 예를 들면 7의 약수는 1과 7 밖에 없으므로 7은 소수이다. 소수는 암호학 분야에서 많이 사용하고 있다. 다음은 1부터 30까지의 소수들을 열거한 것이다.

2, 3, 5, 7, 11, 13, 17, 19, 23, 29

여기서 소수 중에서 2는 유일한 짝수이다.

본 예제에서는 시작값과 끝값을 Prompt Dialog에서 입력하면 두 값 사이에 속하는 소수를 다음과 같은 절차로 구하여 보자.

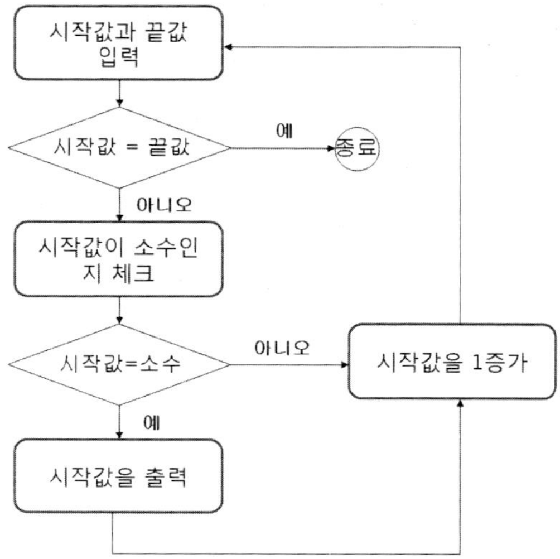

:: [다이어그램 구성]

1. 한 개의 Data, Variable, Calculate 액티비티와 Simple Dialog 서비스를 다이어그램에 추가한다. Variable 액티비티의 Add 버튼을 눌러서 int 형 변수인 StartNum, EndNum, IndexNum을 추가한다. Data 액티비티의 텍스트 박스에 Prompt Dialog에서 보여줄 안내 문장을 입력한다. 즉, 문자열로 "시작값을 입력하세요:"를 입력한다.

2. Data 액티비티를 Simple Dialog 서비스에 "PromptDialog" 속성으로 연결한다. 이어서 나타나는 Data Connections 창에서 PromptText의 Value 항목을 "value"로 선택한다. Simple Dialog 서비스를 Calculate 액티비티에 연결한다. 이어서 나타나는 Connections 창의 From: 항목을 "PromptDialog – Success" 속성으로 설정하고, Calculate 액티비티의 텍스트 박스에 "(int)TextData"를 입력한다. Calculate 액티비티를 변수명 "StartNum"으로 선택한 Variable 액티비티에 "SetValue" 속성으로 연결한다.

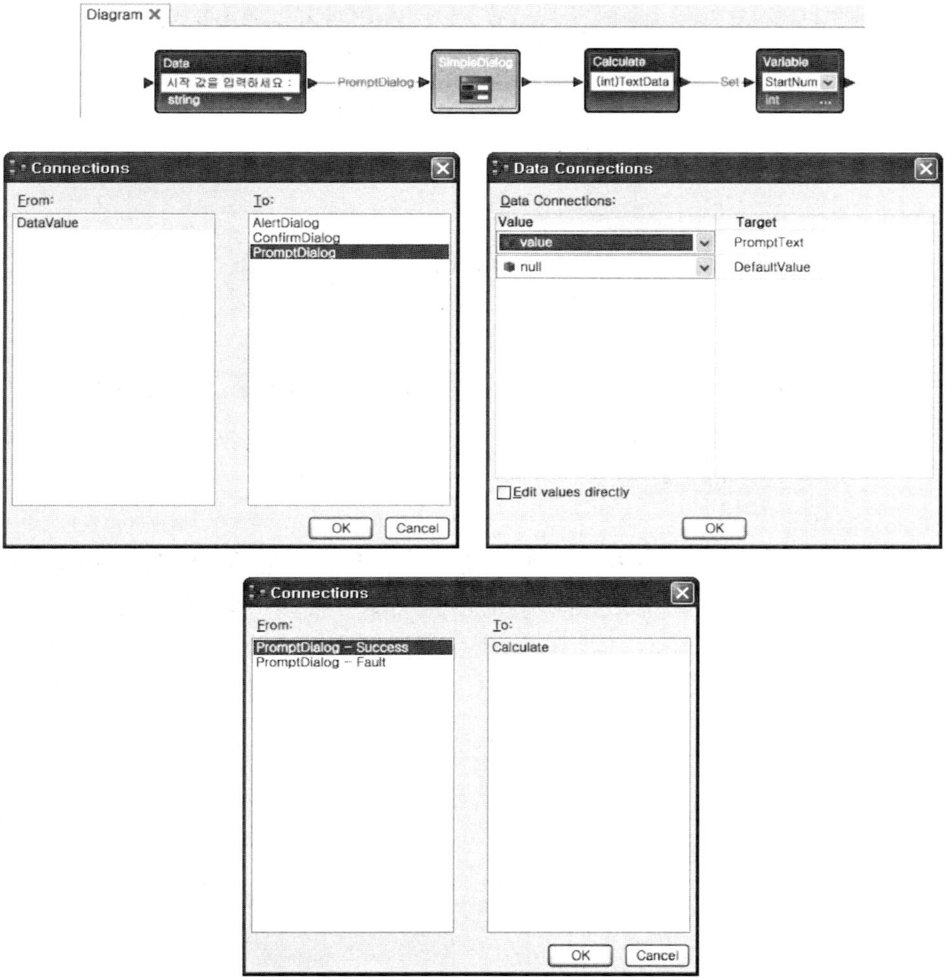

3. 끝값을 읽어 들여 변수명 EndNum에 저장하기 위하여 단계 1, 2에서 작성하였던 것과 같은 방법으로 작성하여 이전 단계에서 작성하였던 것과 연결한다.

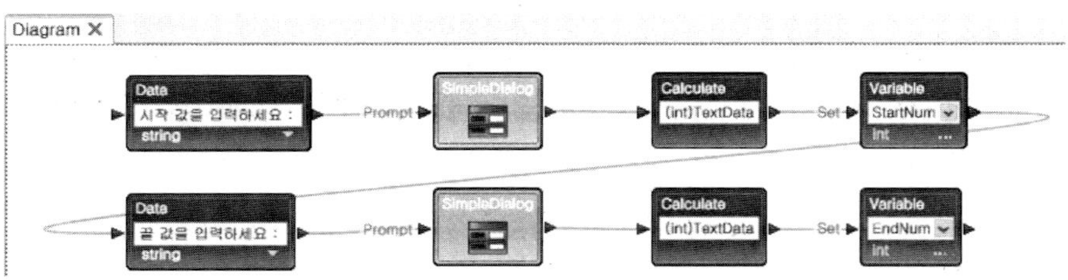

4. 시작값이 저장된 StartNum을 1씩 증가시키면서 소수인지를 판단하기 위하여 StartNum을 "GetValue" 속성으로 읽어 와서 끝값이 저장된 EndNum보다 큰지를 비교하기 위하여 If 액티비티의 텍스트 박스에 "state.StartNum 〉 state.EndNum"을 입력한다.

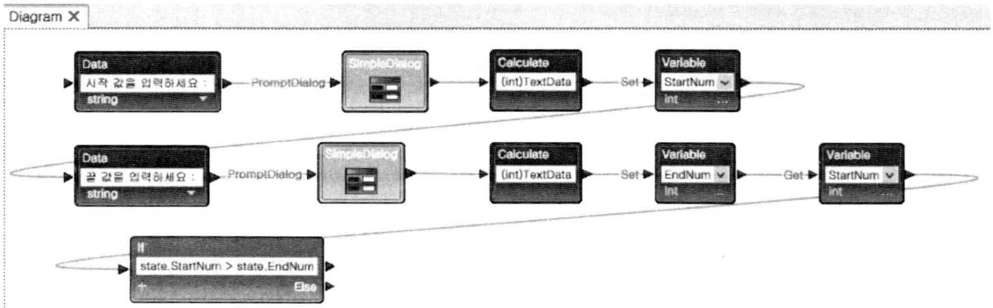

5. StartNum이 EndNum보다 크면 수행을 종료하며, 그렇지 않으면 StartNum을 2부터 그 자신의 수인 StartNum까지의 수를 1씩 증가시키면서 각각 나눈다. 2부터 StartNum까지 1씩 증가시키는 수는 IndexNum에 저장된다. StartNum이 IndexNum으로 나누어질 때까지 IndexNum을 1씩 증가시켜서 나누어본다. 이와 같이 알고리즘을 구현하기 위하여 다음과 같이 연결한다.

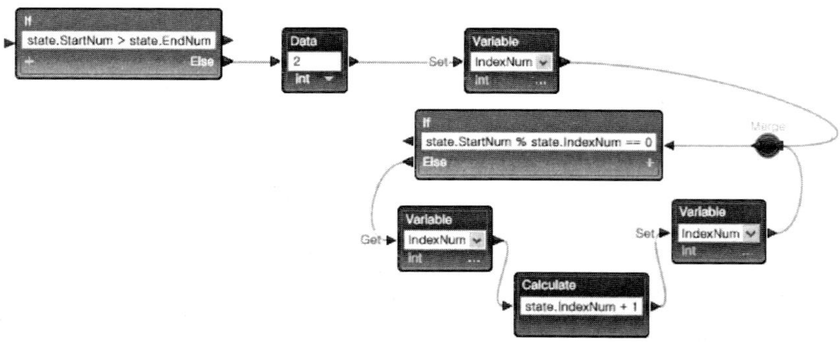

6. StartNum이 IndexNum으로 나누어지면, 즉 IndexNum이 StartNum의 약수인 경우에 IndexNum이 StartNum과 같은지 체크한다. IndexNum이 StartNum과 같으면 StartNum은 소수이다. 다시 말하면 StartNum이 1과 그 자신의 수인 StartNum만 약수를 가지는 경우의 StartNum은 소수이므로 Log 서비스를 사용하여 출력한다.

Log 서비스는 Run 창에 메시지를 출력하는 기능을 가지고 있다. Log 소수를 출력하기 위하여 Calculate 액티버티를 Log 서비스의 입력단자에 연결한다. 이때 나타나는 Connections 창의 To: 항목에서 "LogInfo"를 선택한다. 이어서 표시되는 Data Connections 창에서 Message의 Value 항목을 "value"로 설정한다.

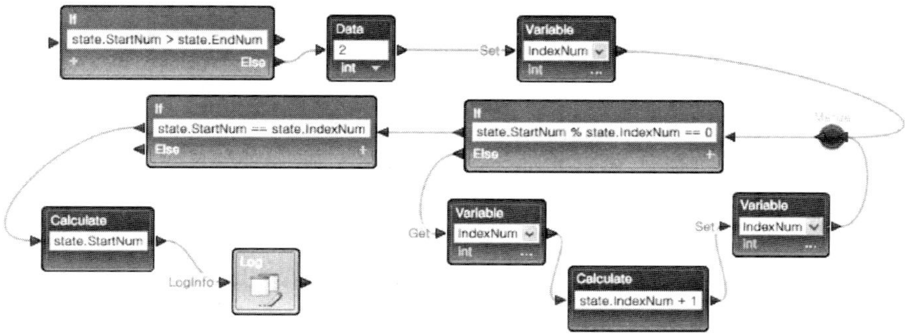

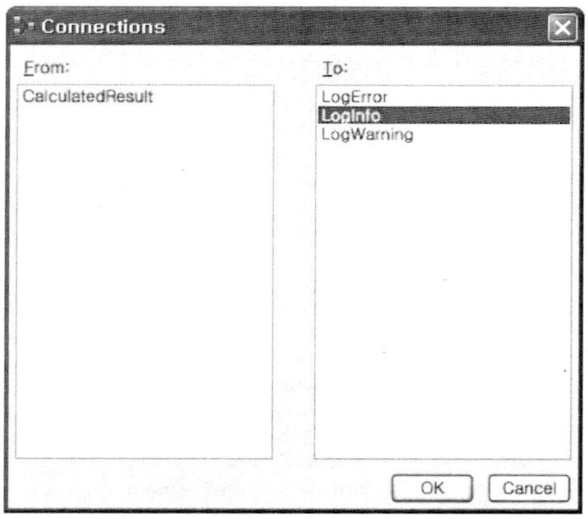

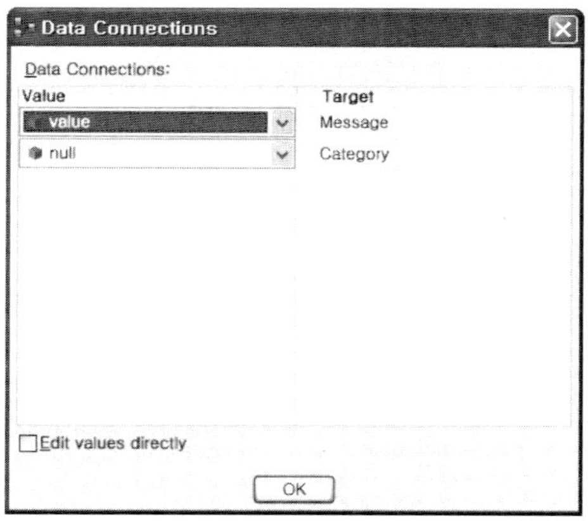

7. IndexNum이 StartNum과 같지 않으면 StartNum은 1과 그 자신의 수 이외의 다른 수를 약수로 가지므로 StartNum은 소수가 아니다. StartNum을 1 증가시켜서 단계 5, 6을 반복한다. 이와 같이 알고리즘을 구현하기 위하여 다음과 같이 연결한다.

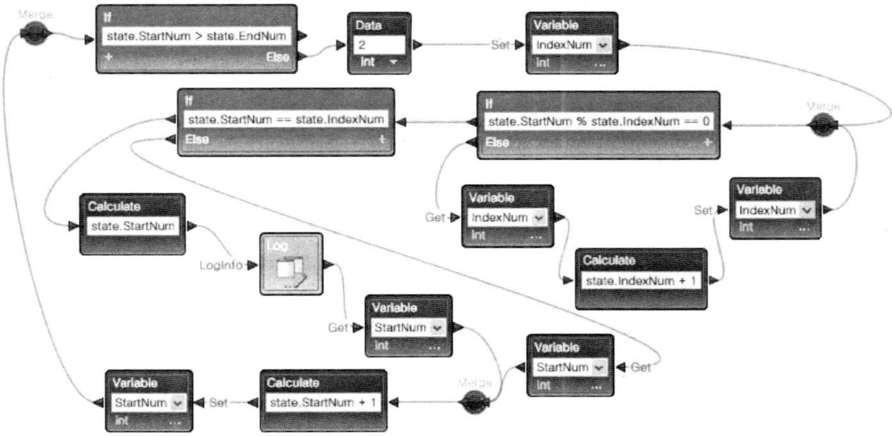

8. 단계 4에서 작성한 다이어그램과 단계 7에서 작성한 다이어그램을 연결하여 다음과 같이 완성된 다이어그램을 구성한다.

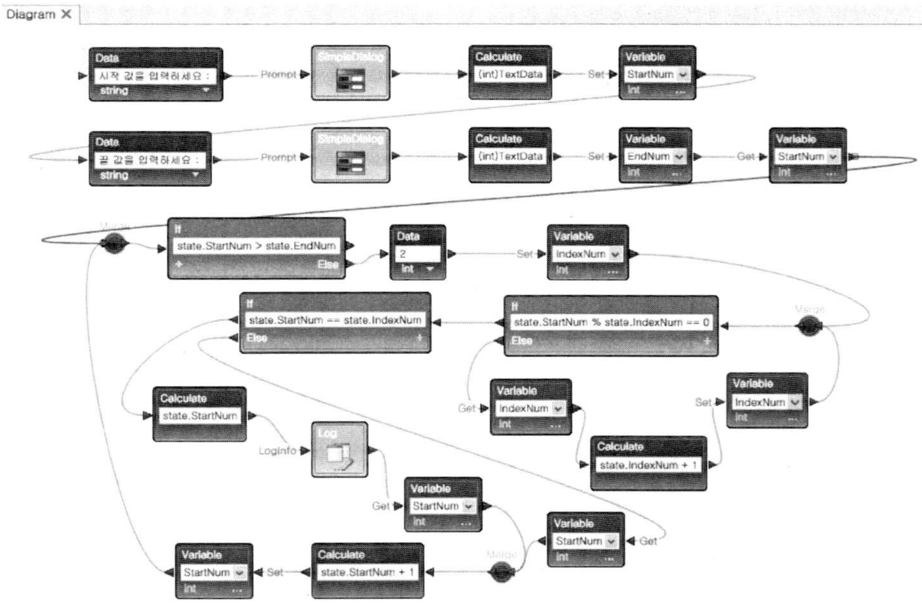

:: [실행결과]

다이어그램을 저장한 후, F5 키를 눌러 실행시키면 다음과 같이 Prompt Dialog가 나타나면서 시작값과 끝값을 입력하기를 기다린다. 시작값과 끝값을 입력하면 그 사이에 있는 소수를 계산하여 Run 창에 출력한다. 10과 50사이의 소수는 11, 13, 17, 19, 23, 29, 31, 37, 41, 43, 47이다.

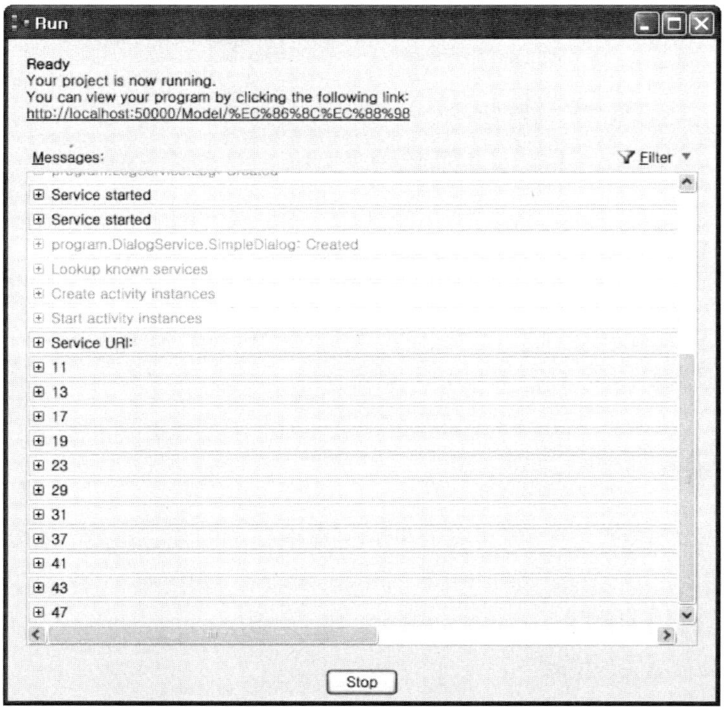

4.4 Switch 액티버티

4.4.1 Switch 액티버티의 기능

Switch 액티버티는 입력되는 메시지가 텍스트 박스에 있는 내용과 일치하는가에 따라 실행할 블록을 다르게 선택하여 진행할 때 사용한다. Switch 액티버티에 있는 Add(+) 버튼을 클릭하면 case 값을 추가할 수 있다.

If 액티버티는 조건이 참인지 거짓인지에 따라 양자택일하여 실행하지만, Switch 액티버티는 각 출력단자에 따라 분기조건을 여러 가지로 다르게 명시할 수 있다.

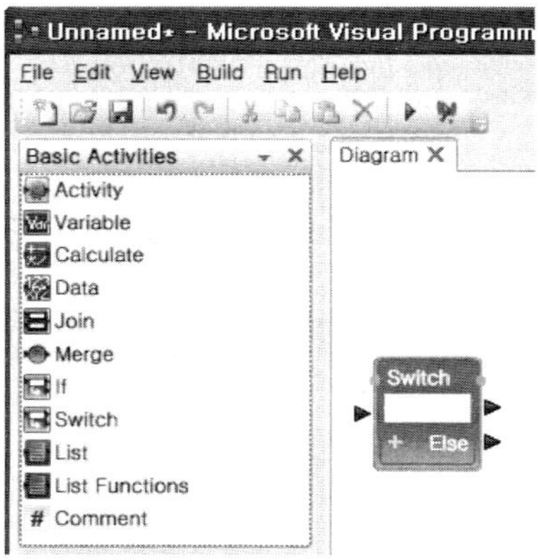

4.4.2 Switch 액티버티를 사용한 간단한 선택

1부터 4까지의 수 중에서 한 개가 입력되면 어떤 수가 입력되었는지를 나타내는 메시지를 출력하는 예제를 작성하여 보자.

:: [다이어그램 구성]

1. 1부터 4까지의 한 개의 수를 선택하도록 하는 안내와 함께 한 개의 수를 입력받기 위하여 Data 액티버티와 Simple Dialog 서비스를 각각 한 개씩 다이얼로그에 생성한다. Data 액티버티의 텍스트 박스에 "한 개의 수를 선택하시오(1~4):"를 입력한다.

2. Data 액티버티의 출력단자를 Simple Dialog 서비스의 입력단자에 연결하고, Connections 창의 To: 항목을 "PromptDialog"로 설정한다. 또한, Data Connections 창의 "PromptText"의 Value 항목을 "value"로 설정한다.

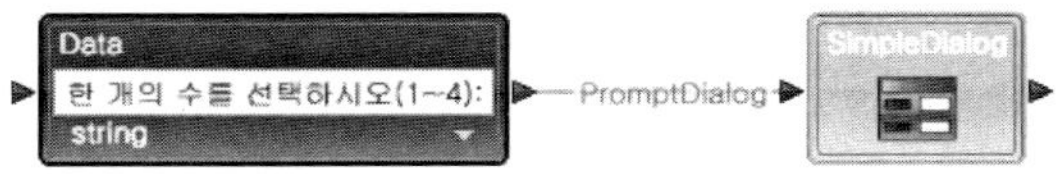

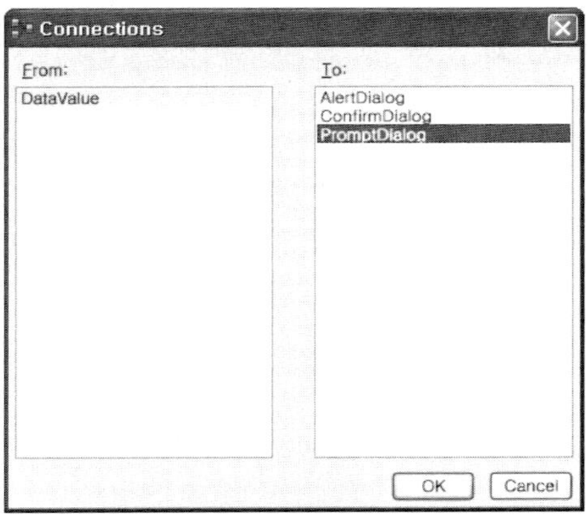

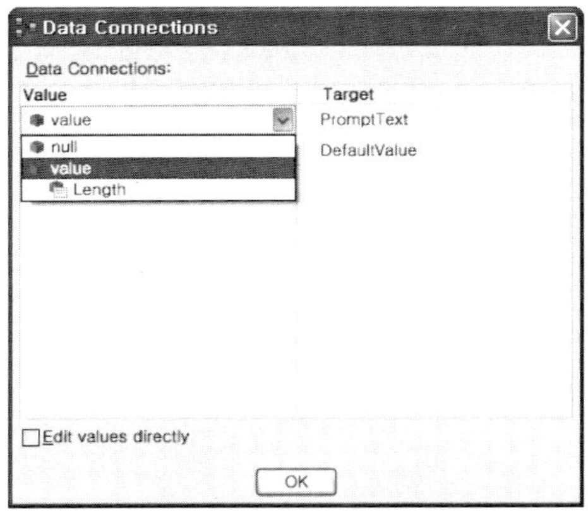

3. Calculate와 Switch 액티버티를 각각 한 개씩 추가한다. Simple Dialog 서비스의 출력단자를 Calculate의 입력단자에 연결할 때 Connections 창의 From: 항목을 "PromptDialog – Success"로 설정한다. Calculate 액티버티의 텍스트 박스를 클릭하여 "TextData"를 선택한다. Calculate의 출력단자를 Switch 액티버티의 입력단자에 연결한다. Switch의 Add(+) 버튼을 눌러 텍스트 박스를 4개로 만든다. 또한, Switch 액티버티의 입력단자와 출력단자의 방향을 바꾸기 위하여 Switch 액티버티를 클릭한 후 오른쪽 마우스를 눌러서 "Flip Connections"를 선택한다. Switch 액티버티의 텍스트 박스에 위로부터 "1", "2", "3", "4"를 입력한다.

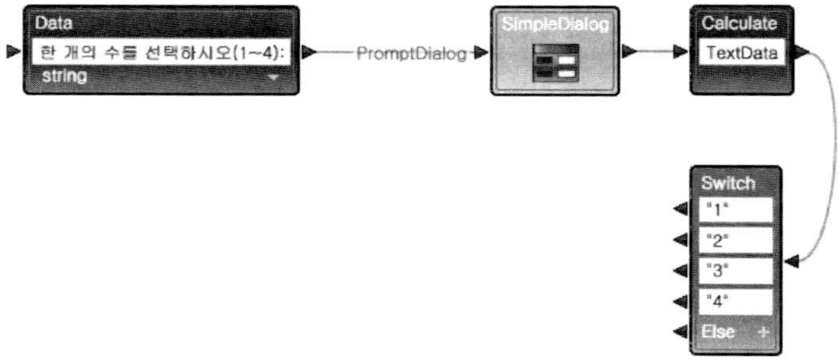

4. 입력한 값에 대하여 메시지를 출력하는 과정을 작성하여 보자. Switch의 각 출력단자마다 Data 액티버티와 Simple Dialog 서비스 한 쌍을 연결하여 해결할 수 있다. Data 액티버티에는 출력하고자 하는 메시지를 입력하면 된다. 입력되는 값에 따라 다음과 같이 메시지를 출력한다.

   입력 값이 1이면, "당신이 선택한 수: 1"

   입력 값이 2이면, "당신이 선택한 수: 2"

   입력 값이 3이면, "당신이 선택한 수: 3"

   입력 값이 4이면, "당신이 선택한 수: 4"

   입력 값이 1~4가 아니면, "당신은 1부터 4까지 선택하여야 합니다."

   Switch의 출력단자가 다섯 개이므로 Data 액티버티와 Simple Dialog 서비스의 다섯 쌍을 사용하여야 하지만, Merge 액티버티를 사용하여 다섯 개의 Data 액티버티가 한 개의 Simple Dialog에 공동으로 연결된다. 다섯 개의 Data 액티버티를 Switch의 각 출력단자에 연결하고 각 Data 액티버티의 텍스트 박스에 해당하는 메시지를 입력한다. Data 액티버티의 출력단자를 Merge 액티버티에 연결하고, 이어서 Merge 액티버티의 출력을 Simple Dialog 서비스의 입력단자에 연결한다. 이때 Connections 창의 To: 항목을 "AlertDialog"로 설정한다. 또한, Data Connections 창을 설정하면 다이어그램이 완성된다.

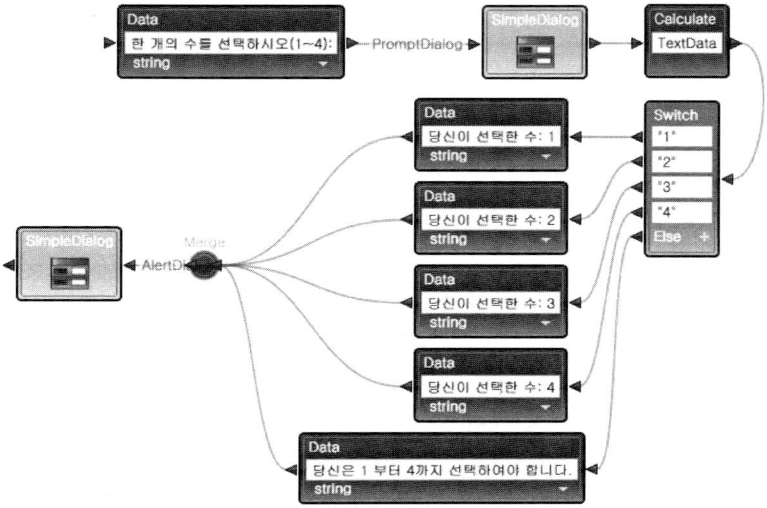

:: [실행결과]

다이어그램을 저장한 후, F5 키를 눌러 실행시켜서 Prompt Dialog 창에 "3"을 입력하면 메시지 "당신이 선택한 수 : 3"이 출력된다.

1~4 이외의 수를 입력하면 "당신은 1부터 4까지 선택하여야 합니다"라고 출력된다.

4.4.3 덧셈과 뺄셈연산의 선택

두 개의 수를 입력하고, 연산의 종류(덧셈과 뺄셈)를 선택하면 해당하는 연산결과를 출력하는 예제를 작성하여 보자.

:: [다이어그램 구성]

1. 두 개의 수를 입력받은 후 그 값을 두 개의 변수 op1과 op2에 저장하는 기능을 구현하여 보자. 키보드로부터 값을 받아서 변수에 저장하기 위하여 Data 액티버티, Simple Dialog 서비스, Calculate 액티버티와 Variable 액티버티를 연결한다. Calculate 액티버티의 텍스트 박스를 클릭하여 "TextData"를 선택한다. Simple Dialog로 입력되는 TextData는 문자열을 지정하므로 데이터 캐스팅을 사용하여 int 형으로 변경하여야 한다. TextData 앞에 "(int)"라고 입력하면 된다. Variable 액티버티의 …버튼을 눌러서 int 형 변수 op1과 op2를 추가하고 op1을 선택한다. Calculate 액티버티의 출력단자를 Variable 액티버티의 입력단자에 연결한다. 이때 Connections 창의 To: 항목을 "SetValue"로 선택한다.

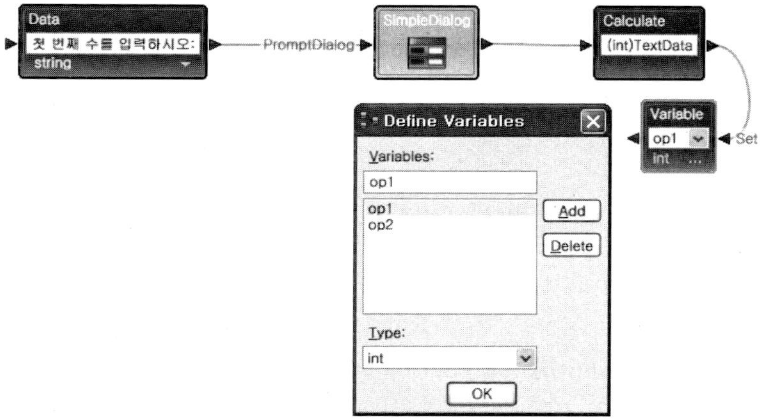

2. 이제까지 작성한 블록들을 마우스로 선택하여 복사한 후 다이어그램에 붙여 놓는다. 최근에 붙여 놓은 블록들을 아래로 재배치한 후 두 번째 Variable 액티버티의 변수는 op2를 선택하고 두 개의 블록을 서로 연결한다.

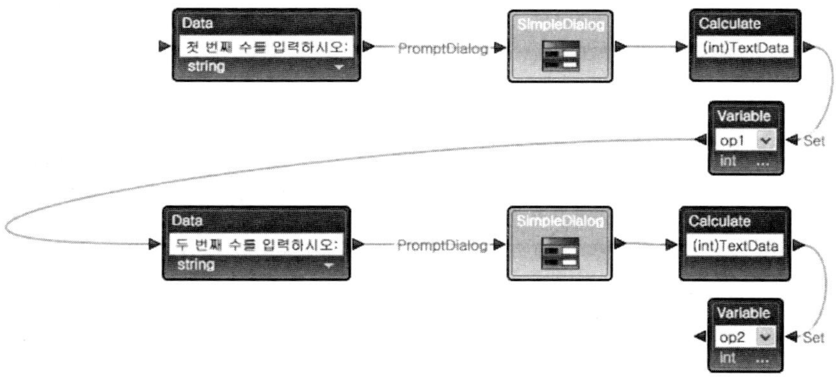

3. 연산의 종류를 선택하고 선택된 값에 따라 연산하여 출력하는 기능을 추가하여 보자. 입력되는 값을 안내하는 문장과 함께 값을 입력받기 위하여 앞에서 했던 것처럼 Data 액티버티, Simple Dialog 서비스와 Calculate 액티버티를 다이어그램에 추가하여 연결한다. Switch 액티버티, 두 개의 calculate 액티버티, 두 개의 Simple Dialog 서비스를 추가한다. Switch의 Add(+) 버튼을 눌러 텍스트 박스를 두 개로 만든다. Switch 액티버티의 텍스트 박스에 위로부터 "1", "2"를 입력한다. Switch의 각 입력 값마다 Calculate 액티버티를 연

결하고 Simple Dialog 서비스를 공동으로 사용하기 위하여 Merge 액티버티를 사용한다. Calculate 액티버티에는 출력하고자 하는 메시지와 연산식을 입력하면 된다. 입력되는 값에 따라 다음과 같이 메시지를 출력한다.

입력 값이 1이면, "덧셈결과는 ○"

입력 값이 2이면, "뺄셈결과는 ○"

Switch의 입력 값이 두 개이므로 두 개의 Calculate 액티버티, 한 개의 Merge 액티버티와 한 개의 Simple Dialog 서비스를 생성한다. 두 개의 Calculate 액티버티를 Switch의 각 출력단자에 연결하고 각 Calculate 액티버티의 텍스트 박스에 다음과 같이 메시지와 연산식을 입력한다.

입력 값 "1"의 경우, "덧셈결과는 "+ (state.op1 + state.op2)

입력 값 "2"의 경우, "뺄셈결과는 "+ (state.op1 – state.op2)

Calculate 액티버티의 출력단자를 Merge 액티버티에 연결하고, Merge출력단자를 Simple Dialog 서비스의 입력단자에 연결할 때 Connections 창의 To: 항목을 "AlertDialog"로 설정한다. 또한, Data Connections 창을 설정하면 다이어그램이 완성된다.

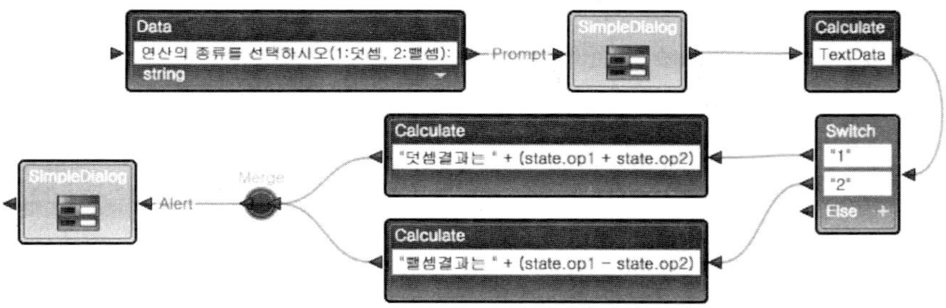

4. 단계 3에서 작성한 블록을 단계 1, 2에서 작성한 블록의 다음에 붙이고 op2인 Variable 액티버티와 Data 액티버티를 연결하여 다이어그램을 완성한다.

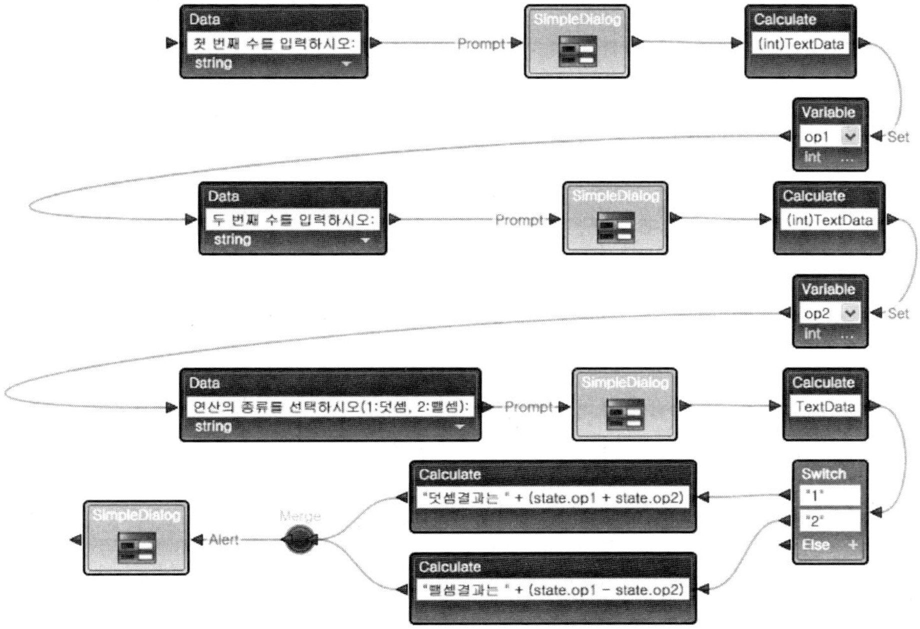

:: [실행결과]

다이어그램을 저장한 후, F5 키를 눌러 실행시키면 Prompt Dialog가 나타난다. 연산에 사용될 값과 연산의 종류를 입력하면 결과가 Alert Dialog에 나타난다.

4.5 List와 List Functions 액티버티

4.5.1 List와 List Functions 액티버티의 기능

배열은 데이터의 처리를 쉽게 하기 위하여 같은 형식의 데이터들을 모아 놓은 것이다. VPL에서는 배열 형태의 구조를 구현하기 위해 List 액티버티를 사용한다. List 액티버티는 1차원적인 형태의 배열을 지원하며, 2차원 이상의 배열 구조는 C# 프로그래밍을 통해 2차원 이상의 구조를 가지는 서비스를 개발함으로써 구현이 가능하다.

List 액티버티는 데이터의 리스트인 배열을 생성하는 데 사용한다. 리스트에 항목을 추가하거나 삭제 및 다양한 연산을 수행하기 위하여 List Functions 액티버티를 사용한다. 리스트를 생성하기 위하여 Variable 액티버티를 사용하여 리스트 변수를 지정하여야 한다.

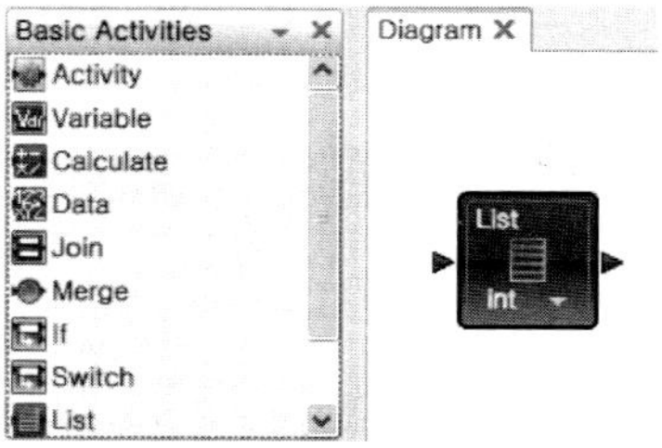

List Functions 액티버티는 기존의 리스트를 수정할 수 있는 기능이 있다. 리스트에 적용할 함수는 드롭다운 리스트를 사용하여 선택할 수 있다.

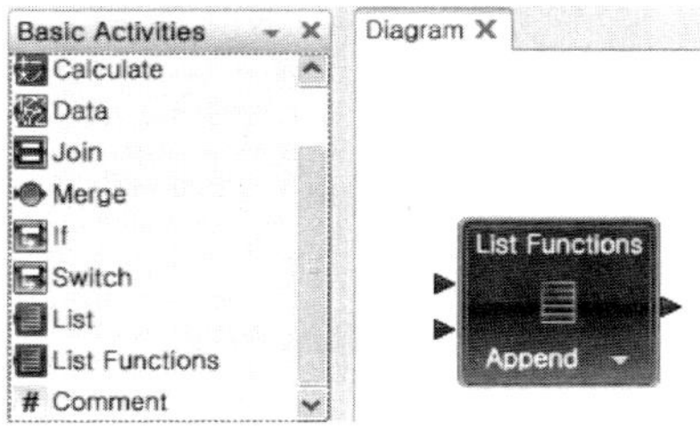

4.5.2 배열의 데이터 처리하기

List와 List Functions 액티버티를 사용하여 배열을 처리하는 방식에 대하여 알아보자. List 액티버티는 배열을 초기화하기 위하여 사용되며, 초기화된 배열은 List Functions 액티버티를 통하여 값을 추가, 삭제 및 다양한 연산을 적용할 수 있다.

string 형의 List 액티버티를 추가하여 변수에 저장시켜보자. 먼저, List 액티버티를 추가하고 string 형으로 지정한다.

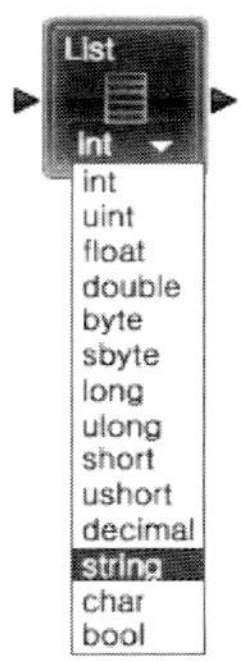

우측에 Variable 액티버티를 추가하고, 다음과 같이 변수 strList를 추가한 후 List of string 형으로 지정한다.

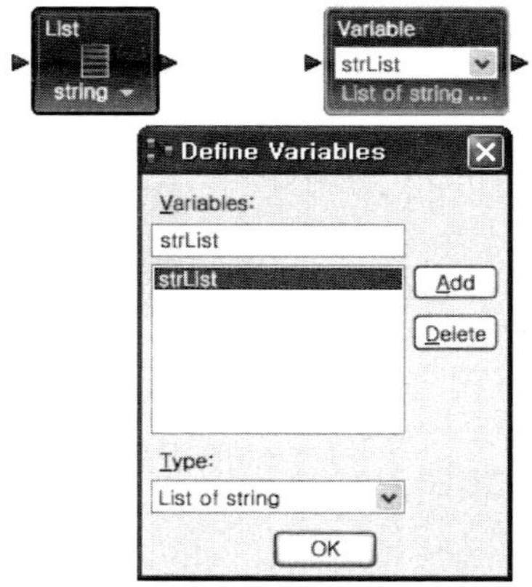

두 개의 액티비티들을 연결하면 다음과 같은 Connections 창이 표시되며, List 객체를 초기화하여 Variable에 저장해야 하기 때문에, To: 항목을 "SetValue"로 선택한다.

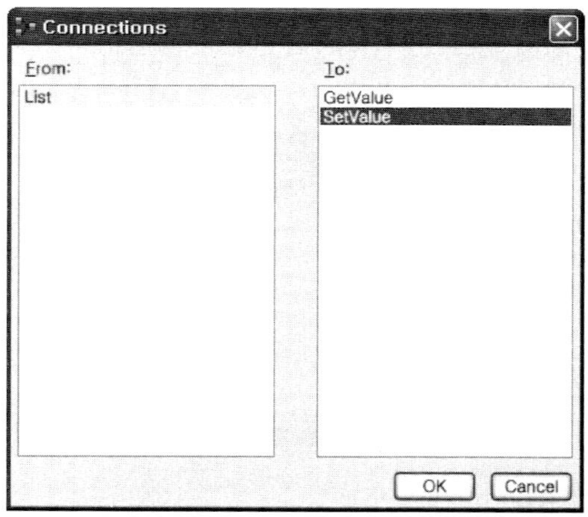

List 액티비티를 초기화하고 strList라는 이름의 Variable 변수에 저장시키는 다이어그램은 아래와 같이 구현된다.

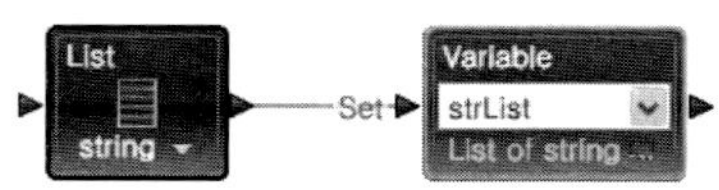

이제 Variable에 저장되어 있는 값을 리스트에 저장하는 과정을 설명한다. 먼저,

Variable에 저장되어 있는 값으로부터 List 형으로 추출해 내기 위해 Calculate 액티버티를 추가하여 Variable 액티버티에 연결한다. 연결 후에, 텍스트 박스를 마우스로 클릭하면 맨 아래에 strList 항목이 표시되며, 이 항목을 선택한다. 그리고 List Functions 액티버티도 추가하여 Calculate 액티버티 우측에 위치시킨다. 이때 List Functions의 여러 기능들 중 Append 항목으로 선택한다.

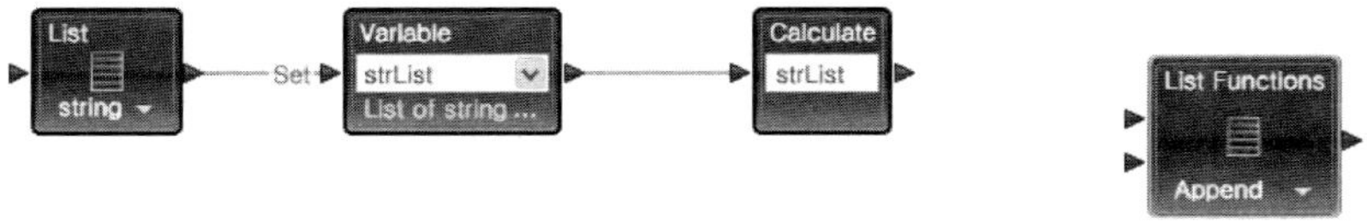

만약 Calculate 액티버티를 거치지 않고 Variable 액티버티를 그대로 List Functions의 List 입력단자에 연결하면, List Functions 액티버티에서 입력된 값을 List 형으로 인식하지 못한다. 이러한 문제를 해결하고 정확한 형을 매칭시키기 위하여 Calculate 액티버티를 거쳐 List Functions 액티버티에 연결해야 한다.

Calculate 액티버티의 출력단자를 List Functions 액티버티의 첫 번째 입력단자인 List 입력단자에 연결한다. 이때 Connections 창이 나타나면, To: 항목을 "List"로 선택한다.

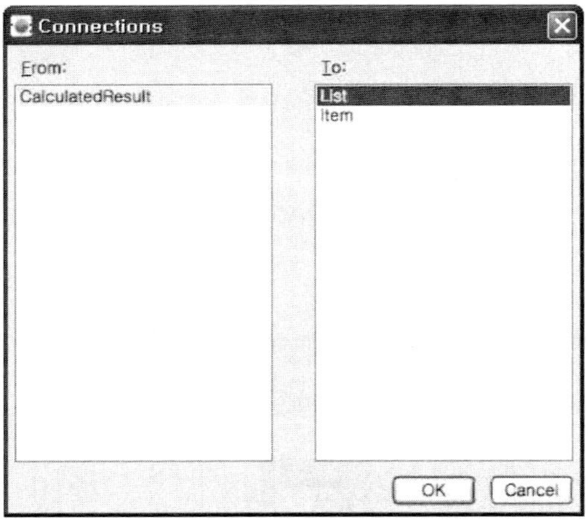

다음으로 Data 액티버티를 추가하여 string 형으로 지정하고 텍스트 박스에 "Hello"라고 입력한다. 그 Data 액티버티의 출력단자를 List Functions 액티버티의 나머지 하나 입력단자인 Item 입력단자에 연결한다.

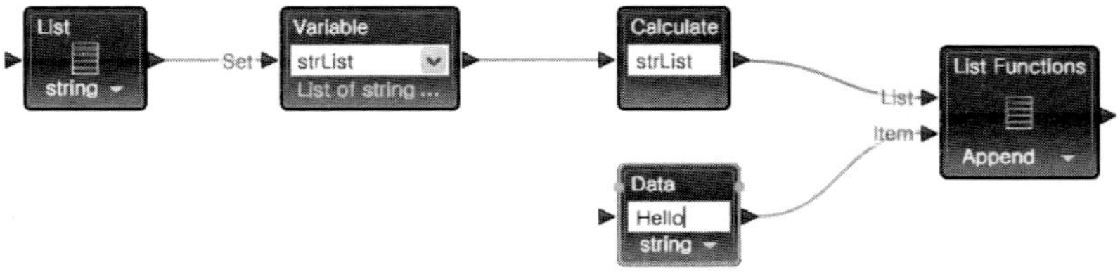

List 액티버티를 strList라는 이름의 List of string 형을 가지는 변수로 초기화를 하였으며, 이 변수에 "Hello"라는 문자열을 추가하였다. 이 과정을 거쳤다 해서, 변수에 값이 자동으로 반영되는 것은 아니다. List Functions 액티버티는 해당 값을 추가한 후에 추가된 List를 결과값으로 반환할 뿐 변수에 자동으로 저장하지 않는다. 따라서 다시 Variable 액티버티에 "SetValue"로 연결을 해주어야 한다. Variable은 이전에 추가한 Variable 액티버티를 마우스로 선택한 다음, 키보드에서 Ctrl+C, Ctrl+V를 연속으로 눌러 해당 액티버티를 복사하여 붙여 놓으면 된다.

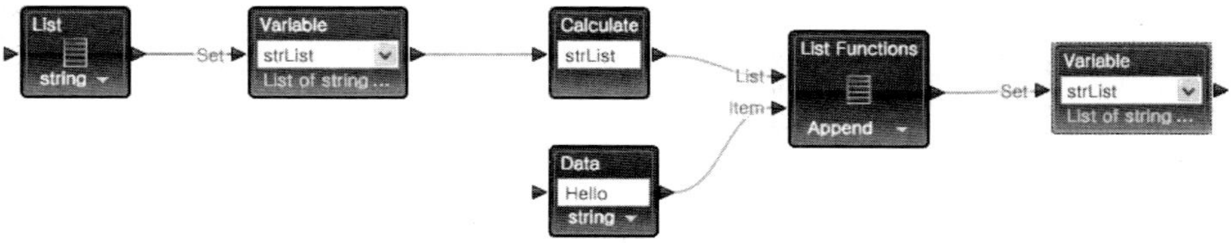

이제, 이 Variable에 저장되어 있는 값을 읽어서 표시하는 부분을 작성한다. Calculate 액티버티를 추가한 후, 텍스트 박스에서 strList를 선택한다. 그리고 리스트의 첫 번째 항목을 읽어 오기 위하여 "strList[0]"로 내용을 수정한다. List 객체는 일종의 배열과 같은 구조이며, 첫 번째 항목의 색인은 0으로 시작한다.

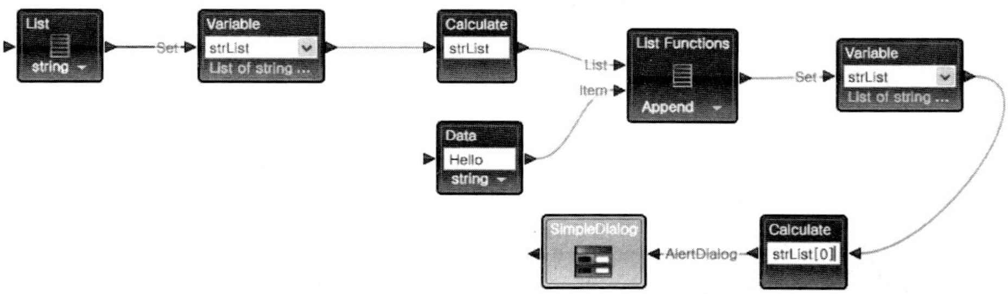

이제까지 작업한 다이어그램을 실행하면 첫 번째 항목을 출력함을 확인할 수 있다.

List 객체에 저장되어 있는 항목의 개수는 Count 속성을 이용하여 알아낼 수 있으며, 해당 변수 뒤에 "."을 찍으면 자동으로 배열의 크기인 Capacity와 배열의 항목 개수인 Count 속성이 표시되며, 이 중 Count를 선택하면 된다.

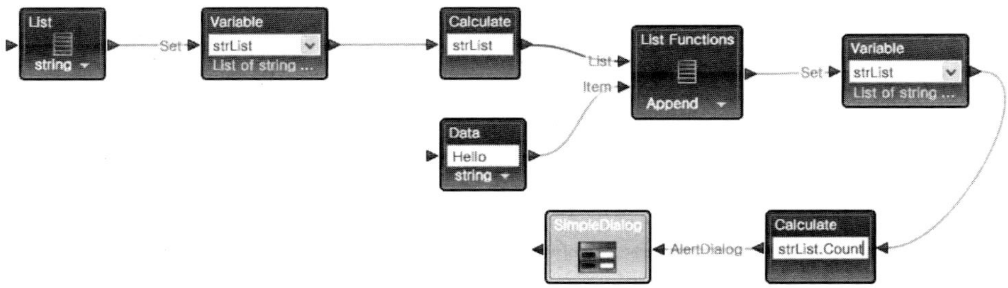

Count 속성을 사용한 다이어그램을 실행하면 배열의 항목 개수가 한 개임을 확인할 수 있다.

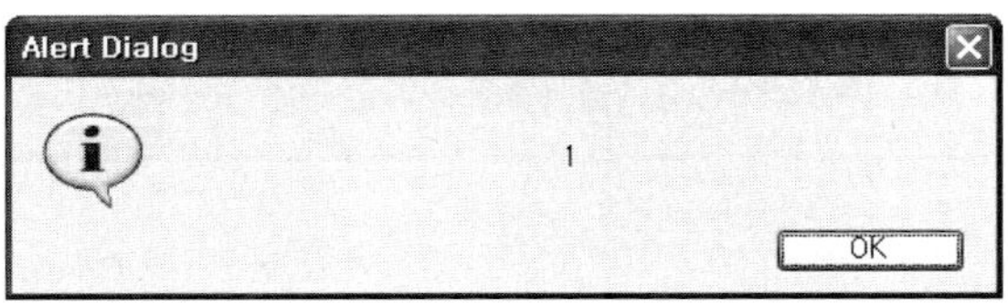

배열인 List 객체의 값을 읽어 올 때, 읽어 올 위치인 색인을 숫자로 지정하지 않고 다음과 같이 변수를 사용하여 지정할 수 있다. 다음의 예는 색인을 변수로 지정하는 기본적인 형태를 설명한다.

배열의 색인을 입력하기 위하여 Data와 Variable 액티버티를 추가하고, Variable 액티버티에서 "ListIndex"라는 int 형의 변수를 생성한다. Join 액티버티를 추가하고 다음과 같이 액티버티들을 연결한다. Join 액티버티의 출력단자에 연결된 Calculate 액티버티의 텍스트 박스에 "msg."을 입력하면 strList가 나타나며, 그것을 선택한다. 이어서 "[msg0."을 입력하면 ListIndex가 나타나며, 그것을 선택하고 "]"를 입력한다. 즉, Calculate의 텍스트 박스에 "msg.strList[msg0.ListIndex]"를 입력한다. join 액티버티의 msg에는 배열 strList가 연결되고, msg0에는 색인변수 ListIndex가 연결되어 있다. 연결된 배열과 변수의 값을 사용하기 위해서는 "."을 찍어서 변수의 이름을 입력하여야 한다. 따라서 변수 ListIndex에는 0이 들어 있으므로 msg.strList[msg0.ListIndex]는 strList[0]과 같은 의미이다.

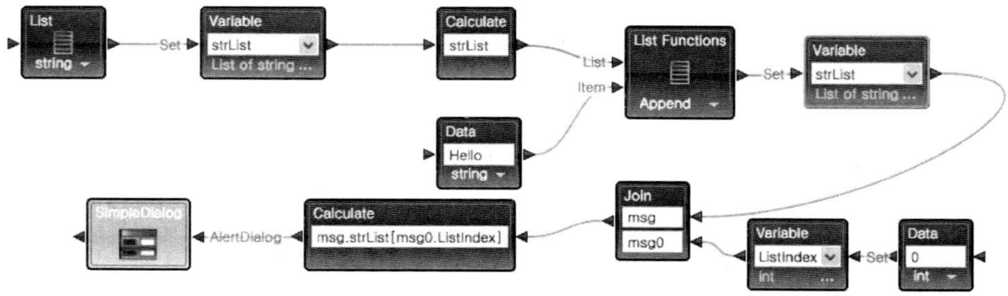

위의 다이어그램은 Data 액티버티에 0을 지정함으로써 배열의 첫 번째 항목이 출력됨을 알 수 있다.

4.5.3 여러 개의 항목을 갖는 배열 다루기

이 단원에서는 여러 개의 항목을 List 액티버티에 추가하는 과정을 알아보자. 이 작업은 반복적인 작업을 수행하면서 진행되어야 하므로 단원 4.3.3에서 설명한 반복 구조를 사용한다. 단원 4.3.3에서는 1부터 10까지 반복하면서 그 합을 출력하는 예제이므로 합을 저장하는 변수명인 sum, 반복횟수를 저장하는 변수명인 loop를 사용하였다. 본 단원에서는 loop에 초깃값 0을 기억시킨 후 다시 그 값을 읽어온 후 그 값이 5인지를 체크한다. loop가 5아니면 loop 변숫값을 1증가시킨다. 합을 계산하는 과정을 제외하고, 순수하게 반복 구조만 정리하여 보면 다음과 같다.

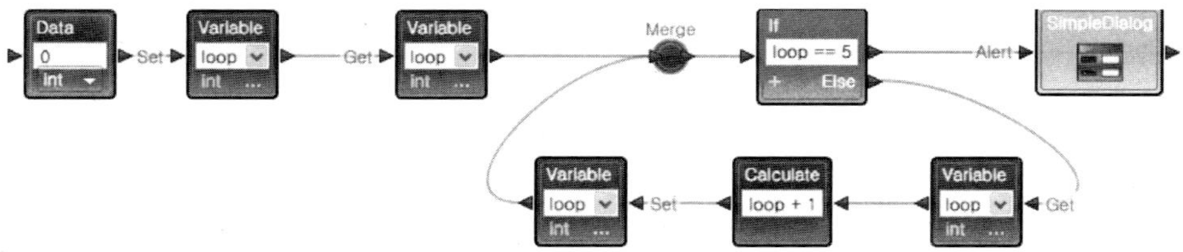

반복 구조를 구현하기 위해 위의 다이어그램보다 더 간단하게 구성할 수 있으나, List 액티버티를 고려하여 일부 액티버티들이 중복적으로 사용되었다. 이제 위의 다이어그램에서 반복 작업을 위한 기본 패턴을 이해하였다면, 이 기본 패턴에 List 관련 액티버티들을 추가한다. 본 예제에서는 다섯 번의 반복 루프를 돌면서 double 형의 랜덤 값을 생성한 후 이를 List 객체에 저장하는 과정을 작성하여 보자.

반복횟수 다섯 번을 수행한 후 루프를 벗어나기 위한 다이어그램부터 작성하여 보자. List 객체를 초기화하며 또한 반복횟수를 저장하는 변수명을 초기화하는 과정이 Join 액티버티로 결합된다. loopindex가 0부터 시작하므로 loopindex가 5이면 반복횟수가 6번째이다. loopindex가 5이면 그때까지 생성한 랜덤 값의 개수를 출력한다.

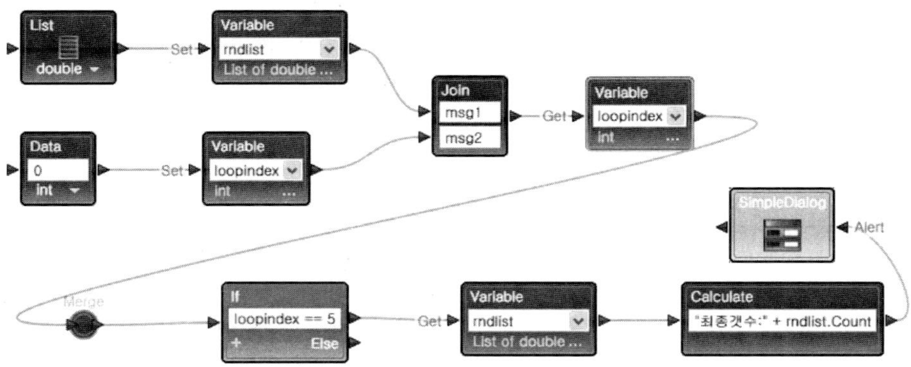

loopindex가 5가 아니면 랜덤 값을 생성하여 배열 rndlist에 기억시키고 반복

횟수를 제어하는 절차가 포함된다. 배열의 항목을 저장하기 위하여 Variable과 Calculate 액티버티를 연결한 출력단자를 List functions 액티버티의 List 입력단자에 연결한다. 또한, 랜덤 값을 생성하기 위하여 서비스 툴 박스에서 Math Functions 서비스를 가져온다. If 액티버티의 Else 출력단자를 Math Functions 서비스의 입력단자에 연결한다. 이때 Connections 창의 To: 항목에서 "Random"으로 선택한다.

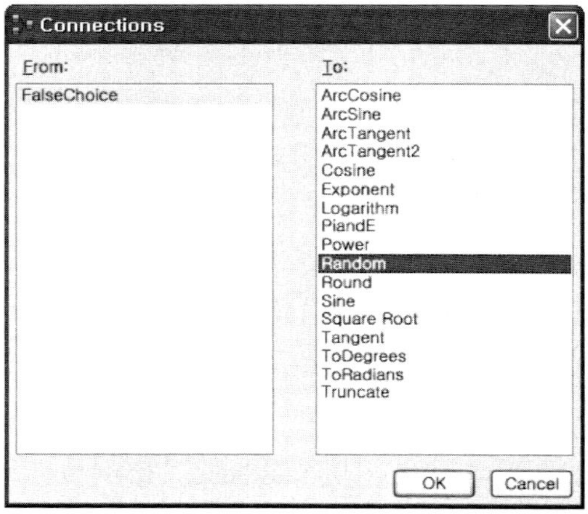

Math Functions 서비스를 Calculate 액티버티에 연결한다. 또한, 이때에도 Connections 다이얼로그 창의 From: 항목에서 "Random-Success"로 선택한다.

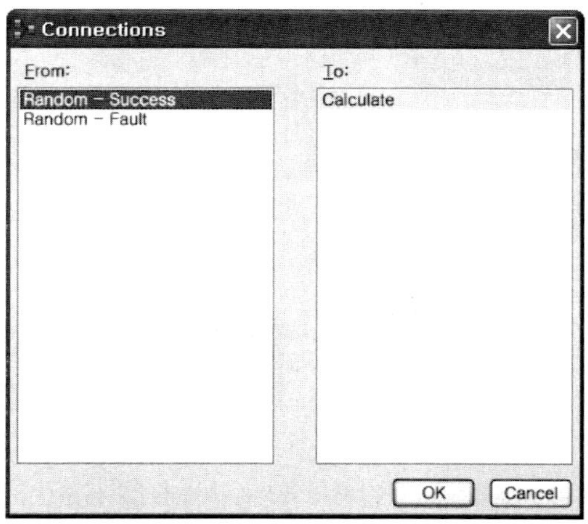

랜덤 값을 배열에 기억한 후 반복횟수를 제어하는 절차를 연결하면 다음과 같은 다이어그램을 작성할 수 있다.

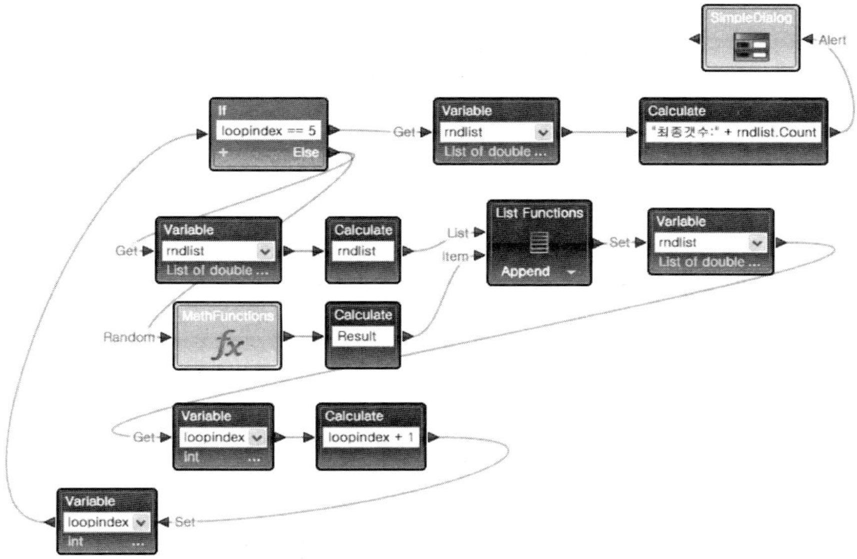

앞에서 작성한 다이어그램과 연결하면 다음과 같은 다이어그램을 완성할 수 있다.

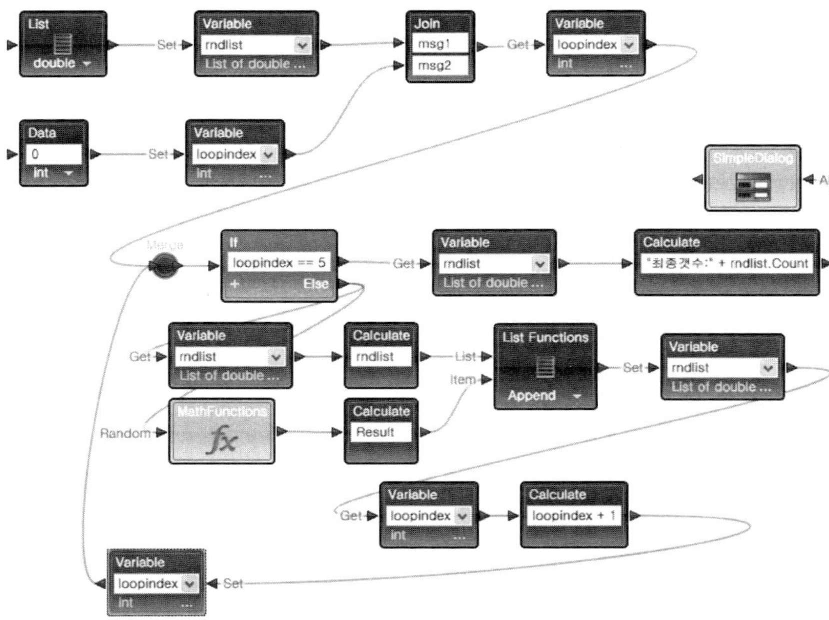

이제까지 작성한 다이어그램을 실행하면 배열에 저장된 항목의 개수가 다음과 같이 출력된다.

위의 다이어그램에서 저장되어 있는 다섯 개의 값을 모두 출력하기 위하여 "최종개수:..."가 표시되어 있는 Calculate 액티버티의 내용을 다음과 같이 변경한다.

변경된 다이어그램을 실행하면 다음과 같다.

4.5.4 List Functions 액티버티의 기능 활용하기

이제까지는 List 액티버티와 List Functions 액티버티를 활용하여 배열에서 여러 개의 값을 추가하고 읽어오는 과정을 학습하였다. List Functions의 여러 기능 중에서 List에 값을 추가하기 위하여 Append 기능만을 활용하였다. 이 단원에서는 List Functions의 나머지 기능들을 활용하는 예제를 살펴보자.

List Functions 액티버티를 다이어그램에 추가하고 드롭다운 버튼을 클릭하면, 다음과 같이 7개의 기능 목록을 볼 수 있다.

기본적으로는 Append가 표시되며 각각의 기능은 다음과 같다.

기능	설명
Append	List와 추가할 항목을 입력 받고 항목을 List의 맨 마지막에 추가한 후 추가된 List를 반환한다.
Concatenate	두 개의 List를 입력 받고, 두 개가 연결된 하나의 List를 반환한다.
Reverse	List에 저장되어 있는 항목들의 순서를 역순으로 정렬하고 결과를 List 형식으로 반환한다.
Sort	List에 저장되어 있는 항목들의 순서를 올림차순으로 정렬하고 그 결과를 List 형식으로 반환한다.
RemoveItem	List에 저장되어 있는 항목 중에서 지정된 위치에 있는 항목을 삭제하고, 나머지 남아있는 List를 반환한다.
InsertItem	이 기능에서는 세 개의 입력 값이 필요하다. 첫 번째는 작업할 List이고, 두 번째는 추가할 항목, 세 번째는 추가할 위치(색인)이다. 지정된 위치에 추가한 후 그 결과를 반환한다.
GetIndex	List에서 지정된 항목의 색인을 반환한다. 가장 처음 위치는 0부터 시작한다.

:: [Concatenate 기능의 예제]

Concatenate 기능을 이용하여 두 개의 배열을 연결할 수 있다.

두 개의 배열을 생성하기 위하여 두 개의 List 액티버티, 두 개의 Data 액티버티, 한 개의 List Functions 액티버티를 다이어그램에 추가한다. 문자열을 저장하는 배열을 생성하기 위하여 List와 Data 액티버티를 string 형으로 설정한다. List 액티버티의 출력단자는 "Append"로 설정된 List Functions의 List 입력단자에 연결하고, Data 액티버티의 출력단자는 Item 입력단자에 연결하여 두 개의 배열을 생성한다. 두 개의 Data 액티버티의 텍스트 박스에는 각각 "AA", "BB"를 입력한다.

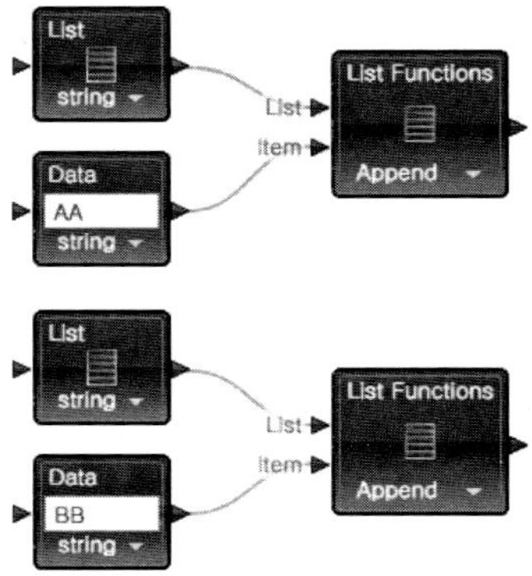

다음 단계로는 두 개의 배열을 연결하여 한 개의 배열로 만들고 그 배열의 항목들을 출력한다. List Functions, Calculate 액티비티와 Simple Dialog 서비스를 추가한다. List Functions 액티비티의 기능을 "Concatenate"로 설정하고 이전에 작성한 두 개의 List Functions 액티비티의 출력단자를 연결한다. 이때 Connections 창이 뜨는데, To: 항목에서 한 개의 List Functions 액티비티를 "List1"로 설정하면 자동적으로 나머지 한 개의 List Functions 액티비티는 "List2"로 설정된다.

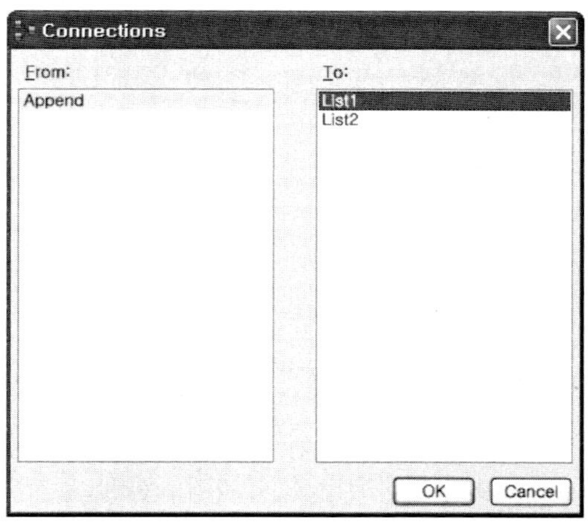

Concatenate로 설정된 List Functions 액티비티를 Calculate 액티비티에 연결하고 Calculate 액티비티의 텍스트 박스에 "value[0]+"₩n"+value[1]"라고 입력한다. Calculate 액티비티와 Simple Dialog 서비스를 "AlertDialog" 속성으로 연결하면 다이어그램이 다음과 같이 완성된다.

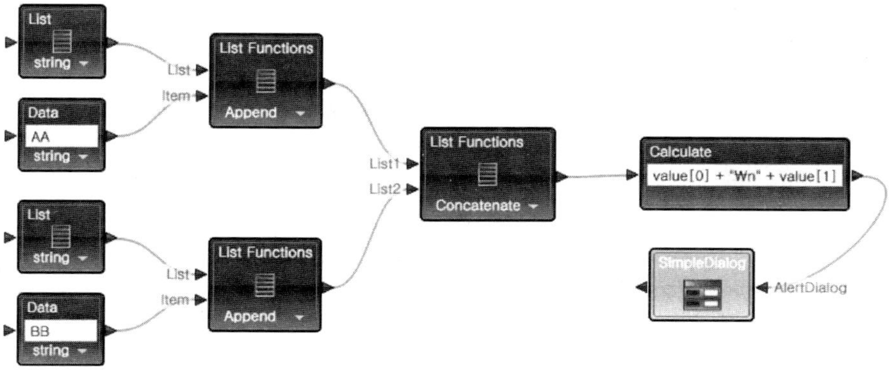

위의 다이어그램을 실행하면 다음과 같이 AA와 BB가 연결된 배열이 생성됨을 알 수 있다.

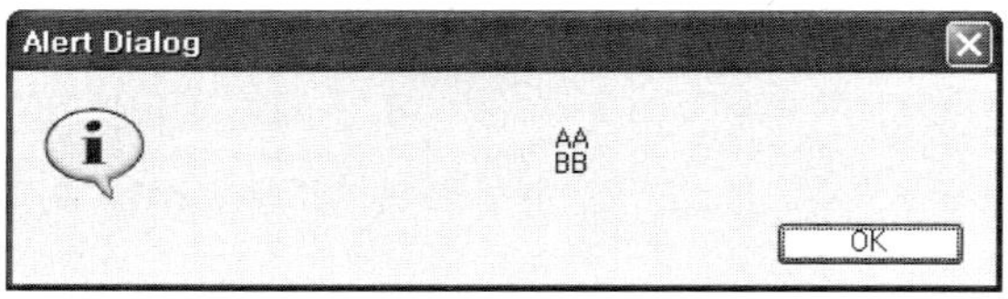

:: [Reverse 기능의 예제]

List Functions의 Reverse 속성을 이용하여 입력된 배열의 항목을 역순으로 출력하여 보자. 세 개의 List Functions 액티버티를 사용하여 세 개의 항목을 다이어그램에 추가한다. 세 개의 항목을 추가한 후, Reverse 속성으로 설정된 List Functions 액티버티를 추가한다. 배열의 항목을 역순으로 출력하기 위하여 Calculate 액티버티와 Simple Dialog 서비스를 추가한다.

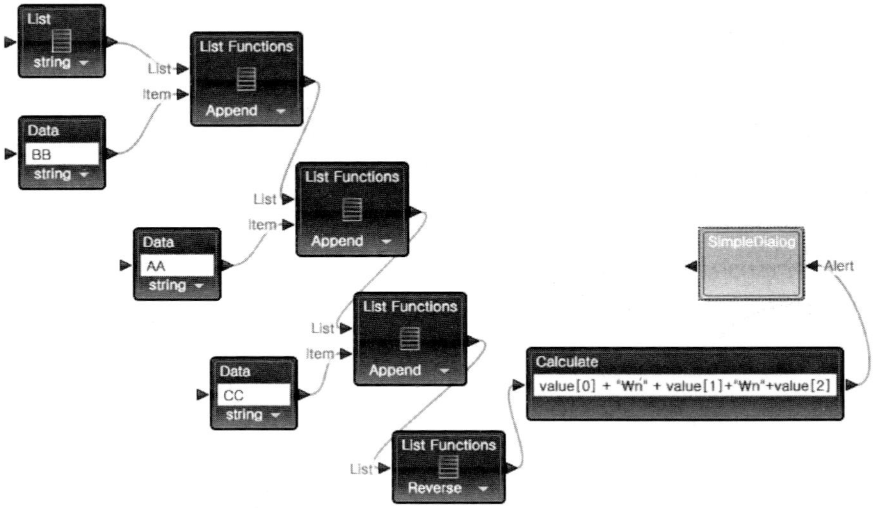

다이어그램을 실행하면 "BB", "AA", "CC"의 순서로 입력되었으나, Reverse 시키고 난 후에는 "CC", "AA", "BB"의 순서로 정렬되는 것을 확인할 수 있다.

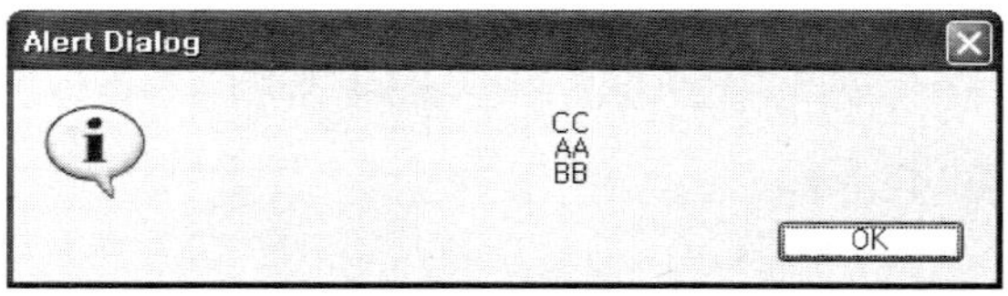

:: [Sort 기능의 예제]

List Functions의 Sort 속성을 이용하여 배열의 항목들을 올림차순으로 정렬하여 보자. Reverse 속성에서 작성한 다이어그램에서 마지막 List Functions 액티버티의 속성을 "Sort"로 변경해 보자.

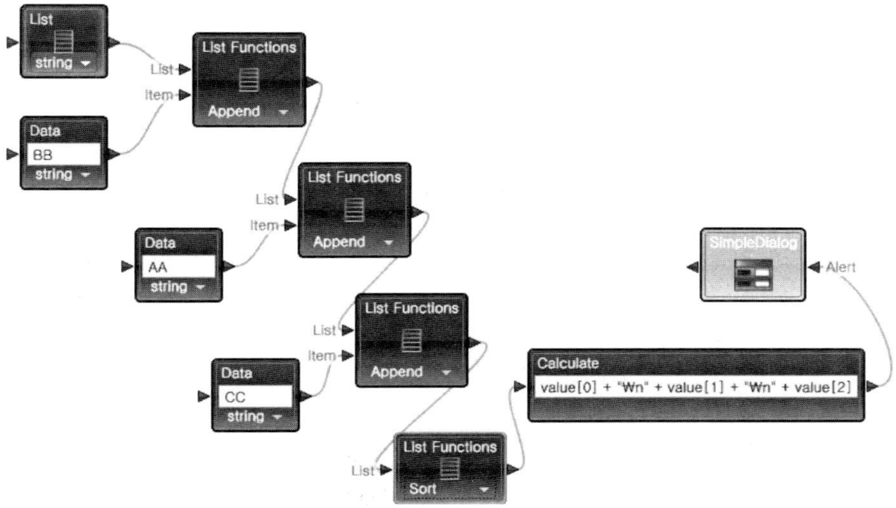

다이어그램을 실행하면 "BB", "AA", "CC"의 순서로 입력되었으나, Sort시키고 난 후에는 "AA", "BB", "CC"의 순서로 올림차순으로 정렬되는 것을 확인할 수 있다.

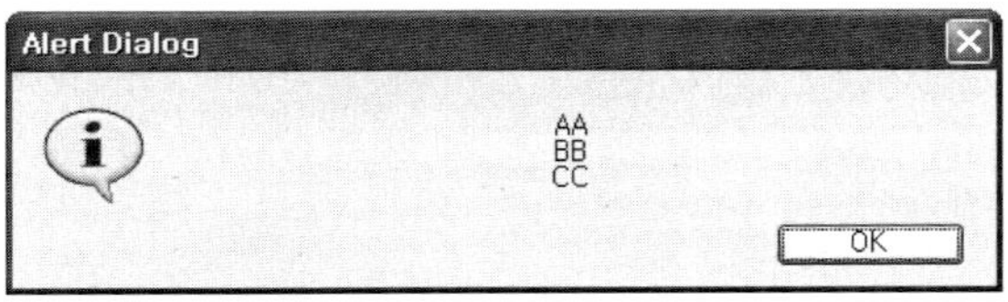

:: [RemoveItem 기능의 예제]

List Functions의 RemoveItem 속성을 이용하여 특정 항목을 삭제하여 보자. Sort 속성에서 작성한 다이어그램에서 마지막 List Functions 액티버티의 속성을 "RemoveItem"으로 변경한다. 그러면 그 액티버티의 입력단자는 List와 Index로 변경된다. Index 입력단자에 삭제하고자 하는 항목의 색인을 Data 액티버티를 통하여 연결한다. 입력한 항목 중에서 두 번째 항목을 삭제하기 위하여 색인 값을 "1"로 설정한다. 다음과 같이 다이어그램을 작성하여 보자.

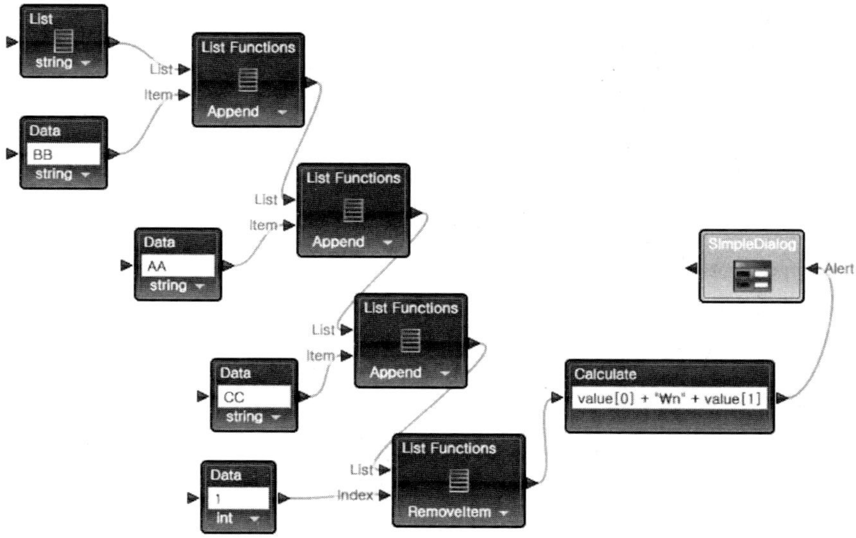

다이어그램을 실행하면 "BB", "AA", "CC"의 순서로 입력되었으나, 두 번째 위치의 값을 삭제한 후 "BB", "CC" 값만이 표시되는 것을 확인할 수 있다.

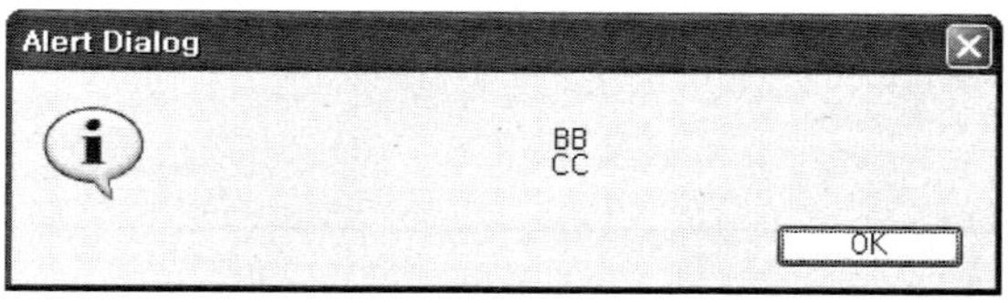

:: [InsertItem 기능의 예제]

List Functions의 InsertItem 속성을 이용하여 특정 위치에 어떤 값을 삽입하여 보자. InsertItem에서는 다른 기능과 달리 세 개의 입력단자가 필요하다. List Functions 액티버티의 속성을 "InsertItem"으로 설정하면 입력단자는 List, Item, Index로 변경된다. 여러 개의 항목을 갖는 배열을 List, 삽입하고자 하는 항목을 Item, 삽입하는 위치를 Index에 연결한다.

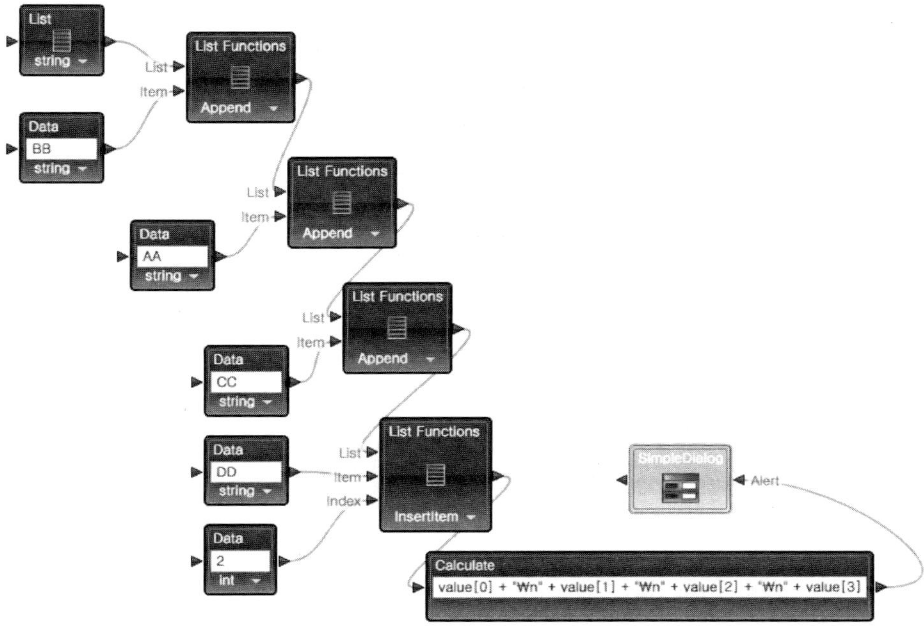

다이어그램을 실행하면 "BB", "AA", "CC"의 순서로 추가한 후에, 다시 세 번째 위치에 "DD"를 삽입하였으며, 결과는 "BB", "AA", "DD", "CC"로 표시되는 것을 확인할 수 있다.

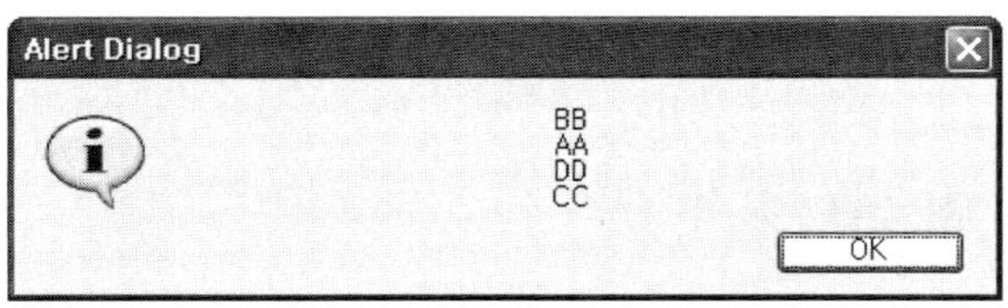

:: [GetIndex 기능의 예제]

List Functions의 GetIndex 기능을 이용하여 특정 항목이 배열에서 어떤 위치에 있는지를 찾아 보자. List Functions 액티버티의 속성을 "GetIndex"로 설정하면 입력단자는 List, Item으로 변경된다. Item은 찾고자 하는 항목을 연결한다.

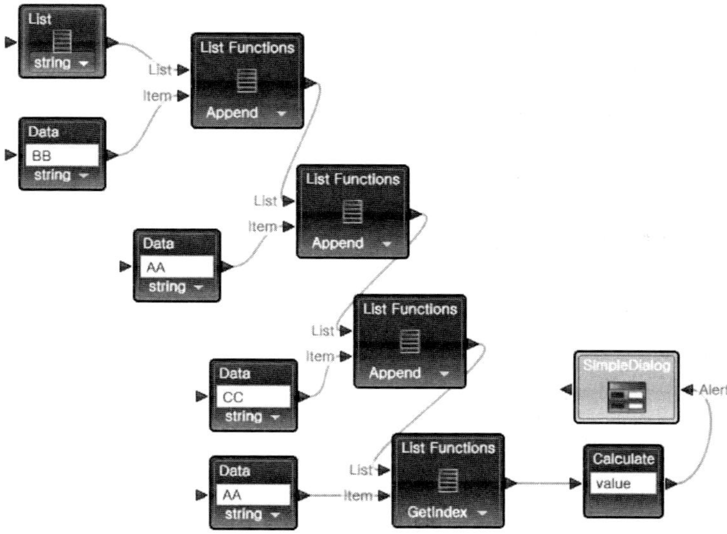

다이어그램을 실행하면 "AA"의 위치를 찾아서 1을 반환하는 기능을 확인할 수 있다.

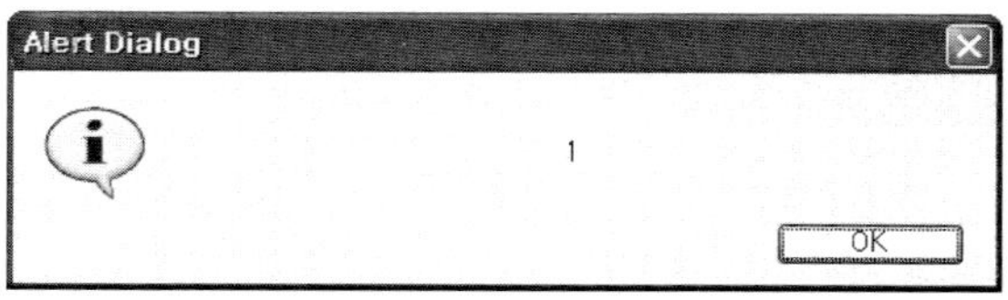

4.5.5 최솟값과 최댓값 찾기

이제까지는 List와 List Functions 액티버티를 사용하여 배열을 생성하였다. 세 개의 항목을 입력하여 배열을 생성한 후, 배열에 저장된 항목들 중에서 가장 큰 값과 작은 값을 골라내는 예제를 다음과 같은 절차로 다이어그램을 만들어 보자.

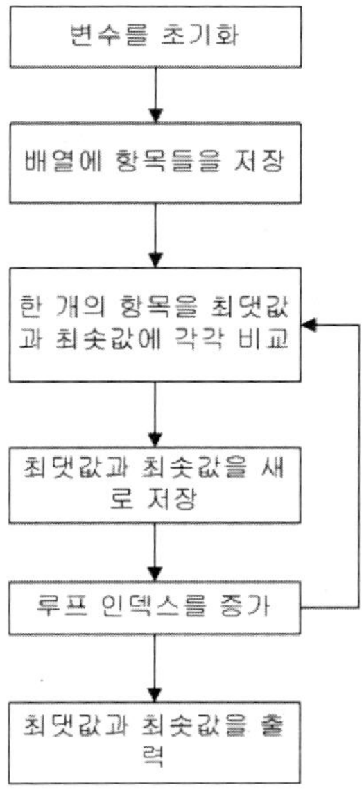

:: [다이어그램 구성]

1. 다이어그램에 Data 액티버티와 Variable 액티버티를 추가한다. 네 개의 변수명을 추가하기 위하여 Variable 액티버티를 더블 클릭하고, int 형 loopIndex, double형 maxValue와 minValue, List of double 형 arrayList 변수를 추가한다.

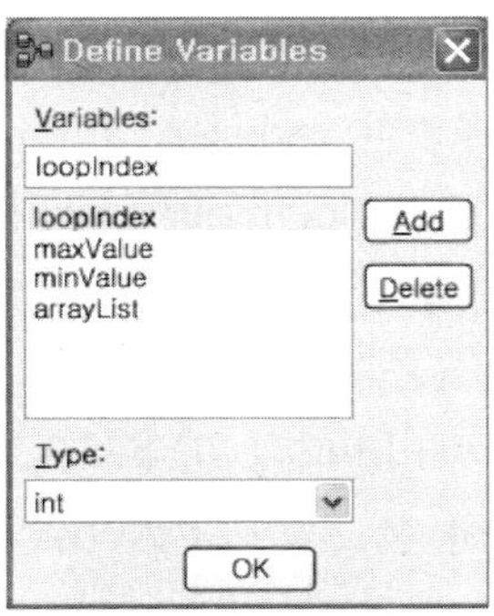

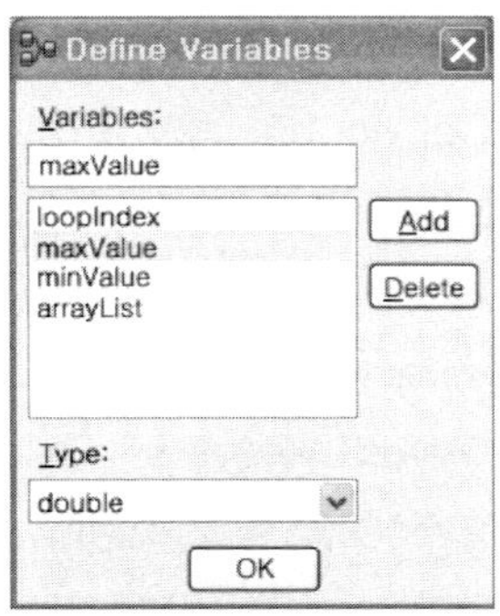

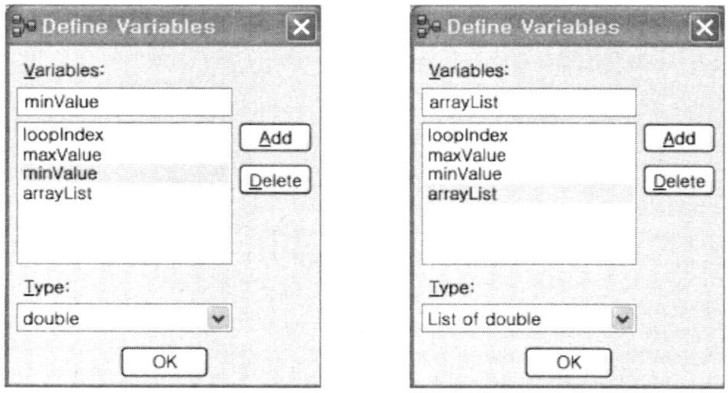

2. 두 개의 Data 액티버티를 추가하고 Variable 액티버티를 복사하여 두 번 붙여넣기 한다. Data 액티버티와 variable 액티버티를 다음과 같이 연결한다.

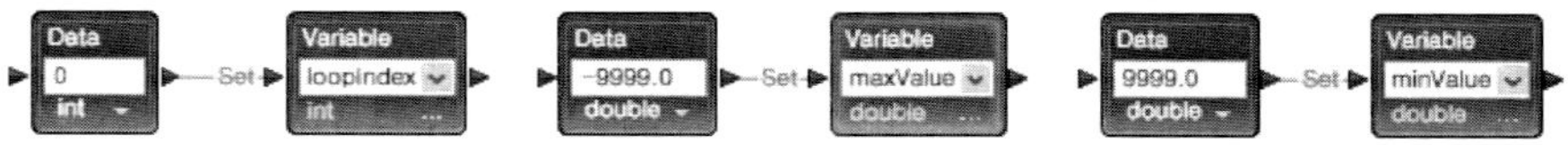

3. 사용자로부터 세 개의 값을 입력 받아서 배열 arrayList에 추가하기 위하여 다음과 같이 블록들을 다이어그램에 추가한다.

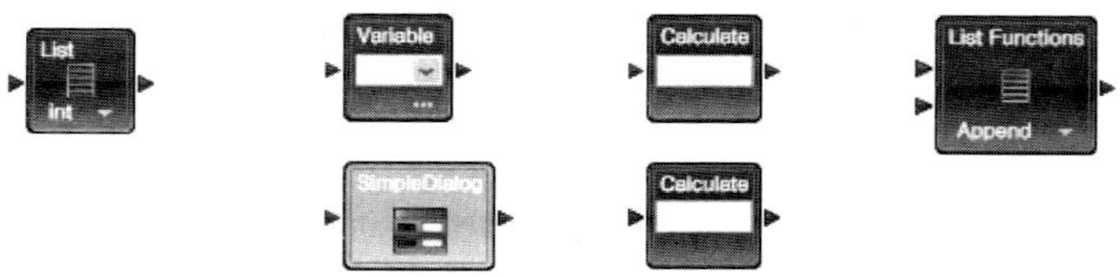

4. 배열명 arrayList를 정의하기 위하여 List 액티버티의 형은 double 형으로 선택하여 List of double 형의 arrayList를 추가한 Variable 액티버티에 "SetValue" 속성으로 연결한다. Variable 액티버티를 Calculate에 연결하고 텍스트 박스에 arrayList를 입력하고 Calculate 액티버티를 List Functions에 연결한다. 이때 Connections 창의 To: 항목을 "List"로 설정한다. Simple Dialog를 "PromptDialog" 속성으로 Calculate 액티버티에 연결하고, 텍스트 박스에 (double)TextData를 입력한다. Calculate를 List Functions 액티버티의 나머지 입력단자(Item)에 연결한다.

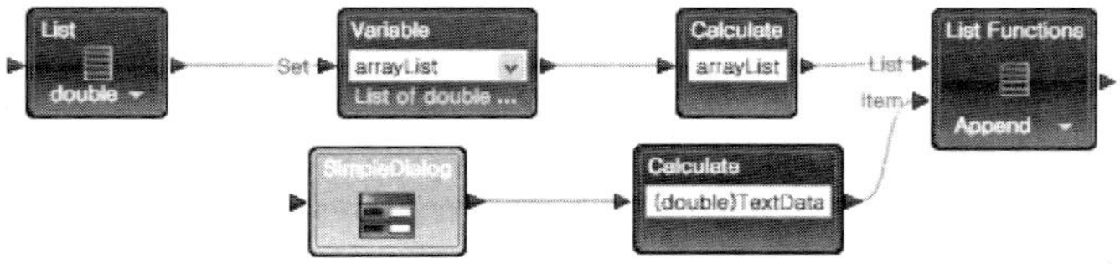

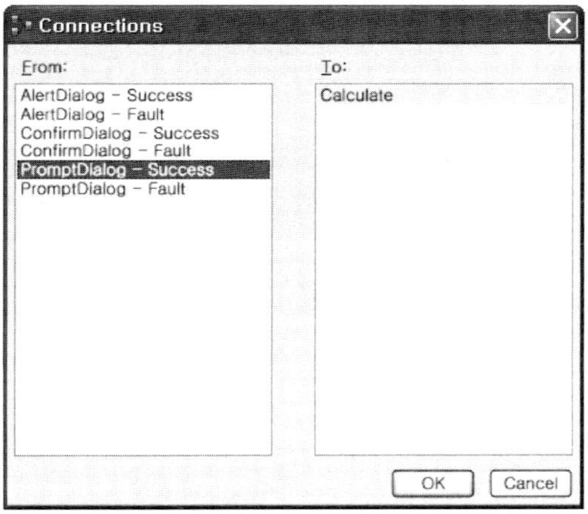

5. Simple Dialog 서비스를 사용하여 나머지 두 개의 항목을 입력 받아서 배열 arrayList에 저장하기 위하여 다음과 같이 구현한다.

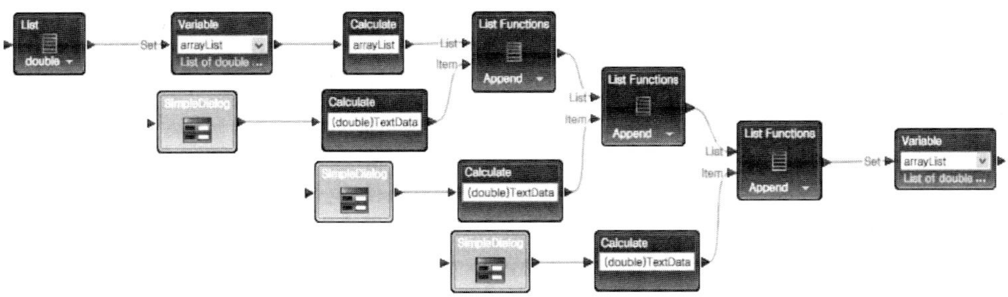

6. 이제 입력되는 항목을 각각 기존의 최솟값 및 최댓값과 비교하여 새로운 최솟값과 최댓값을 찾기 위하여 세 개의 If 액티버티, Calculate 액티버티와 Variable 액티버티를 각각 두 개씩 추가한다. 첫 번째 If 액티버티에서는 루프 인덱스가 배열의 항목 개수만큼 반복하였는지 체크하기 위하여 텍스트 박스에 "state.loopIndex 〈 state.arrayList.Count"를 입력한다. 두 번째와 세 번째 If 액

티비티에는 각각 "state.arrayList[state.loopIndex]〉state.maxValue", "state.arrayList[state.loopIndex] 〈state.minValue"를 입력한다. 두 번째와 세 번째 If 액티비티의 조건이 만족하면 입력되는 항목을 각각 새로운 최댓값과 최솟값으로 저장하기 위하여 다음과 같이 텍스트 박스를 입력한다.

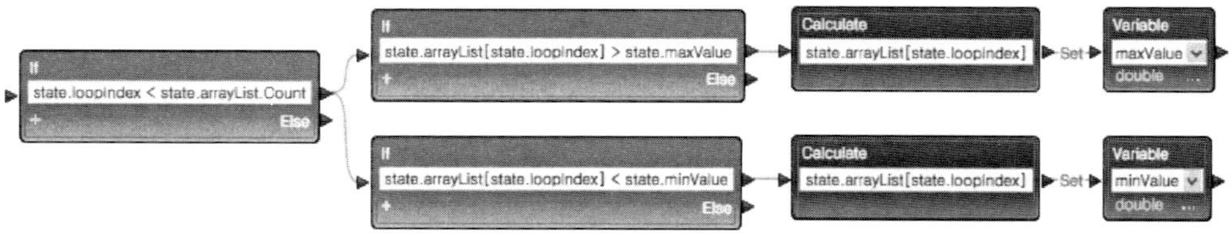

7. 첫 번째 If 액티비티의 조건이 참일 때 배열의 항목 개수만큼 루프를 반복하여야 하므로 Calculate 액티비티와 Variable 액티비티를 추가한다. Calculate 액티비티의 텍스트 박스에는 "state.loopIndex+1"을 입력하여 첫 번째 If 액티비티의 출력단자에 연결한다. 또한, Calculate 액티비티의 출력단자를 Variable 액티비티에 "SetValue" 속성으로 연결한다.

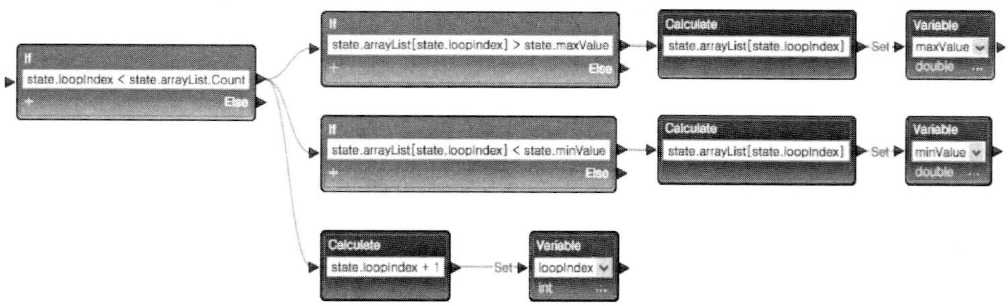

8. 첫 번째 If 액티비티의 조건이 거짓이면 루프를 벗어나야 하며 최솟값과 최댓값을 출력하여야 하므로 Calculate 액티비티와 Simple Dialog 서비스를 추가한다. Calculate 액티비티의 텍스트 박스에는 "state.minValue+"/"+state.maxValue"를 입력하고 첫 번째 If 액티비티의 Else 출력단자에 연결한다. 또한, Calculate 액티비티의 출력단자를 Simple Dialog 서비스에 "AlertDialog" 속성으로 연결한다.

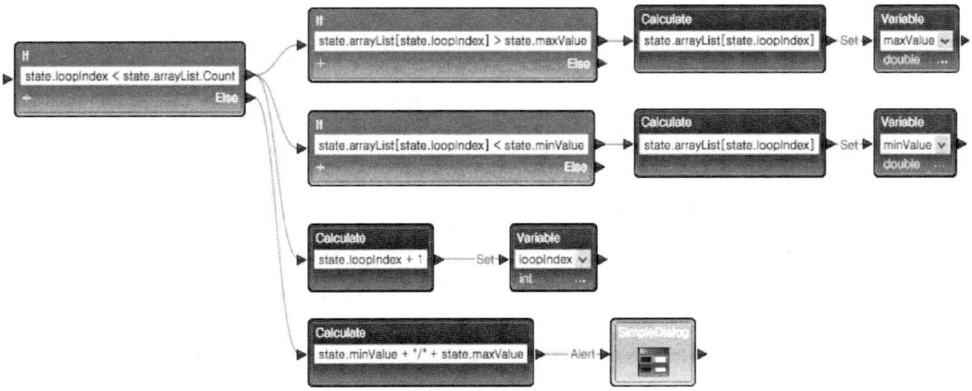

9. 루프를 반복하기 위하여 Merge 액티버티를 추가한 후 다음과 같이 연결하여 다이어그램을 완성한다.

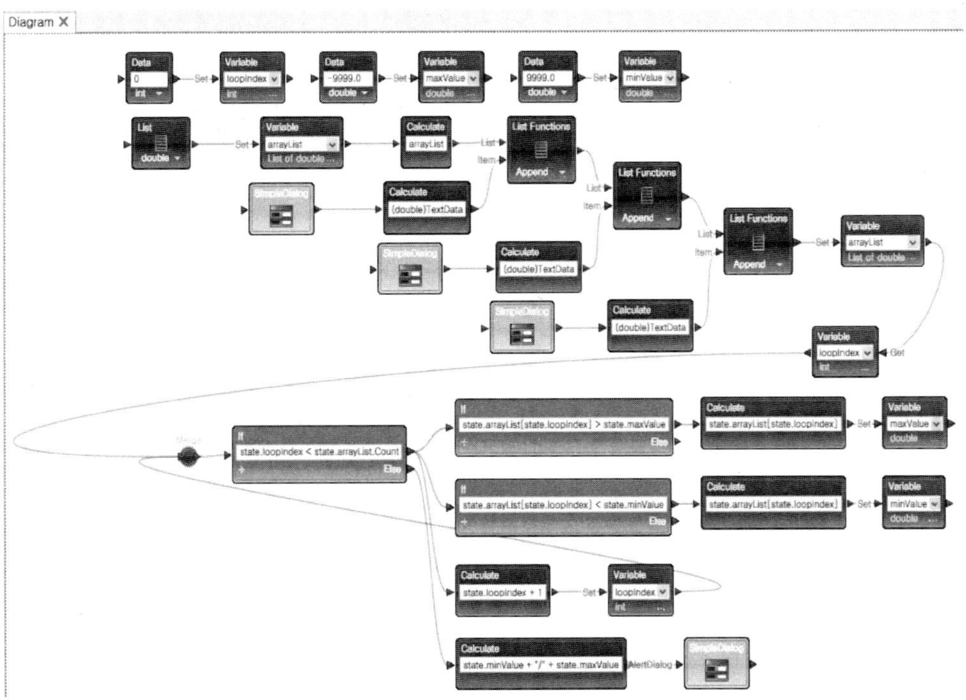

:: [실행결과]

다이어그램을 저장한 후, F5 키를 눌러 실행시키면 다음과 같이 세 개의 Prompt Dialog 창이 나타난다. 텍스트 박스에 값을 입력하고 OK 버튼을 누르면 배열의 항목으로 저장된 후에 최솟값과 최댓값이 Alert Dialog 창에 나타난다.

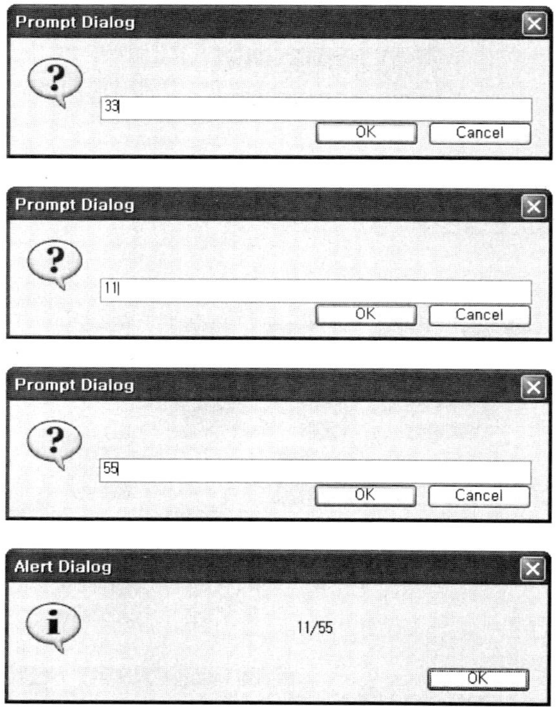

제 5 장

유틸리티 서비스

유틸리티(utility) 서비스는 다이어그램 작성에 유용한 기능들을 제공하는 서비스들이다. 수학적 함수, 문자열 처리연산, 데이터를 생성하거나 출력 기능 등을 제공한다.

5.1 Simple Dialog 서비스

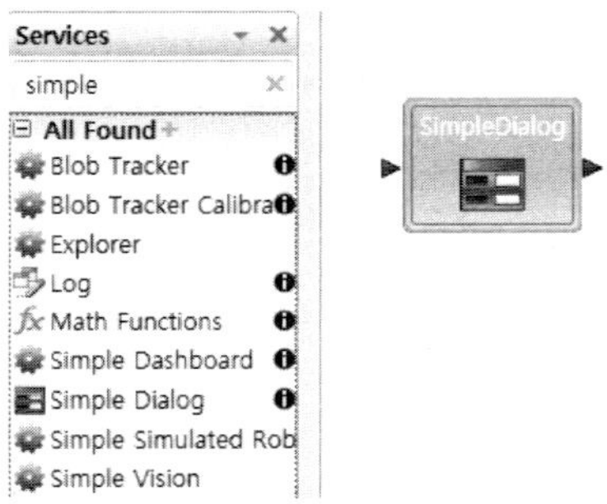

5.1.1 Simple Dialog의 기능

일반적인 프로그램에서 다이얼로그 창과 유사한 기능을 수행한다. Simple Dialog 서비스는 문자열을 입력 받거나 또는 출력하는 기능과 사용자로부터 확인을 받는 기능 등 세 가지 다이얼로그 기능을 제공한다.

선택기능	설명
AlertDialog	전달받은 문자열을 메시지 박스 형태로 화면에 출력한다.
ConfirmDialog	사용자로부터 OK 또는 Cancel에 대한 확인 값을 입력 받아 전달한다.
PromptDialog	텍스트 박스에 문자열을 입력하고 OK 버튼을 누르면 입력 값을 출력단자로 전달한다.

다이얼로그의 형식은 다음과 같다.

- AlertDialog : 느낌표와 메시지 및 OK 버튼으로 구성

- ConfirmDialog : 물음표, 메시지, OK 및 Cancel 버튼으로 구성

- PromptDialog : 물음표, 메시지, 입력 받을 텍스트 박스, OK 및 Cancel 버튼으로 구성

이러한 다이얼로그 창은 60초 안에 응답을 하지 않으면 타임아웃이 되어 자동적으로 창이 사라진다. 타임아웃을 15초 앞두고 카운트다운 메시지가 다이얼로그 창 아래 부분에 표시된다.

5.1.2 AlertDialog 예제

Simple Dialog의 AlertDialog 기능은 전달된 문자열 값을 메시지 박스 형태로 표시해 주는 기능을 제공한다. AlertDialog 기능을 활용하여 문자열 "안녕하세요"를 출력하는 기본 예제는 다음과 같다.

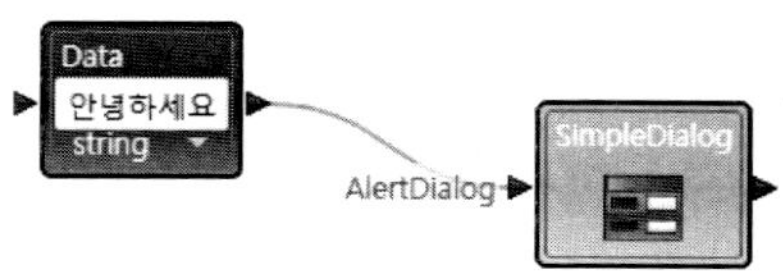

:: [다이어그램 구성]

1. 다이어그램에 Data 액티버티와 Simple Dialog 서비스를 추가한다.
2. Data 액티버티에 "안녕하세요" 문자열을 입력한다.
3. Data 액티버티의 출력단자와 Simple Dialog 서비스의 입력단자를 연결한다.
4. Data 액티버티와 Simple Dialog 서비스를 연결한 후 표시되는 Connections 창의 "To:" 항목에서 "AlertDialog"로 선택한다. 이어지는 Data Connections 창에서는 Value 항목을 "value"로 선택한다.

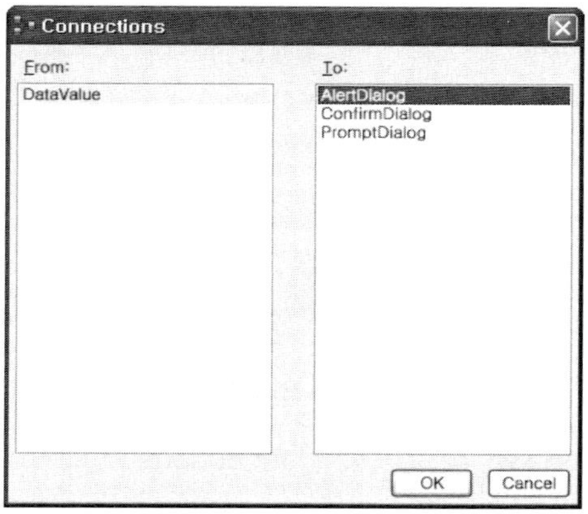

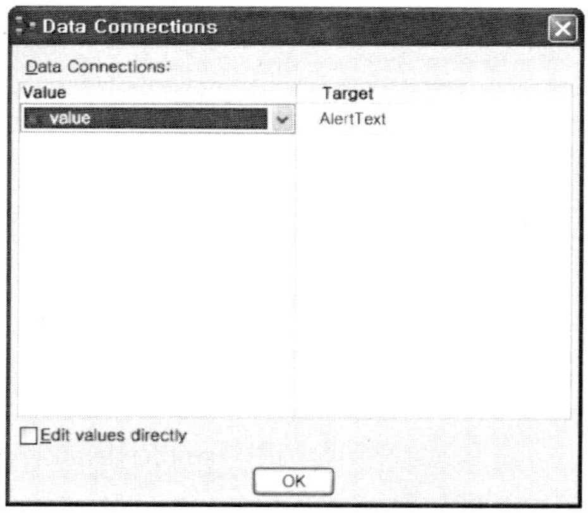

:: [실행결과]

다이어그램을 저장한 후, F5 키를 눌러 실행시키면 다음과 같이 문자열이 출력되는 것을 볼 수 있다.

5.1.3 ConfirmDialog 예제

Simple Dialog의 ConfirmDialog 기능은 사용자에게 OK 또는 Cancel 버튼의 확인 값을 받아서 결과값으로 True 또는 False 값을 전달한다. ConfirmDialog 기능을 활용하여 사용자 확인 값을 출력하는 기본 예제는 다음과 같다.

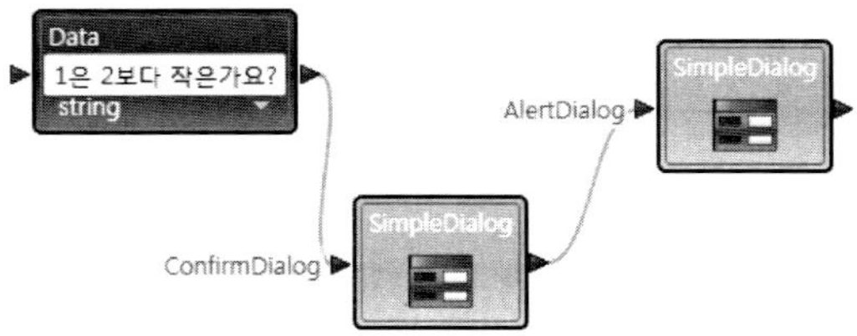

:: [다이어그램 구성]

1. 다이어그램에 Data 액티버티와 Simple Dialog 서비스를 추가한다.
2. Data 액티버티의 텍스트 박스에 "1은 2보다 작은가요?" 문자열을 입력한다.
3. Data 액티버티의 출력단자와 Simple Dialog 서비스의 입력단자를 연결한다.
4. Data 액티버티와 Simple Dialog 서비스를 연결할 때 Connections 창의 To: 항목에서 "ConfirmDialog"를 선택한다. 이어서 표시되는 Data Connections 창의 Value 항목에서 "value"로 선택한다.

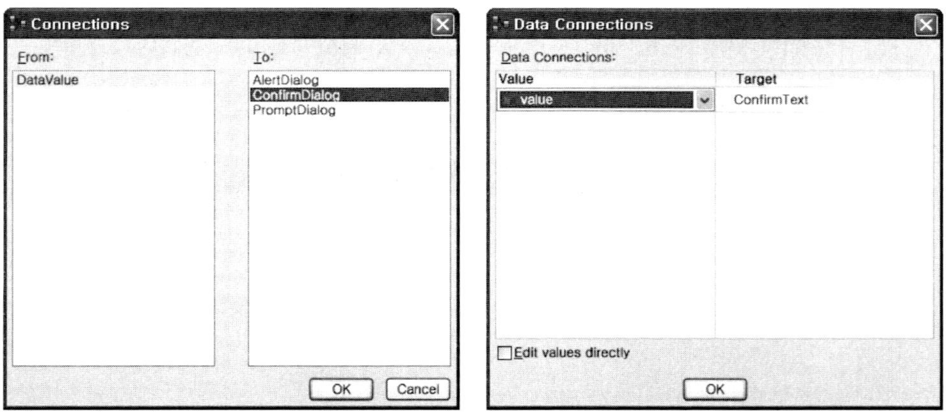

5. Simple Dialog 서비스를 선택한 후, 키보드의 Ctrl+C(복사)와 Ctrl+V(붙여넣기) 키를 눌러 또 하나의 Simple Dialog 서비스를 복사하여 추가한다.
6. 첫 번째 Simple Dialog 서비스의 출력단자와 두 번째 Simple Dialog 서비스의 입력단자를 연결한다.
7. 첫 번째 Simple Dialog 서비스의 출력단자로 사용자의 선택 결과값이 전달되므로, 두 번째 Simple Dialog 서비스를 이용해 이 값을 출력한다. 따라서 첫 번째 Simple Dialog 서비스의 출력값을 화면에 표시하기 위해, 첫 번째 Simple Dialog 서비스와 두 번째 Simple Dialog 서비스의 연결에서 "AlertDialog" 기능을 선택한다.

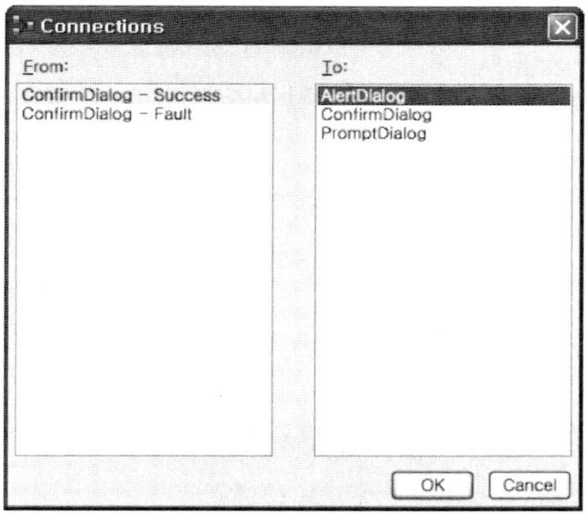

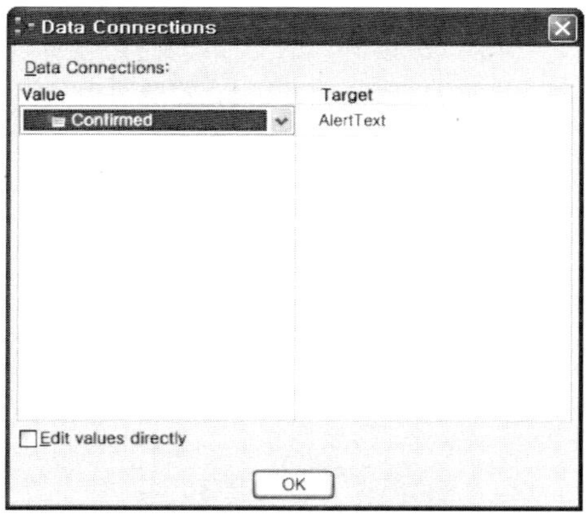

:: [실행결과]

다이어그램을 저장한 후, F5 키를 눌러 실행시키면 다음과 같이 메시지 창이 표시되고, 선택 값이 출력되는 것을 볼 수 있다. 첫 번째 메시지 창에서 "OK" 또는 "Cancel" 버튼을 클릭한다.

위의 창에서 OK 버튼을 클릭하면, 다음과 같이 결과 값이 True가 표시되며 Cancel버튼을 누르면 결과 값이 False가 표시된다.

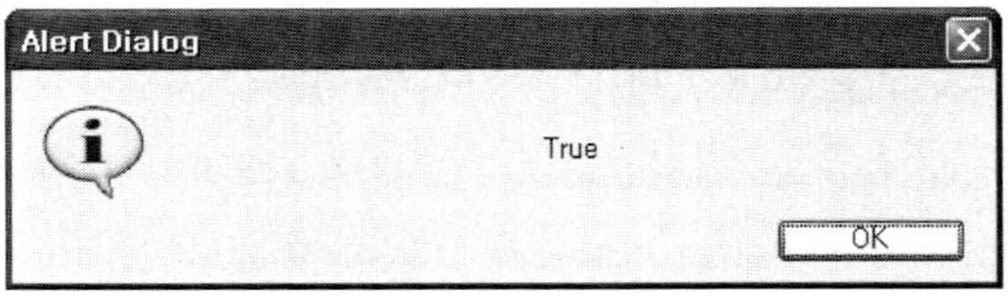

위의 결과 값은 Boolean(논리형)이므로, If 액티버티 등에서 사용 가능하다.

5.1.4 PromptDialog 예제

Simple Dialog 서비스의 PromptDialog 기능은 사용자로부터 문자열 값을 입력 받아 전달하는 기능을 제공한다. PromptDialog 기능을 활용하여 이름을 입력 받고 결과를 출력하는 예제는 다음과 같이 작성한다.

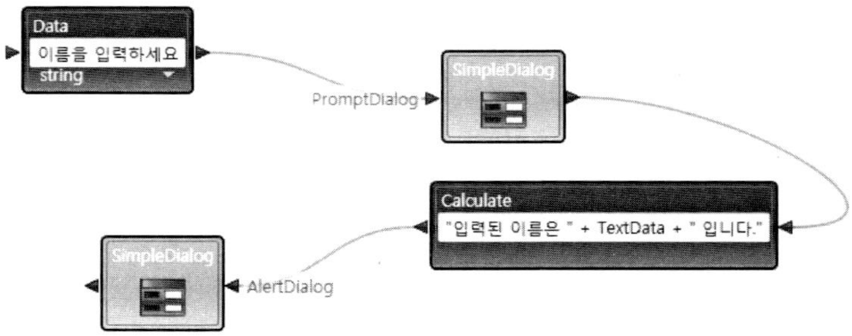

:: [다이어그램 구성]

1. 다이어그램에 Data 액티버티와 Simple Dialog 서비스를 추가한다.
2. Data 액티버티에 "이름을 입력하세요" 문자열을 입력한다.
3. Data 액티버티의 출력단자와 Simple Dialog 서비스의 입력단자를 연결한다.
4. Connections 창의 To: 항목에서 "PromptDialog"를 선택한다. 이어서 표시되는 Data Connections 창에서 PromptText의 Value 항목을 "value"로 설정한다.

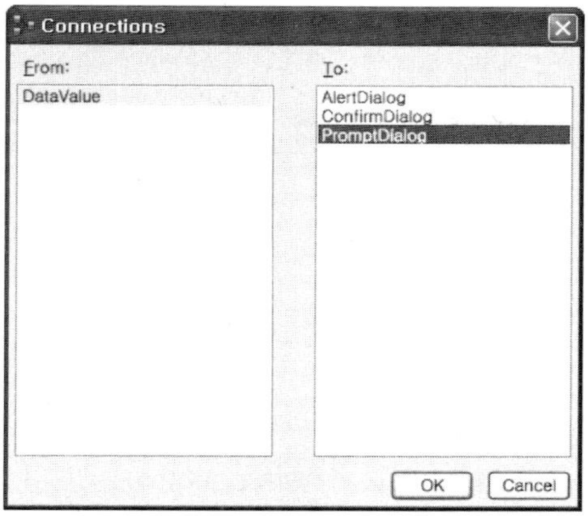

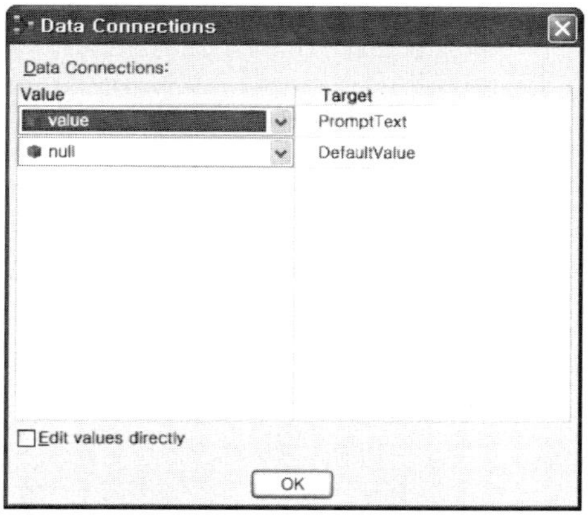

5. Calculate 액티버티를 추가한 후, 텍스트 박스에 "입력된 이름은 "+ TextData +" 입니다."를 입력한다.
6. Simple Dialog 서비스의 출력단자와 Calculate 액티버티를 연결해 준다.

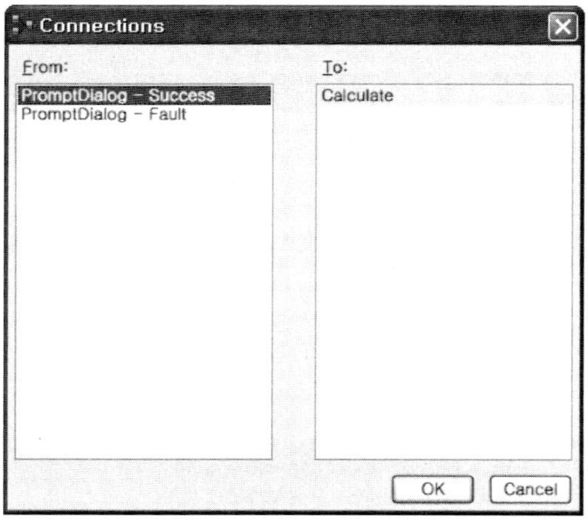

7. 마우스로 첫 번째 Simple Dialog 서비스를 선택한 후, Ctrl+C와 Ctrl+V 키를 차례로 눌러 또 하나의 Simple Dialog를 복사해 추가한다.
8. Calculate 액티버티의 출력단자와 두 번째 Simple Dialog 서비스를 다음과 같은 속성으로 설정하여 연결한다.

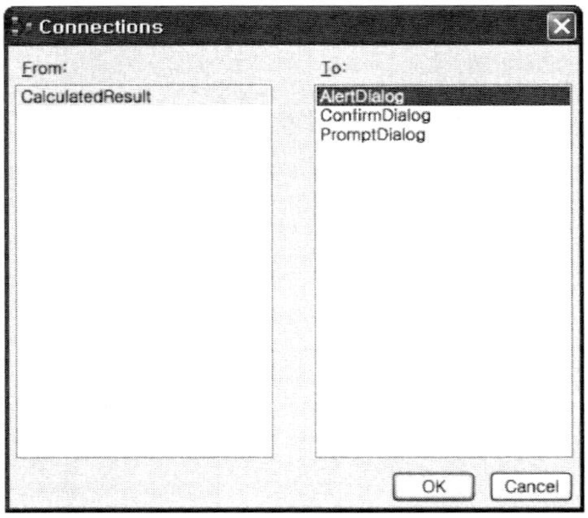

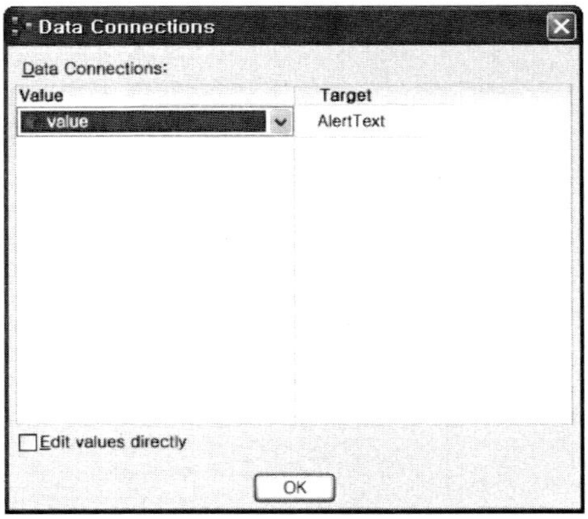

:: [실행결과]

다이어그램을 저장한 후, F5 키를 눌러 실행시키면 다음과 같이 값을 입력 받는 창이 표시된다. 이 창에서 아무 문자열이나 입력해 본다.

문자열을 입력하고 OK 버튼을 클릭하면 다음과 같이 입력된 문자열이 표시될 것이다.

5.1.5 PromptDialog를 이용한 숫자 입력 받기

Simple Dialog 서비스의 PromptDialog 기능을 이용해 숫자를 입력 받기 위해서는 PromptDialog 기능을 이용해 문자열을 입력 받은 다음, 이 값을 Calculate

액티버티에서 숫자로 변환해 주어야 한다. 숫자로 변환하기 위해서는 다음의 예제에서와 같이 문자 변숫값 앞에 (int) 또는 (float)와 같은 데이터 형을 지정해 주면 된다.

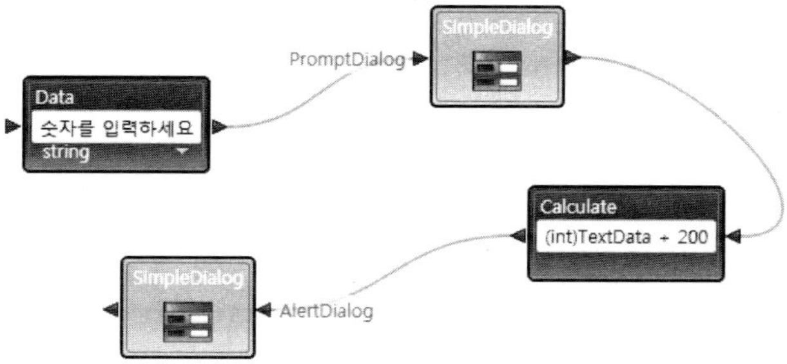

:: [다이어그램 구성]

단원 5.1.4의 예제와 다이어그램 구성이 동일하며, Calculate 액티버티의 텍스트 박스를 다음과 같이 입력해 준다. 본 예제는 입력 받은 문자열을 Int 형으로 변환한 후, 200을 더해서 출력하는 것이다.

(int)TtextData + 200

:: [실행결과]

다이어그램을 저장한 후, F5 키를 눌러 실행시키면 다음과 같이 값을 입력 받는 창이 표시된다. 이 창에서 임의의 숫자를 입력해 본다.

숫자를 입력하고 OK 버튼을 클릭하면 다음과 같이 입력된 값에 200이 더해진 값이 출력된다.

5.2 Log 서비스

5.2.1 Log 서비스의 기능

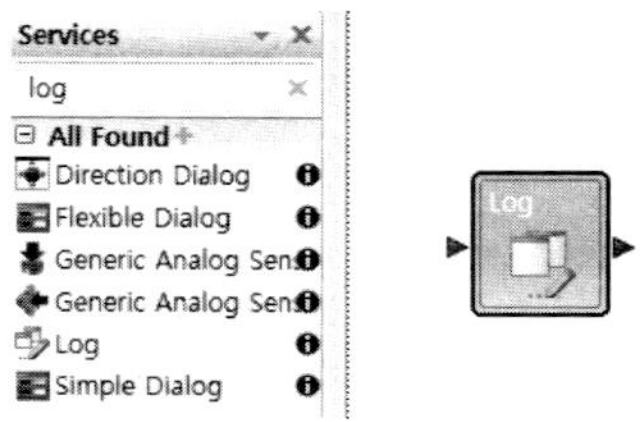

Log 서비스는 메시지를 출력하는 데 사용되는 Simple Dialog 서비스의 AlertDialog와 비슷한 기능을 갖는다. Simple Dialog 서비스는 새로운 다이얼로그에 메시지를 출력하지만, Log 서비스는 Run 창에 메시지를 출력한다. Log 서비스를 사용하면 Simple Dialog 서비스보다 더 많은 데이터를 출력할 수 있으며 다이얼로그가 없는 응용프로그램을 개발할 때 사용한다. Log 서비스의 입력단자를 사용할 때 다음과 같은 3가지 기능을 선택할 수 있다.

선택기능	설명
LogInfo	정보 메시지를 Run 창에 파란색으로 출력한다.
LogWarning	경고 메시지를 Run 창에 노란색으로 출력한다.
LogError	오류 메시지를 Run 창에 빨간색으로 출력한다.

5.2.2 Run 창에 메시지 및 값 출력

Run 창에서 정보, 경고, 오류 메시지를 출력하는 예제를 작성하여 보자.

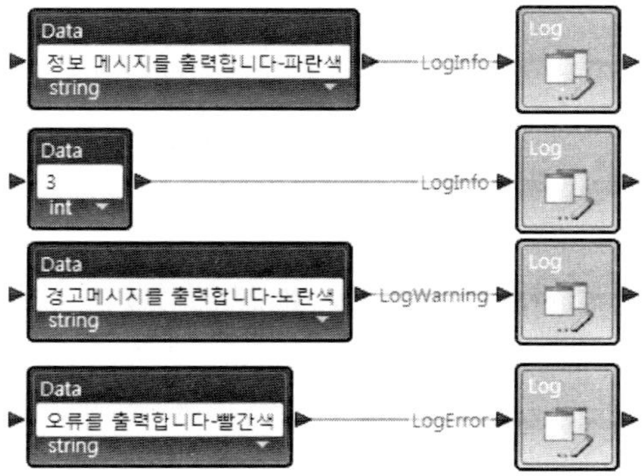

:: [다이어그램 구성]

1. 다이어그램에 네 개의 Calculate 액티버티와 네 개의 Log 서비스를 추가한다.
2. 두 개의 Calculate 액티버티와 두 개의 Log 서비스로 두 쌍의 연결을 만든다.
3. 연결할 때 표시되는 Connections 창의 To: 항목에서 "LogInfo" 항목을 선택한다. 이어서 표시되는 Data Connections 창의 "Message" 항목에만 "value"를 할당해 준다.

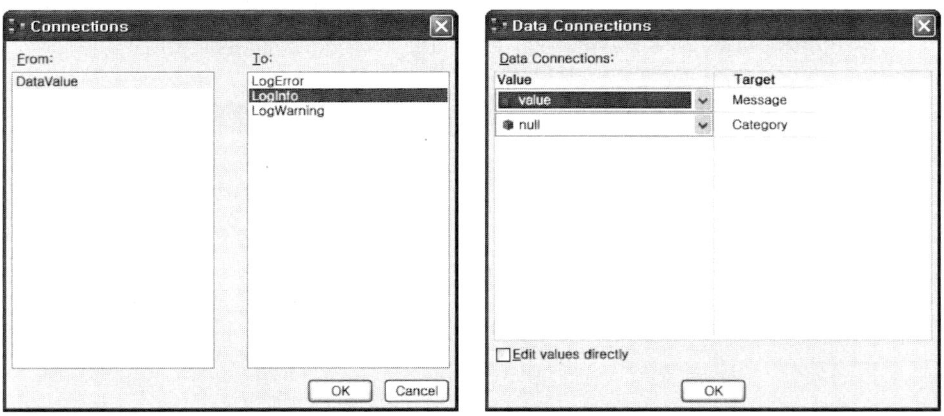

4. 첫 번째 Calculate 액티버티의 텍스트 박스에는 "메시지를 출력합니다-파란색"이라는 문자열, 두 번째 Calculate 액티버티의 텍스트 박스에는 정수 "3"을 입력한다.

5. 한 개의 Calculate 액티버티와 한 개의 Log 서비스를 연결하고 Connections 창의 To: 항목에서 "LogWarning" 항목을 선택한다. Calculate 액티버티의 텍스트 박스에 "경고메시지를 출력합니다-노란색"이라고 입력한다. 이어서 표시되는 Data Connections 창의 "Message" 항목에만 "value"를 할당해 준다.

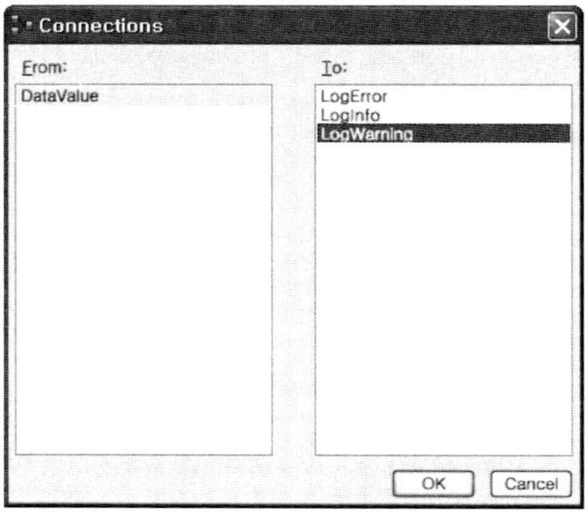

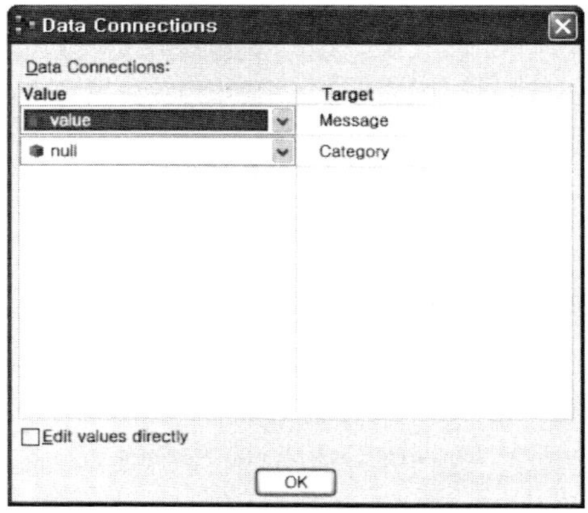

6. 나머지의 Calculate 액티버티와 Log 서비스를 연결하고 Connections 창의 To: 항목에서 "LogError" 항목을 선택한다. Calculate 액티버티의 텍스트 박스에 "오류를 출력합니다-빨간색"이라고 입력한다. 이어서 표시되는 Data Connections 창의 "Message" 항목에만 "value"를 할당해 준다.

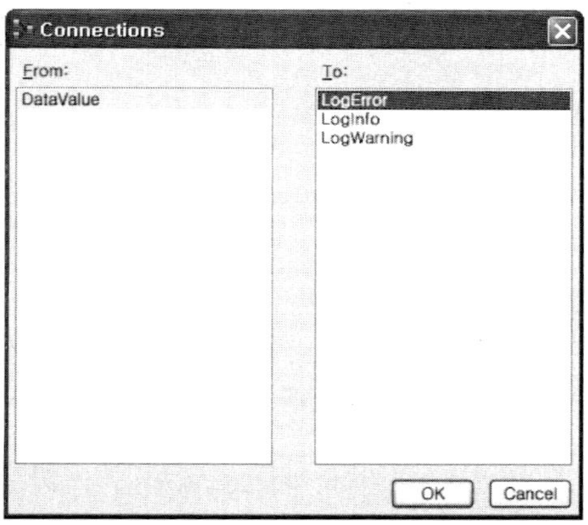

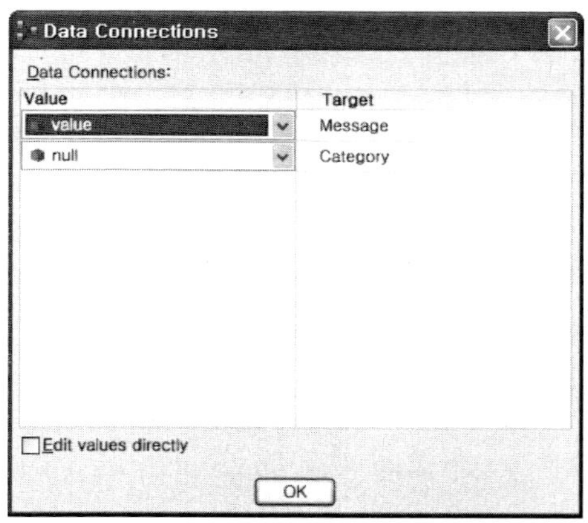

:: [실행결과]

다이어그램을 저장한 후, F5 키를 눌러 실행시키면 다음과 같이 Run 창이 나타난다. 정보는 파란색, 경고는 노란색, 오류는 빨간색으로 표시되어 출력된다. Run 창에 출력되는 네 개의 메시지는 임의의 순서로 나타난다.

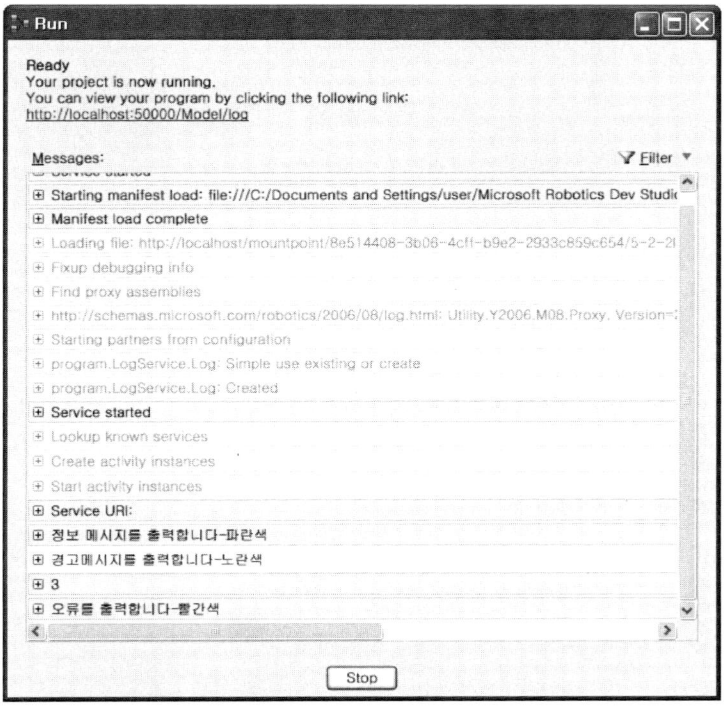

5.3 Flexible Dialog 서비스

5.3.1 Flexible Dialog 서비스의 기능

Flexible Dialog 서비스는 사용자가 필요한 기능을 갖는 다이얼로그를 만들 수 있다. 다이얼로그에 나타나는 정보를 접근하거나 버튼이 눌러졌을 때 응답을 할 수 있다.

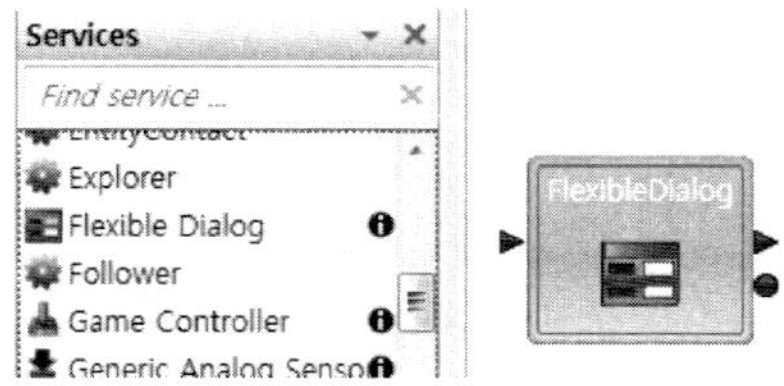

Flexible Dialog 서비스는 속성 툴 박스에서 "Set initial configuration"을 선택하여 다이얼로그를 정의할 수 있다. 다이얼로그 초기 설정 시 "Visual"로 설정하여야만 실행할 때 Flexible Dialog를 볼 수 있다. 초기 설정 시 필요에 의해 "Visual"로 설정하지 않아서 다이얼로그를 볼 수 없지만 "Show" 옵션을 선택하면 다이얼로그를 볼 수 있다.

Flexible Dialog 서비스는 Controls와 Buttons 항목을 제공한다. Controls는 다이얼로그 상에서 위에서 아래 순으로 Controls 항목이 생성되며, Buttons는 왼쪽에서 오른쪽 순으로 버튼이 생성된다. Controls와 Buttons 항목은 매개변수 Id, ControlType, Text, Value를 제공한다. Flexible Dialog 서비스의 출력단자를 사용할 때 다음과 같은 기능을 선택할 수 있다.

선택기능	설명
ButtonPress	버튼이 눌러졌는지 확인한다.
DeleteButton	지정된 버튼을 삭제한다.
DeleteControl	지정된 Control을 삭제한다.
Get	현재의 서비스 상태를 반환한다.
HandOff	다른 다이얼로그의 타이틀을 사용하여 다른 다이얼로그를 활성화한다.
InsertButton	지정된 버튼을 추가한다.
InsertControl	지정된 Control을 추가한다.
SetTitle	다이얼로그의 타이틀을 설정한다.
Show	다이얼로그를 보이게 하거나 숨긴다.
UpdateButton	버튼의 상태를 업데이트한다.
UpdateControl	Control의 상태를 업데이트한다.

5.3.2 Flexible Dialog 서비스의 버튼 사용하기

본 단원에서는 Flexible Dialog를 생성하는 방법을 설명한다.

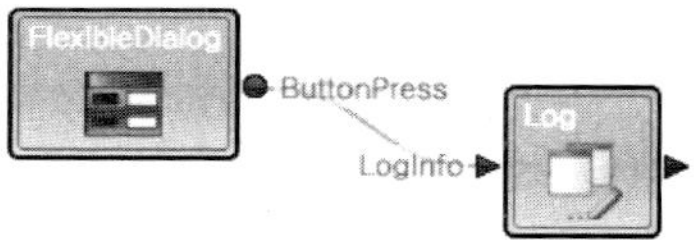

:: [다이어그램 구성]

1. 서비스 툴 박스에서 Flexible Dialog 서비스를 다이어그램에 추가한다.
2. Flexible Dialog 서비스를 더블 클릭하면 Flexible Dialog 창이 만들어진다. Flexible Dialog 창의 Set Configuration에서 "Set initial configuration"을 선택하면 초기 설정창이 나타난다.

3. 초기 상태에서 다이얼로그의 제목을 설정하기 위하여 "Title" 항목에 "새로운 창"이라고 입력하고, 다이얼로그를 볼 수 있도록 하기 위하여 "Visible" 항목의 체크 박스를 체크한다. Controls와 Buttons 항목의 "⊞"와 "+"를 눌러서 다음과 같은 내용을 입력한다.

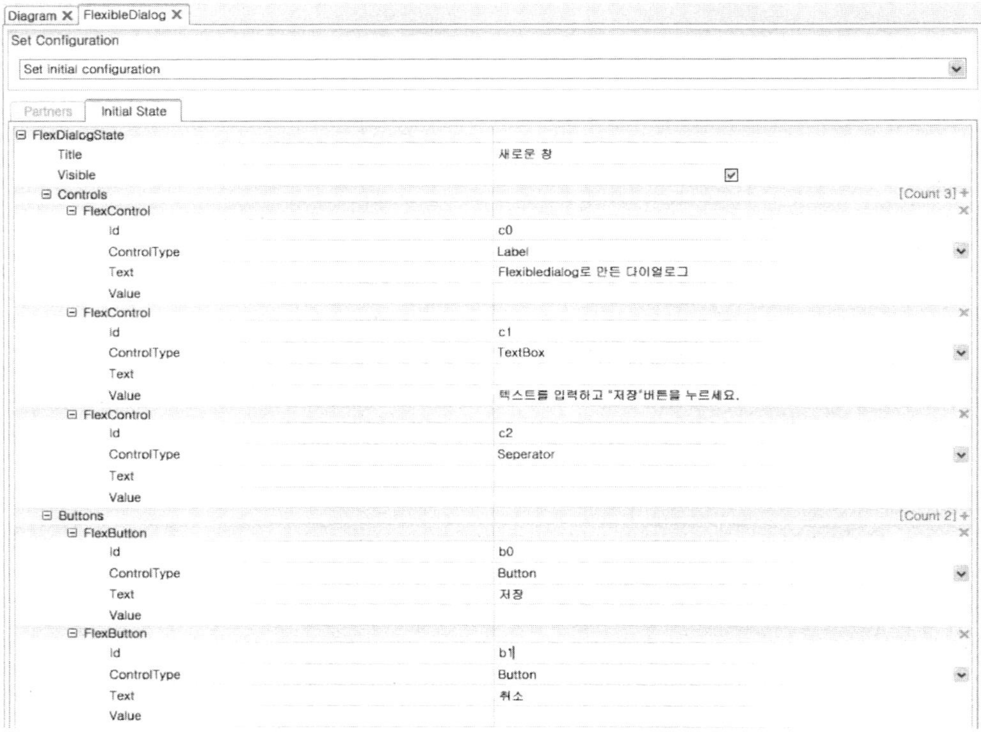

4. 설정이 완료된 Flexible Dialog 서비스의 오른쪽에 Log 서비스를 추가한 후 Flexible Dialog 서비스의 Notification 출력단자를 Log 서비스의 입력단자에 연결한다.

5. 연결 후에 Connections 창이 나타나면 From: 항목에서 "ButtonPress"를 선택하고, To: 항목에서 "LogInfo"를 선택한다. OK 버튼을 누르면 Data Connections 창이 나타난다. Message에 해당하는 Value 항목의 드롭다운 리스트에서 "id"를 선택한다.

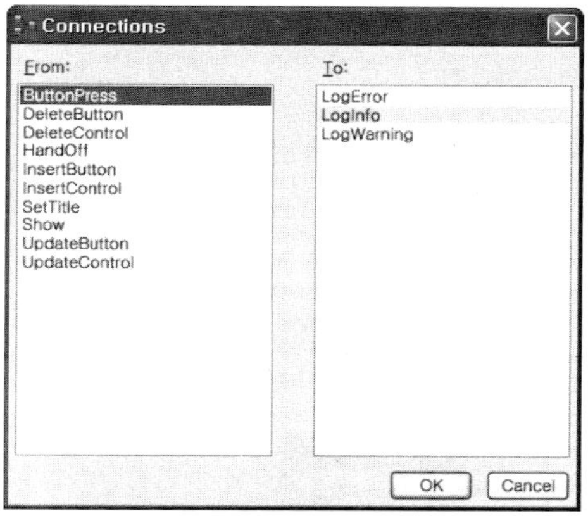

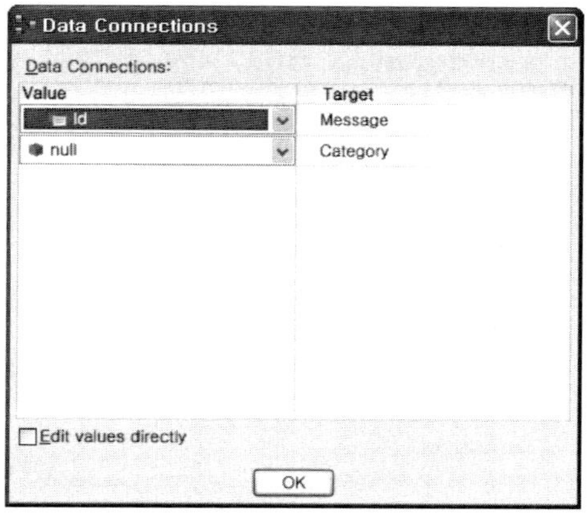

:: [실행결과]

다이어그램을 저장한 후, F5 키를 눌러 실행시키면 Run 창이 나타난다. Flexible Dialog 창의 "저장" 버튼과 "취소" 버튼을 누르면 Run 창의 아래 부분에 누른 버튼의 Id인 b0과 b1이 각각 두 번씩 표시된다. 이것은 버튼을 누를 때와 올라올 때의 상태를 나타낸 것이다.

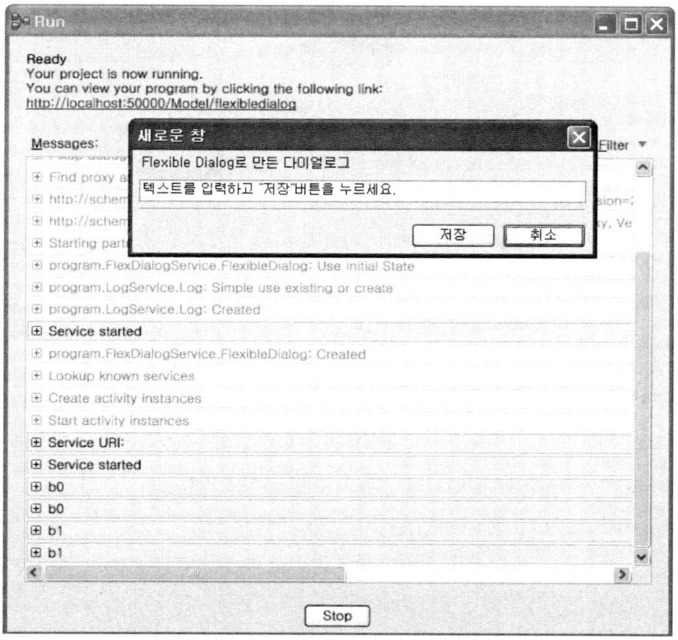

5.3.3 Flexible Dialog를 사용하여 텍스트 출력하기

Flexible Dialog 서비스로 만든 창의 텍스트 박스에 입력된 내용을 Run 창에 출력하는 예제를 작성하여 보자.

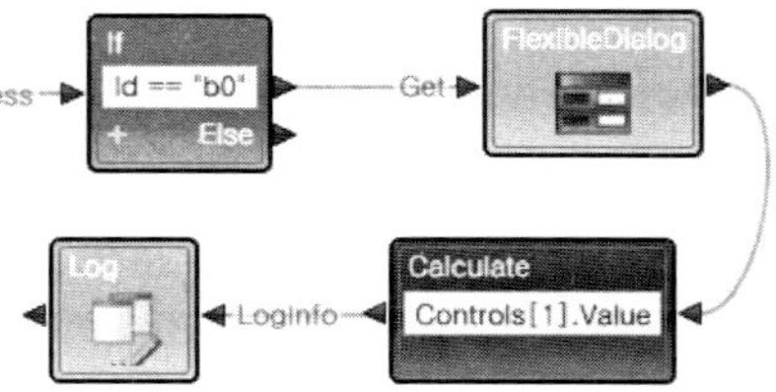

:: [다이어그램 구성]

1. 단원 5.3.2에서 설정하였던 Flexible Dialog 서비스에다 If 액티버티, Calculate 액티버티, Log 서비스, Flexible Dialog 서비스를 추가한다.

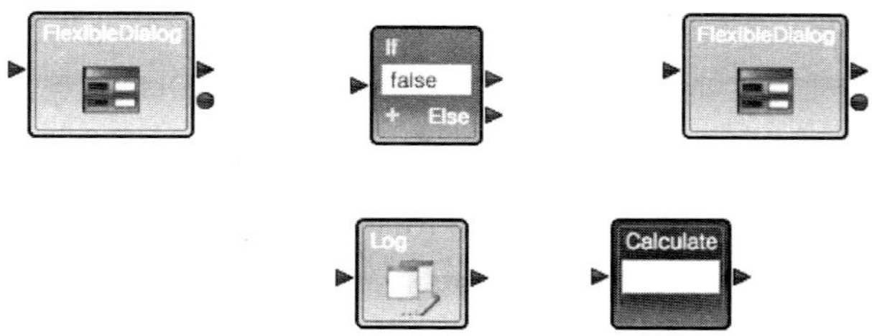

2. Flexible Dialog 서비스의 Notification 출력단자와 If 액티버티를 연결한다. Connections 창의 From: 항목은 "ButtonPress"로 선택한다. If 액티버티의 텍스트 박스에 "Id=="b0""을 입력한다.
3. If 액티버티의 첫 번째 출력단자를 Flexible Dialog 서비스의 입력단자에 연결한다. Connections 창의 To: 항목은 "Get"으로 선택한다. Flexible Dialog 서비스의 출력단자를 Calculate 액티버티의 입력단자에 연결한다. Connections 창의 From: 항목은 "Get-Success"로 선택한다.

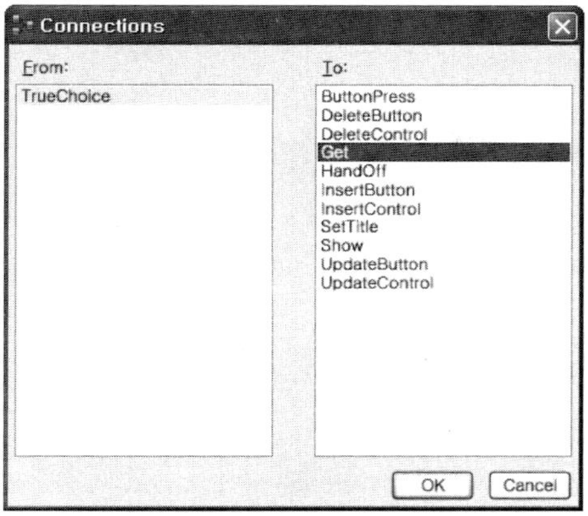

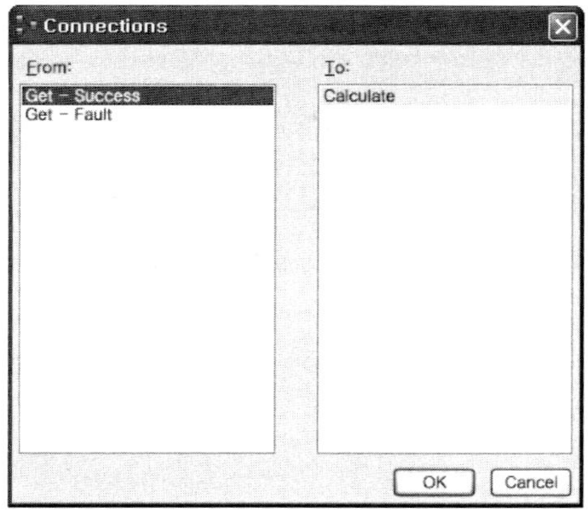

4. Calculate 액티버티의 텍스트 박스를 클릭하면 나타나는 목록에서 "Controls"를 선택한다. Controls 옆에 "[1]."을 입력하면 Controls[1]을 구성하는 목록이 나타난다. 그 목록에서 "Value"를 선택한다.
5. 마지막으로 Calculate 액티버티의 출력단자를 Log 서비스의 입력단자에 연결한다. Connections 창의 From: 항목을 "LogInfo"로 선택하고 Data Connections 창의 Message에 해당하는 Value 항목의 드롭다운 리스트에서 "value"를 선택한다.

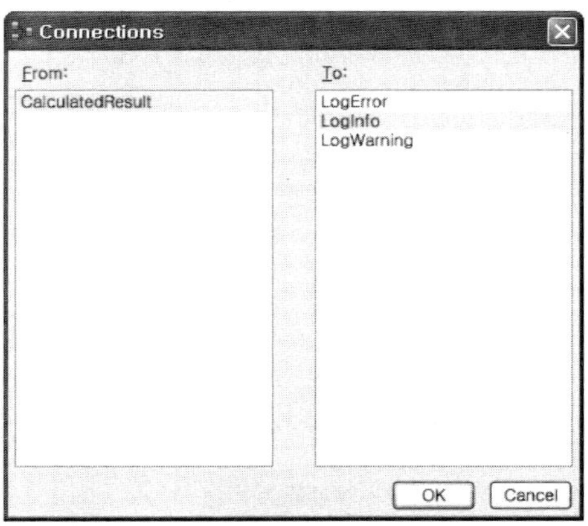

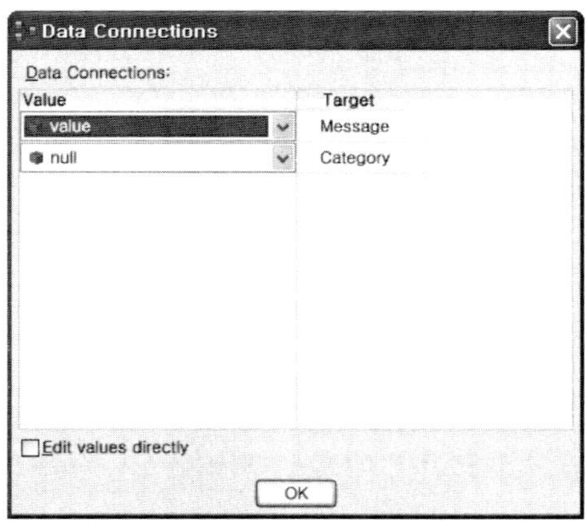

:: [실행결과]

다이어그램을 저장한 후, F5 키를 눌러 실행시키면 Run 창이 나타난다. Flexible Dialog 창의 텍스트 박스에 내용을 입력하고 "저장" 버튼을 누르면 Run 창의 아래 부분에 텍스트 박스의 내용이 나타난다.

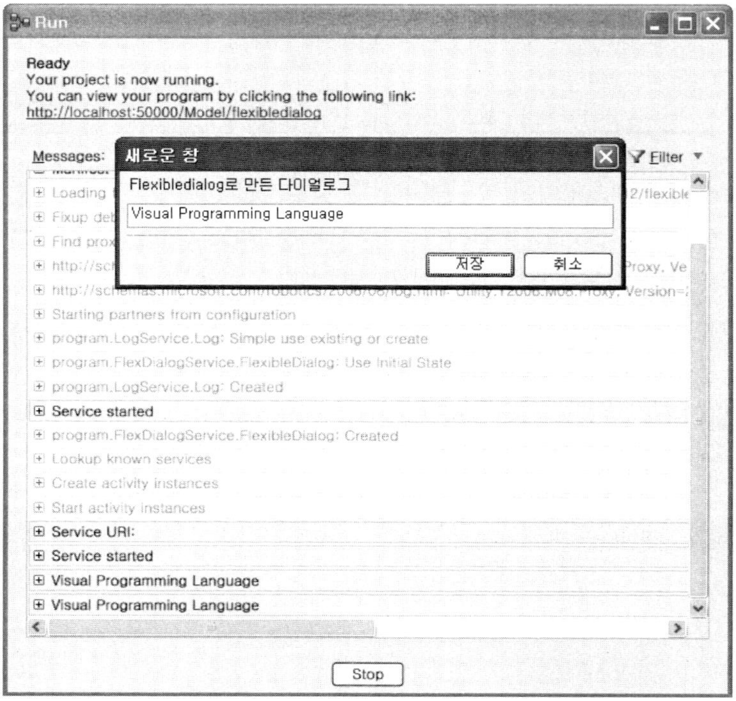

5.4 Byte Array 서비스

5.4.1 Byte Array 서비스의 기능

Byte Array 서비스는 "Set initial configuration"을 통하여 byte 형의 배열을 생성하는 데 사용한다. 이것은 2진수인 원시 데이터를 저장하는 데 유용하다. 8비트로 표현할 수 있는 값인 0~255만 표현할 수 있다. Byte Array 서비스는 다음과 같은 기능을 선택할 수 있다.

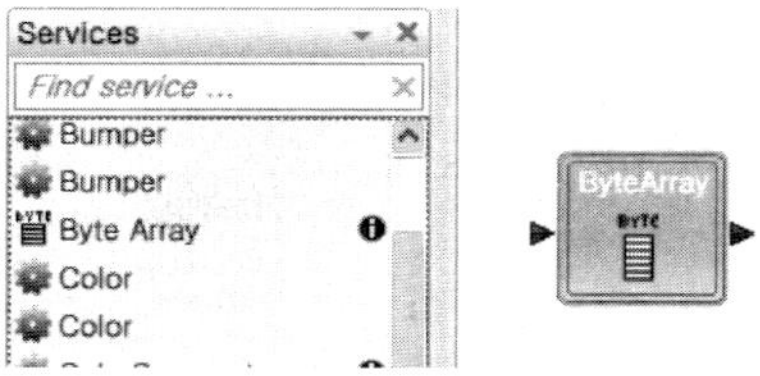

선택기능	설명
ByteArrayToList	byte array를 byte list로 변환한다.
ByteListToArray	byte list를 byte array로 변환한다.
GetArray	byte array를 읽어온다
GetList	byte list를 읽어온다.

대부분의 경우, 프로그램이 시작할 때 Byte Array를 초기화하는데, 그렇게 하기 위해서는 다이어그램에 있는 Byte Array를 더블 클릭한 후에 나타나는 Byte Array 창의 Set Configuration에서 Set initial configuration 기능을 선택한다.

ByteList Data의 Count 옆에 있는 +를 클릭하여 데이터를 넣을 수 있다. list의 각 데이터 항목은 0부터 255사이의 값이다. 다음은 다섯 개의 항목을 갖는 byte array의 예이다. Array의 색인은 0부터 4까지이다.

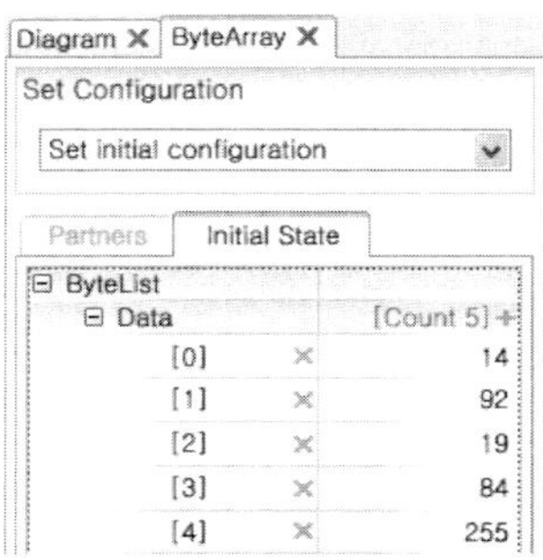

Byte array의 항목은 Calculate 액티버티에서 Data[index]로 접근할 수 있다. index는 array의 색인이다.

Byte array의 내부 구조는 다음과 같이 List와 List Functions 액티버티를 여러 개 사용하는 것과 같다. 그러므로 List와 List Functions 액티버티를 여러 개 사용하지 않고도 byte 형의 배열을 만들어 사용할 수 있다.

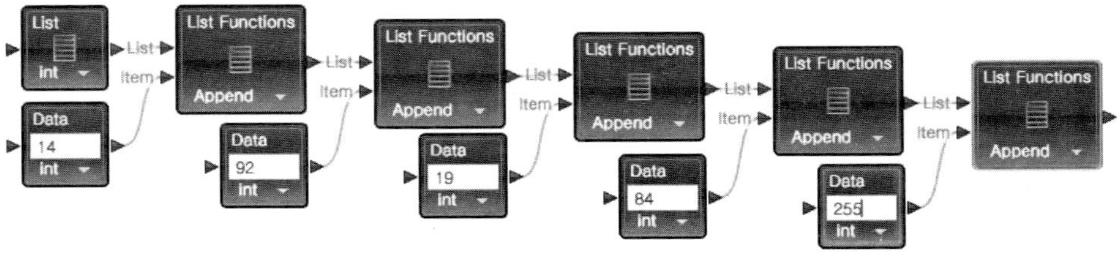

5.4.2 Byte array의 GetArray 기능을 이용한 데이터 출력하기

본 단원에서는 Byte array 서비스를 이용하여 배열에 초깃값을 기억하고, GetArray 기능을 이용하여 기억된 값들을 연산하는 다이어그램을 작성한다.

:: [다이어그램 구성]

1. Byte array 서비스를 다이어그램에 추가한다.
2. 그 서비스를 더블 클릭하여 나타나는 ByteArray 창의 Set Configuration에서 "Set initial configuration"을 선택하면 초기 설정창이 나타난다.
3. ByteList Data의 [Count 0]+의 +를 클릭하면 배열에 Data[0]번째 항목을 넣을 수 있다. 오른쪽의 0을 14로 변경한다. 같은 방법으로 다섯 개의 배열의 요소를 추가하여 다음과 같은 byte 배열을 생성할 수 있다. 또한, 오른쪽에 있는 속성 툴 박스를 통하여도 생성할 수 있다.

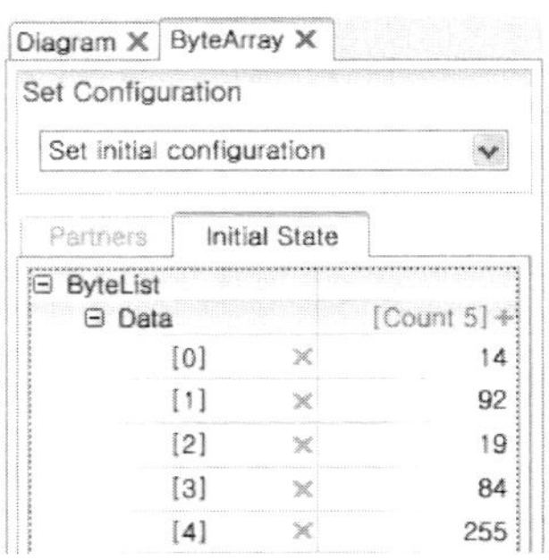

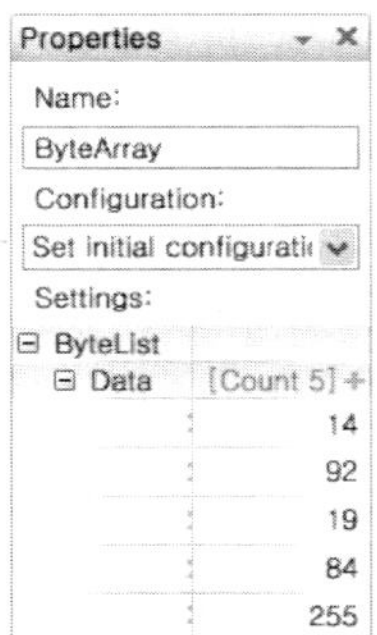

4. 다이어그램에 Calculate 액티버티를 추가한다. Byte array 서비스의 출력단자를 Calculate 액티버티의 입력단자에 연결하면 Connections 창이 나타난다. From: 항목에서 "GetArray–Success"를 선택하고 OK 버튼을 누른다.

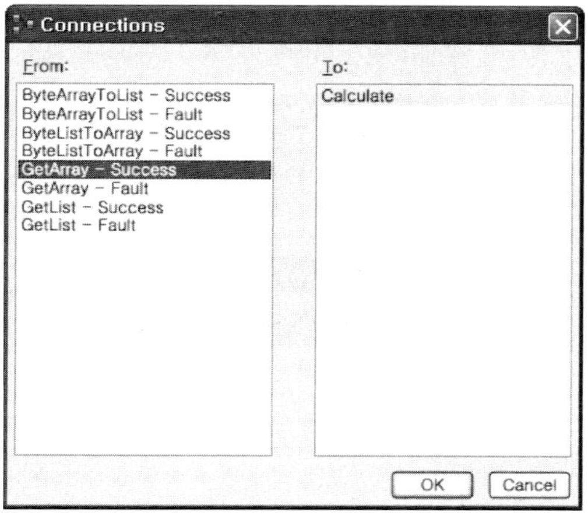

5. 다섯 개의 배열의 항목을 더하기 위하여 Calculate 액티버티의 텍스트 박스에 "Data[0]+Data[1]+Data[2]+Data[3]+Data[4]"를 입력한다.

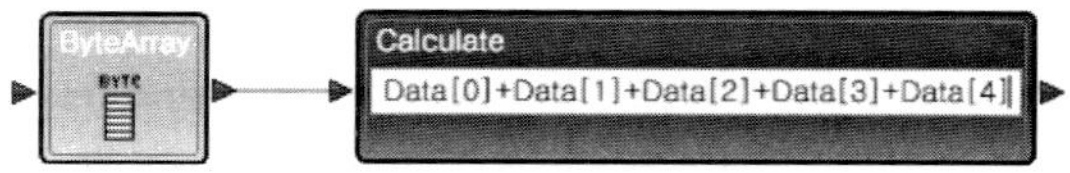

6. Simple Dialog 서비스를 추가하여 Calculate 액티버티의 출력단자를 Simple Dialog 서비스의 입력단자에 연결한다. Connections 창의 To: 항목을 "AlertDialog"로 설정하고 Data Connections 창의 Value 항목을 "value"로 설정한다.

:: [실행결과]

다이어그램을 저장한 후, F5 키를 눌러 실행시키면 배열의 다섯 개의 항목을 더한 값이 출력된다.

5.4.3 Byte array의 GetList 기능을 이용한 배열의 요소 개수 출력하기

배열에 저장되어 있는 항목의 개수는 Count 속성을 이용하여 알아낼 수 있다.

:: [다이어그램 구성]

1. 단원 5.4.2에서 작성한 다이어그램에서 연결선을 모두 제거한다.
2. Byte array 서비스의 출력단자를 Calculate 액티버티의 입력단자에 연결하면 Connections 창이 나타난다. From: 항목에서 "GetList-Success"를 선택하고 OK 버튼을 누른다.

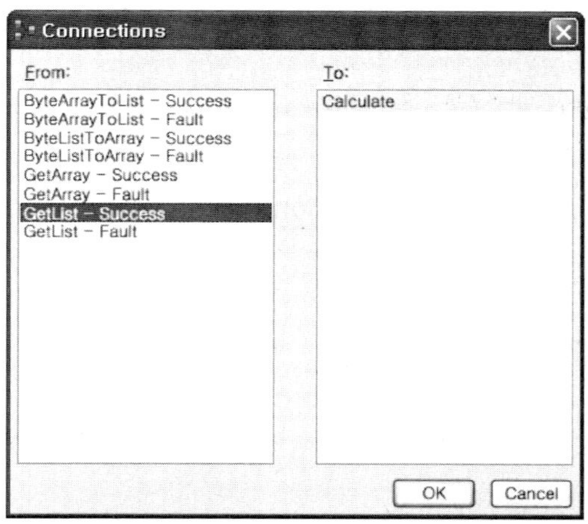

3. Calculate 액티버티의 텍스트 박스에 마우스를 클릭하면 나타나는 드래그 드롭에서 "Data"를 선택하고 "."을 찍으면 Capacity와 Count 속성을 갖는 드래그 드롭이 나타난다. "Count" 속성을 선택한 다음 Calculate 액티버티의 출력단자와 Simple Dialog의 입력단자를 "AlertDialog" 속성으로 연결한다.

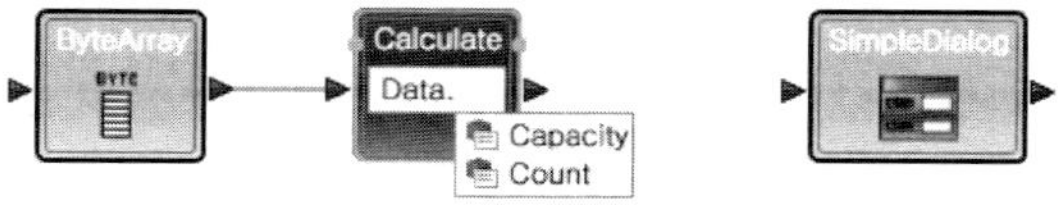

4. Capacity 속성은 배열에 저장할 수 있는 배열의 용량이며, Count 속성은 배열에 저장되어 있는 항목의 개수이다.

:: [실행결과]

다이어그램을 저장한 후, F5 키를 눌러 실행시키면 배열에 저장되어 있는 항목의 개수인 5가 출력된다.

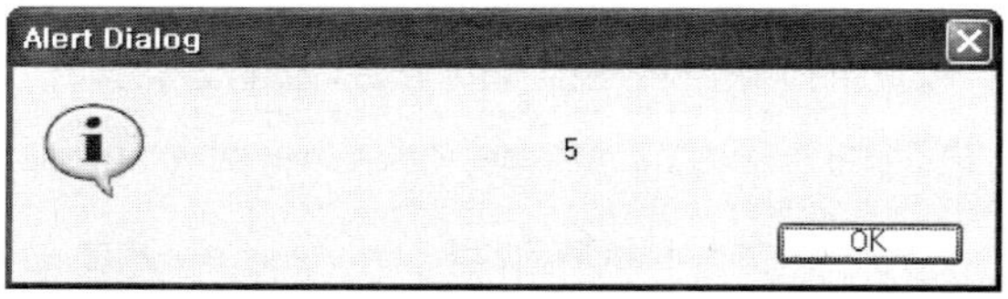

5.5 Text Functions

5.5.1 Text Functions 서비스의 기능

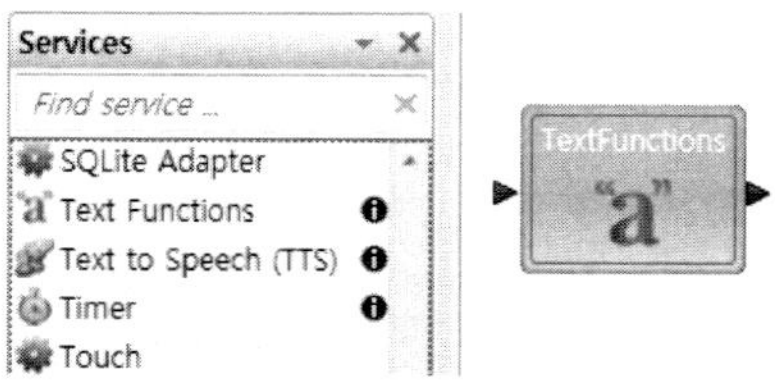

Text Functions 서비스는 문자열을 처리하기 위한 함수들로 구성되어 있다. Text Functions 서비스의 기능은 다음과 같다.

선택기능	설명
ISNullorEmpty	지정된 문자열이 널(null)이거나 비어 있으면 true, 아니면 false를 반환한다.
Contains	전체 문자열에서 찾고자 하는 텍스트가 포함되어 있으면 true, 아니면 false를 반환한다.
EndsWith	Query 텍스트가 문자열의 끝과 일치하면 true, 아니면 false를 반환한다. IgnoreCase가 참이면 대문자와 소문자를 고려하지 않는다.

선택기능	설명
IndexOf	문자열에서 StartIndex 위치부터 비교하여 Query 텍스트가 첫 번째 나타나는 위치를 반환한다.
Insert	텍스트를 문자열의 StartIndex 위치에 삽입한다.
LastIndexOf	문자열에서 StartIndex 위치부터 반대방향으로 비교하여 Query 텍스트가 처음에 나타나는 문자의 위치를 반환한다.
Pad	PaddingChar를 문자열의 왼쪽에는 LeftPadding, 오른쪽에는 RightPadding 개수만큼 추가하여 문자열을 정렬한다.
Remove	문자열의 StartIndex 위치부터 Count 개수의 문자를 제거한다.
Replace	문자열에서 OldValue 텍스트를 NewValue 텍스트로 모두 변경한다.
StartsWith	Query 텍스트가 문자열의 시작과 일치하면 true, 아니면 false를 반환한다.
SubString	문자열의 StartIndex 위치부터 Length개의 문자를 반환한다.
ToLower	소문자로 변경된 문자열을 반환한다.
ToUpper	대문자로 변경된 문자열을 반환한다.

5.5.2 Text Functions 서비스를 사용한 문자열 수정하기

Text Functions 서비스를 사용하여 입력된 문자열을 수정하는 예제를 작성하여 보자.

Text Functions 서비스의 기능들을 사용하여 다양하게 문자열을 처리하는 다이어그램은 다음과 같다.

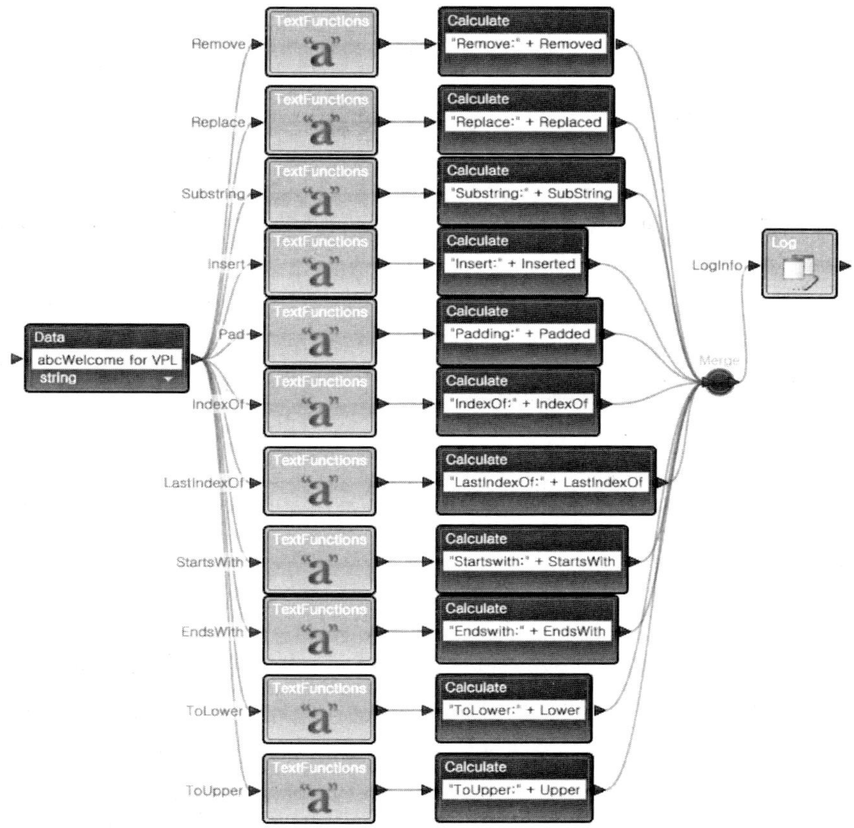

:: [다이어그램 구성]

1. Data 액티버티, Merge 액티버티, Log 서비스를 각각 한 개씩, Text Functions 서비스와 Calculate 액티버티를 각각 11개씩 다이어그램에 추가한다.
2. Data 액티버티의 텍스트 박스에 문자열 "abcWelcome for VPL"을 입력한다.

[Remove 설정]

3. Data 액티버티의 출력단자를 첫 번째 Text Functions 서비스의 입력단자에 연결하면 나타나는 Connections 창의 To: 항목에서 "Remove"를 선택하고 OK 버튼을 누른다. 이어서 나타나는 Data Connections 창의 아래 부분에 있는 Edit values directly를 체크한다. String, StartIndex, Count의 Value 항

목을 각각 "value", "0", "3"으로 입력한다. Edit values directly가 체크된 상태에서는 시스템에서 제공하는 기존 값이 아닌 임의의 값을 입력할 수 있다. StartIndex가 0인 것은 문자열에서 첫 번째를 나타낸다. 그러므로 문자열에서 첫 번째부터 세 개의 문자를 삭제하라는 의미이다.

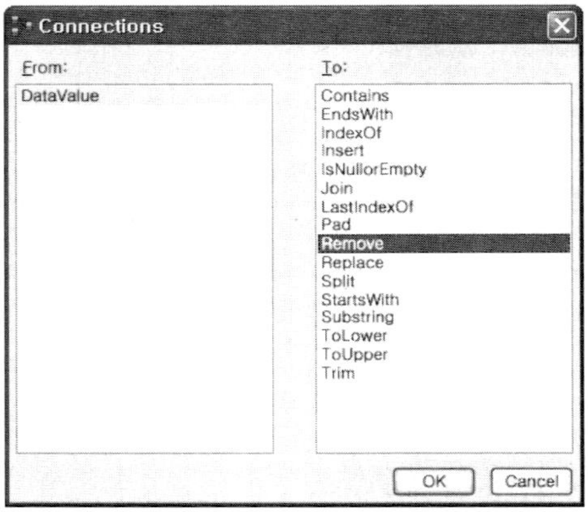

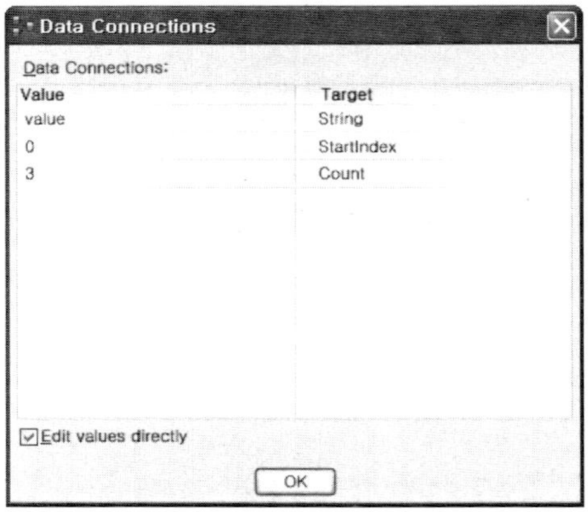

4. Remove를 수행하는 Text Functions 서비스의 출력단자를 Calculate 액티버티의 입력단자에 연결한다. 이때 나타나는 Connections 창의 From: 항목을 "Remove-success"를 선택하고 OK 버튼을 누른다. Calculate 액티버티의 텍스트 박스에 ""Remove:"+Removed"를 입력한다. 이때 "Remove:"를 입력하고 "+"를 입력하면 드래그 드롭에서 "Removed"를 선택하면 된다.

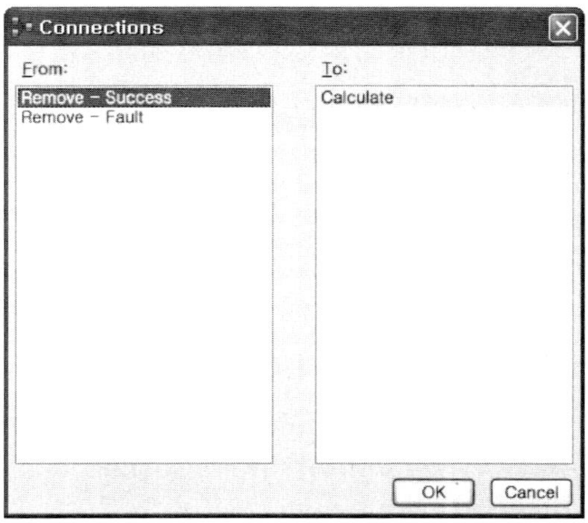

[Replace 설정]

5. Data 액티버티의 출력단자를 두 번째 Text Functions 서비스의 입력단자에 연결한다. 이때 나타나는 Connections 창의 To: 항목에서 "Replace"를 선택하고 OK 버튼을 누른다. 이어서 나타나는 Data Connections 창의 아래 부분에 있는 Edit values directly를 체크한다. String, OldValue, NewValue의 Value 항목을 각각 "value", "for", "to"로 입력한다. 문자열에서 OldValue가 "for"인 것을 NewValue인 "to"로 변경한다.

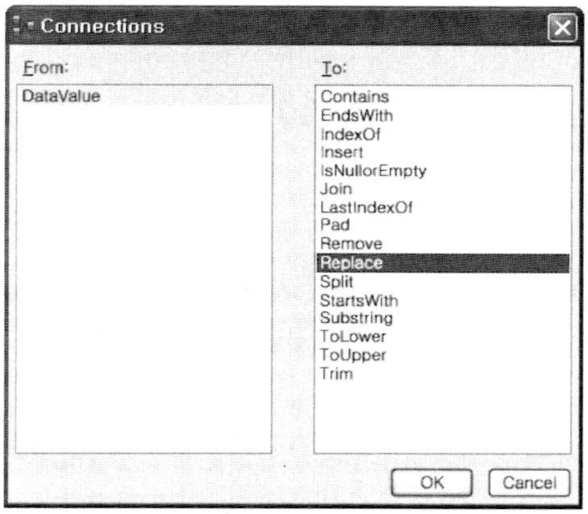

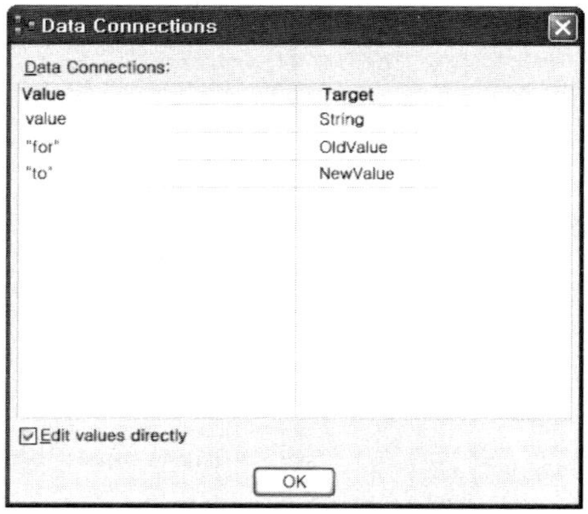

6. Replace를 수행하는 Text Functions 서비스의 출력단자를 Calculate 액티버티의 입력단자에 연결한다. 이때 나타나는 Connections 창의 From: 항목을 "Replace-success"를 선택하고 OK 버튼을 누른다. Calculate 액티버티의 텍스트 박스에 ""Replace:"+Replaced"를 입력한다. 이때 "Replace:"를 입력하고 "+"를 입력하면 드래그 드롭에서 "Replaced"를 선택하면 된다.

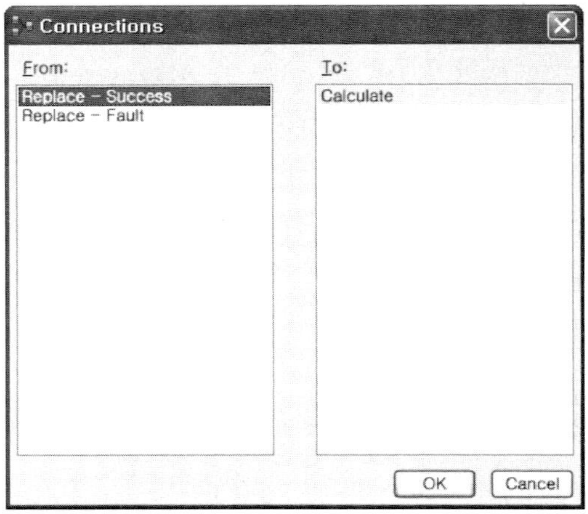

[Substring 설정]

7. Data 액티버티의 출력단자를 세 번째 Text Functions 서비스의 입력단자에 연결한다. 이때 나타나는 Connections 창의 To: 항목에서 "Substring"을 선택하고 OK 버튼을 누른다. 이어서 나타나는 Data Connections 창의 아래 부분에 있는 Edit values directly를 체크한다. String, StartIndex, Length의 Value 항목에 각각 "value", "0", "3"으로 입력한다. 문자열에서 첫 번째 문자열부터 세 개 문자를 선택한다.

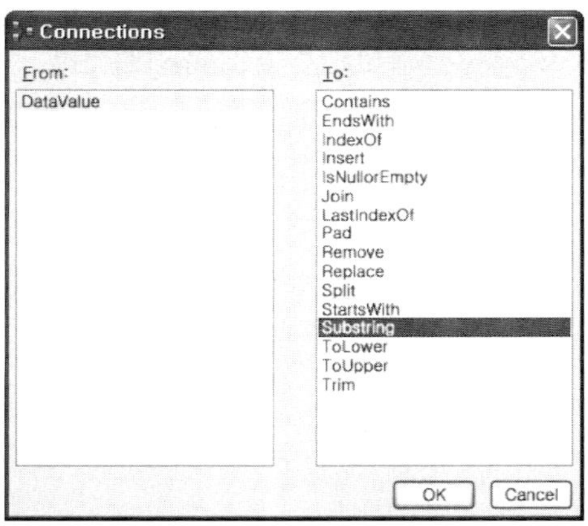

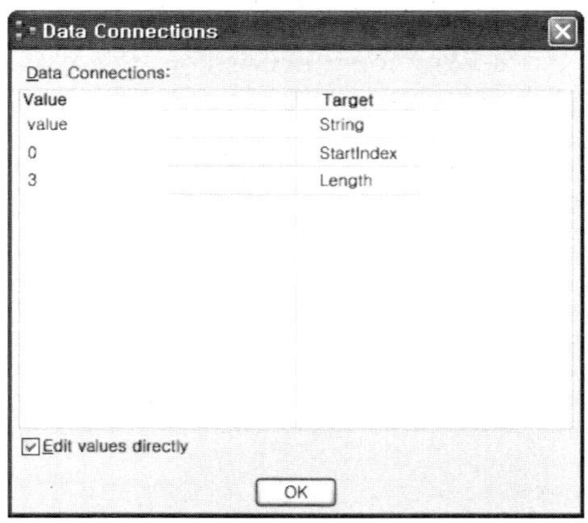

8. Substring을 수행하는 Text Functions 서비스의 출력단자를 Calculate 액티비티의 입력단자에 연결한다. 이때 나타나는 Connections 창의 From: 항목을 "Substring-success"를 선택하고 OK 버튼을 누른다. Calculate 액티비티의 텍스트 박스에 ""Substring:"+Substring"을 입력한다. 이때 "Substring:"를 입력하고 "+"를 입력하면 드래그 드롭에서 "Substring"을 선택하면 된다.

[Insert 설정]

9. Data 액티비티의 출력단자를 네 번째 Text Functions 서비스의 입력단자에 연결한다. 이때 나타나는 Connections 창의 To: 항목에서 "Insert"를 선택하고 OK 버튼을 누른다. 이어서 나타나는 Data Connections 창의 아래 부분에 있는 Edit values directly를 체크한다. String, Insertion, StartIndex의 Value 항목에 각각 "value", "MSRDS", "15"로 입력한다. 문자열에서 16번째에 "MSRDS"를 추가한다.

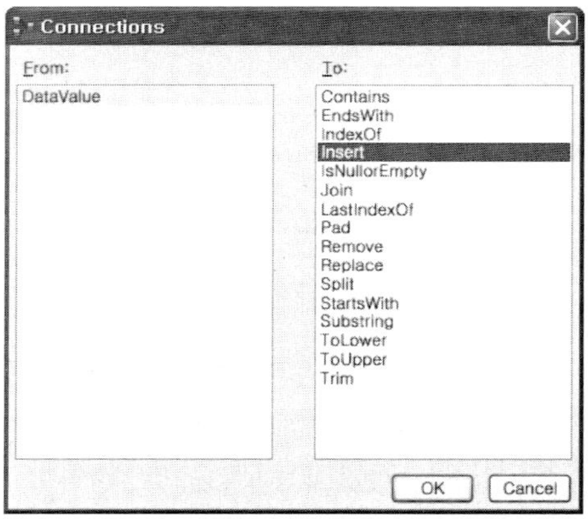

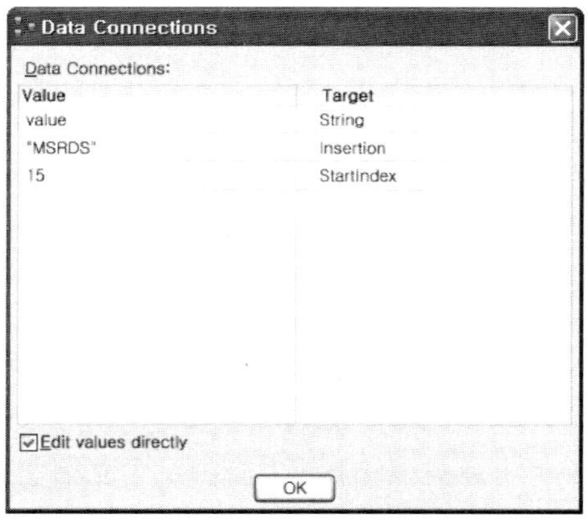

10. Insert를 수행하는 Text Functions 서비스의 출력단자를 Calculate 액티비티의 입력단자에 연결한다. 이때 나타나는 Connections 창의 From: 항목을 "Insert-success"를 선택하고 OK 버튼을 누른다. Calculate 액티비티의 텍스트 박스에 ""Insert:"+Inserted"를 입력한다. 이때 "Insert:"를 입력하고 "+"를 입력하면 드래그 드롭에서 "Inserted"를 선택하면 된다.

[Pad 설정]

11. Data 액티버티의 출력단자를 다섯 번째 Text Functions 서비스의 입력단자에 연결한다. 이때 나타나는 Connections 창의 To: 항목에서 "Pad"를 선택하고 OK 버튼을 누른다. 이어서 나타나는 Data Connections 창의 아래 부분에 있는 Edit values directly를 체크한다. String, LeftPadding, RightPadding, PaddingChar의 Value 항목에 각각 "value", "4", "6", "null"로 입력한다. 문자열에서 왼쪽에 4개, 오른쪽에 6개의 빈칸을 삽입한다.

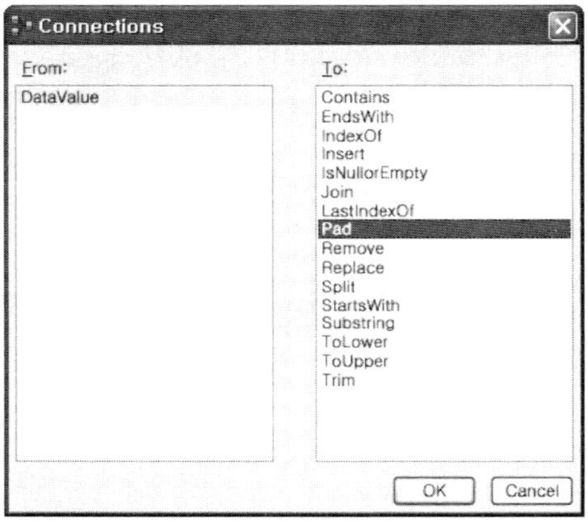

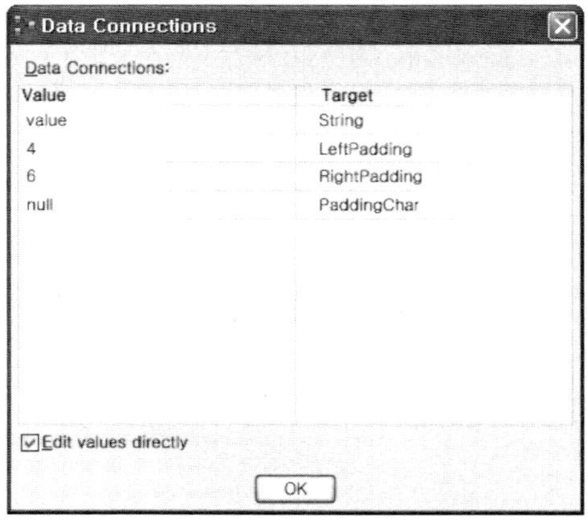

12. Padding을 수행하는 Text Functions 서비스의 출력단자를 Calculate 액티버티의 입력단자에 연결한다. 이때 나타나는 Connections 창의 From: 항목을 "Pad-success"를 선택하고 OK 버튼을 누른다. Calculate 액티버티의 텍스트 박스에 ""Padding:"+Padded"를 입력한다. 이때 "Padding:"를 입력하고 "+"를 입력하면 드래그 드롭에서 "Padded"를 선택하면 된다.

[IndexOf 설정]

13. Data 액티버티의 출력단자를 여섯 번째 Text Functions 서비스의 입력단자에 연결한다. 이때 나타나는 Connections 창의 To: 항목에서 "IndexOf"를 선택하고 OK 버튼을 누른다. 이어서 나타나는 Data Connections 창의 아래 부분에 있는 Edit values directly를 체크한다. String, Query, StartIndex의 Value 항목에 각각 "value", "for", "null"로 입력한다. 문자열의 첫 번째 문자부터 비교하여 "for"가 처음 나타나는 위치를 찾는다. "for"가 왼쪽부터 12번째

이므로 인덱스는 11이다. Data Connections에 입력되는 값에서 null은 기본값을 의미한다. 숫자의 기본값은 0, 논리값의 기본값은 false이다. StartIndex는 숫자가 들어가야 하므로 null을 지정하면 0을 입력하는 것과 같다.

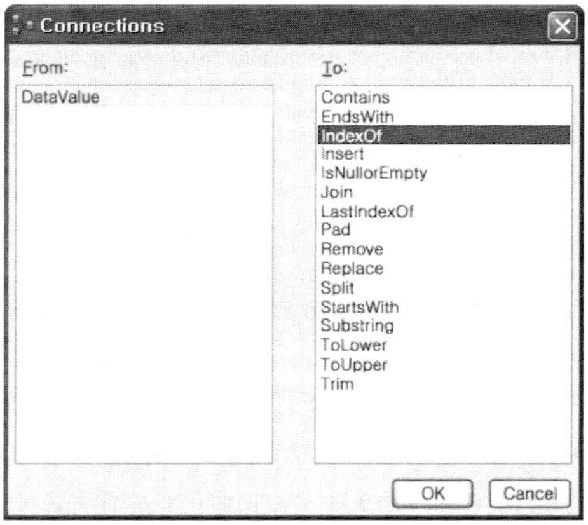

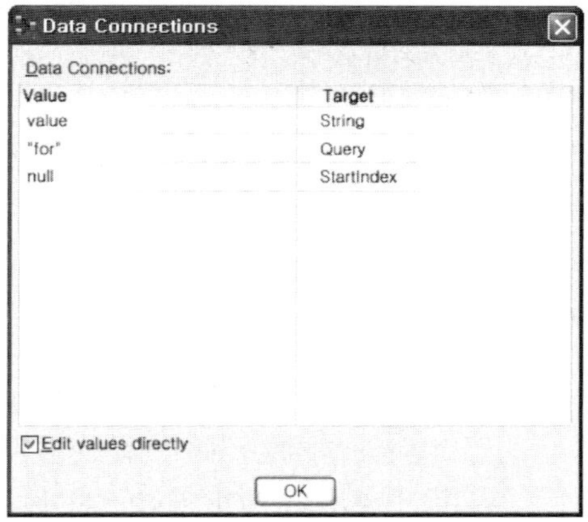

14. IndexOf를 수행하는 Text Functions 서비스의 출력단자를 Calculate 액티버티의 입력단자에 연결한다. 이때 나타나는 Connections 창의 From: 항목을 "IndexOf-success"를 선택하고 OK 버튼을 누른다. Calculate 액티버티의 텍스트 박스에 ""IndexOf:"+IndexOf"를 입력한다. 이때 "IndexOf:"를 입력하고 "+"를 입력하면 드래그 드롭에서 "IndexOf"를 선택하면 된다.

[LastIndexOf 설정]

15. Data 액티버티의 출력단자를 일곱 번째 Text Functions 서비스의 입력단자에 연결한다. 이때 나타나는 Connections 창의 To: 항목에서 "LastIndexOf"를 선택하고 OK 버튼을 누른다. 이어서 나타나는 Data Connections 창의 아래 부분에 있는 Edit values directly를 체크한다. String, Query, StartIndex의 Value 항목에 각각 "value", "c", "17"로 입력한다. 문자열의 마지막부터 처음 방향으로 비교하여 처음으로 "c"가 나타나는 위치를 반환한다.

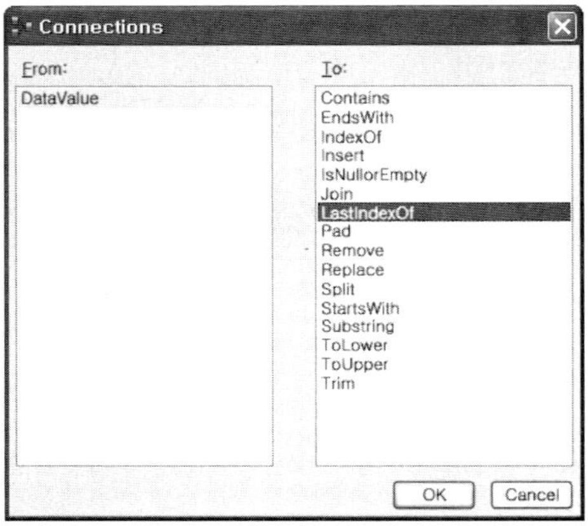

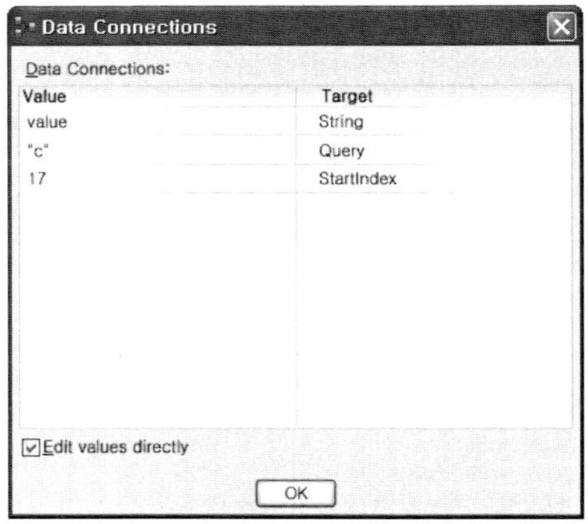

16. LastIndexOf를 수행하는 Text Functions 서비스의 출력단자를 Calculate 액티버티의 입력단자에 연결한다. 이때 나타나는 Connections 창의 From: 항목을 "LastIndexOf-success"를 선택하고 OK 버튼을 누른다. Calculate 액티버티의 텍스트 박스에 ""LastIndexOf:"+LastIndexOf"를 입력한다. 이때 "LastIndexOf:"를 입력하고 "+"를 입력하면 드래그 드롭에서 "LastIndexOf"를 선택하면 된다.

[StartsWith 설정]

17. Data 액티버티의 출력단자를 여덟 번째 Text Functions 서비스의 입력단자에 연결한다. 이때 나타나는 Connections 창의 To: 항목에서 "StartsWith"를 선택하고 OK 버튼을 누른다. 이어서 나타나는 Data Connections 창의 아래 부분에 있는 Edit values directly를 체크한다. String, Query의 Value 항목에 각각 "value", "ab"로 입력한다. 문자열을 처음부터 비교하여 문자열이 "ab"부터 시작하면 true를 반환한다.

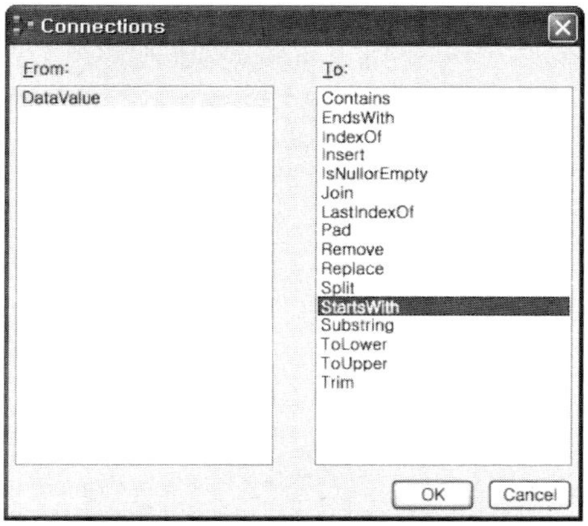

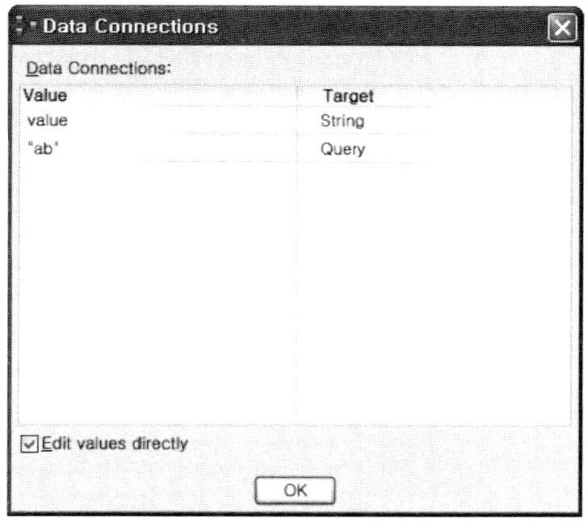

18. StartsWith를 수행하는 Text Functions 서비스의 출력단자를 Calculate 액티버티의 입력단자에 연결한다. 이때 나타나는 Connections 창의 From: 항목을 "StartsWith-success"를 선택하고 OK 버튼을 누른다. Calculate 액티버티의 텍스트 박스에 ""StartsWith:"+StartsWith"를 입력한다. 이때 "StartsWith:"를 입력하고 "+"를 입력하면 드래그 드롭에서 "StartsWith"를 선택하면 된다.

[EndsWith 설정]

19. Data 액티버티의 출력단자를 아홉 번째 Text Functions 서비스의 입력단자에 연결한다. 이때 나타나는 Connections 창의 To: 항목에서 "EndsWith"를 선택하고 OK 버튼을 누른다. 이어서 나타나는 Data Connections 창의 아래 부분에 있는 Edit values directly를 체크한다. String, Query, IgnoreCase의 Value 항목에 각각 "value", "pl", "false"로 입력한다. 문자열의 끝부터 비교하며 문자열이 "pl"로 끝나면 true를 반환한다. 이때 IgnoreCase가 false이면 대 · 소문자를 고려하여 비교한다.

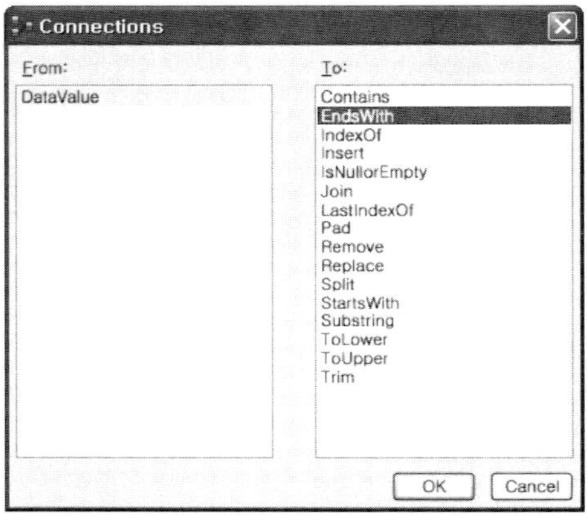

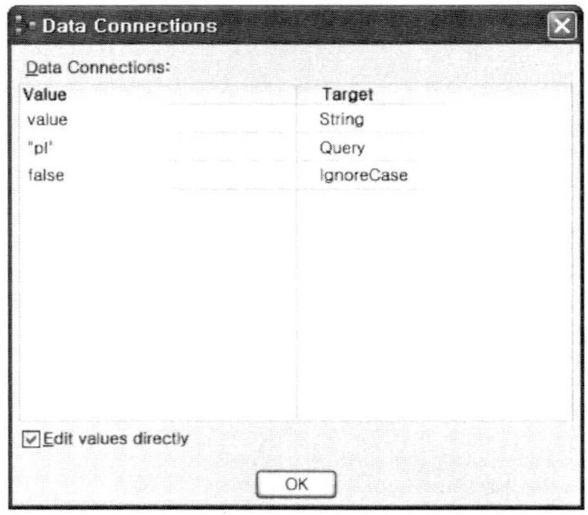

20. EndsWith를 수행하는 Text Functions 서비스의 출력단자를 Calculate 액티비티의 입력단자에 연결한다. 이때 나타나는 Connections 창의 From: 항목을 "EndsWith-success"를 선택하고 OK 버튼을 누른다. Calculate 액티비티의 텍스트 박스에 ""EndsWith:"+EndsWith"를 입력한다. 이때 "EndsWith:"를 입력하고 "+"를 입력하면 드래그 드롭에서 "EndsWith"를 선택하면 된다.

[ToLower 설정]

21. Data 액티비티의 출력단자를 열 번째 Text Functions 서비스의 입력단자에 연결한다. 이때 나타나는 Connections 창의 To: 항목에서 "ToLower"를 선택하고 OK 버튼을 누른다. 이어서 나타나는 Data Connections 창에서 String의 Value 항목에 "value"를 입력한다. 문자열을 구성하는 모든 문자를 소문자로 변환한다.

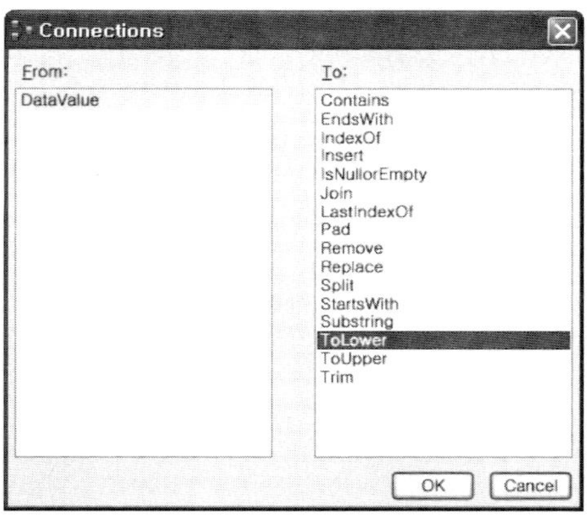

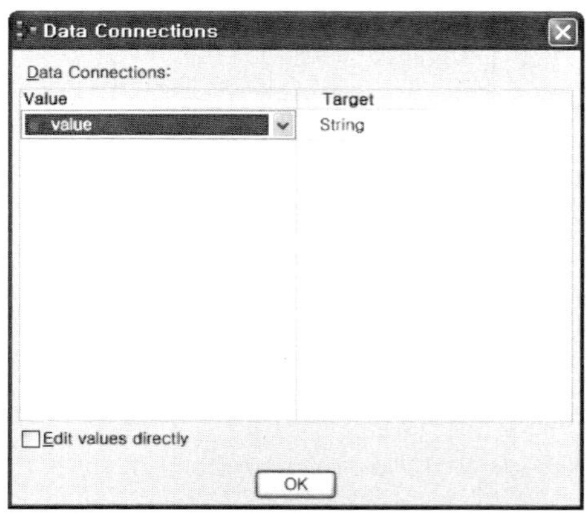

22. ToLower를 수행하는 Text Functions 서비스의 출력단자를 Calculate 액티버티의 입력단자에 연결한다. 이때 나타나는 Connections 창의 From: 항목을 "ToLower-success"를 선택하고 OK 버튼을 누른다. Calculate 액티버티의 텍스트 박스에 ""ToLower:"+ToLower"를 입력한다. 이때 "ToLower:"를 입력하고 "+"를 입력하면 드래그 드롭에서 "ToLower"를 선택하면 된다.

[ToUpper 설정]

23. Data 액티버티의 출력단자를 열한 번째 Text Functions 서비스의 입력단자에 연결한다. 이때 나타나는 Connections 창의 To: 항목에서 "ToUpper"를 선택하고 OK 버튼을 누른다. 이어서 나타나는 Data Connections 창에서 String의 Value 항목에 "value"를 입력한다. 문자열을 구성하는 모든 문자를 대문자로 변환한다.

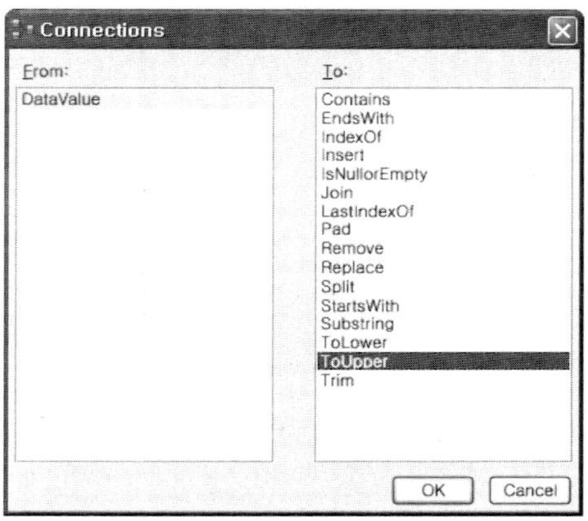

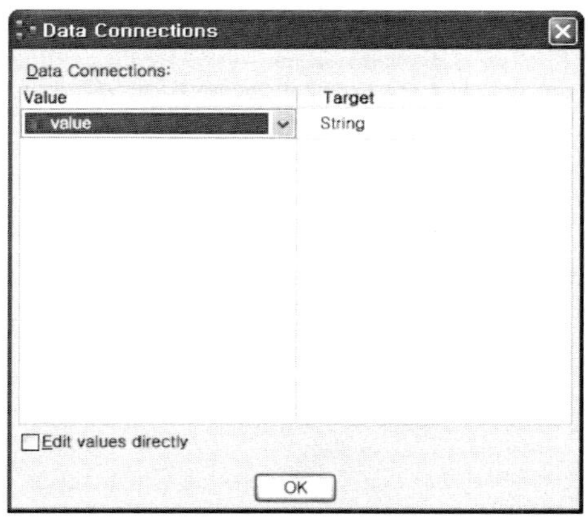

24. ToUpper를 수행하는 Text Functions 서비스의 출력단자를 Calculate 액티버티의 입력단자에 연결한다. 이때 나타나는 Connections 창의 From: 항목을 "ToUpper-success"를 선택하고 OK 버튼을 누른다. 이어서 Calculate 액티버티의 텍스트 박스에 ""ToUpper"+ToUpper"를 입력한다. 이때 "ToUpper:"를 입력하고 "+"를 입력하면 드래그 드롭에서 "ToUpper"를 선택하면 된다.

25. 11개의 Calculate 액티버티의 출력을 Merge 액티버티의 입력단자에 연결한다. Merge 액티버티의 출력단자를 Log 서비스의 입력단자에 "LogInfo" 속성으로 연결한다.

:: [실행결과]

이제까지 작성한 다이어그램을 저장하고 실행하면 다음과 같다.

5.6 Math Functions

5.6.1 Math Functions의 기능

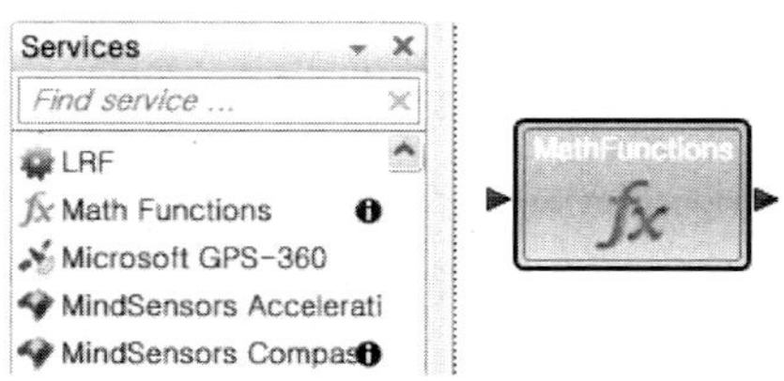

Math Functions 서비스는 보통 수학적인 연산을 수행하는 함수들을 제공한다. Math Functions 서비스의 기능은 다음과 같다.

선택기능	설명
ArcCosine	아크 코사인 각도를 계산한다.
ArcSine	아크 사인 각도를 계산한다.
ArcTangent	아크 탄젠트 각도를 계산한다.
ArcTangent2	두 수의 탄젠트 연산 각도를 계산한다.
Cosine	코사인 값을 계산한다.
Exponent	e제곱승을 계산한다.
Logarithm	로그값을 계산한다.
PiandE	pi값과 e값을 계산한다.
Random	0.0에서 1.0사이의 임의의 수를 계산한다.
Round	배정도 실수를 지정한 정확도로 반올림한다.
Sine	사인 값을 계산한다.
Square Root	제곱근을 계산한다.
Tangent	탄젠트 값을 계산한다.
ToDegree	라디안을 각도로 변환한다.
ToRadian	각도를 라디안으로 변환한다.
Truncate	실수에서 소수부분을 자르고 정수부분만 반환한다.

5.6.2 반올림하기

본 단원에서는 입력된 수의 제곱근을 구한 후, 그 값에 "10"을 곱한 결과를 반올림해서 정수로 변환하는 예제를 작성한다. 입력 값 "75"를 다음과 같은 절차를 거쳐서 처리한다.

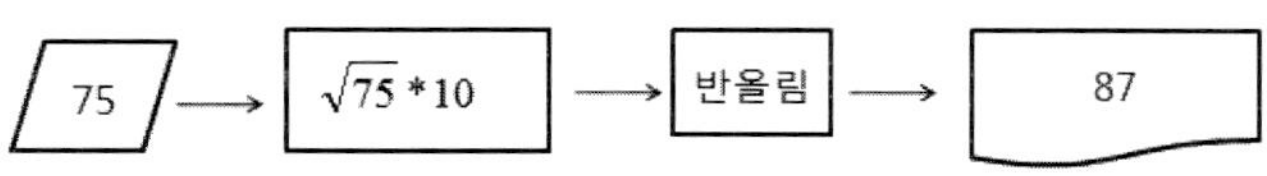

Math Functions 서비스를 사용하여 값을 처리하는 다이어그램은 다음과 같다.

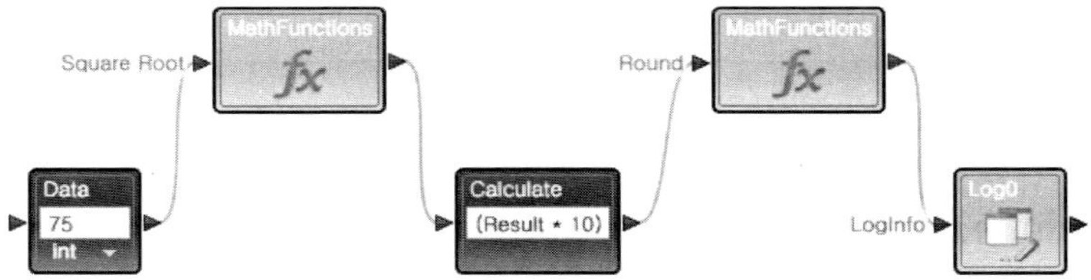

:: [다이어그램 구성]

1. 한 개의 Data 액티버티, 두 개의 Math Functions 서비스, 한 개의 Calculate, 한 개의 Log 서비스를 다이어그램에 추가한다.
2. Data 액티버티에 변환할 값 "75"를 int 형으로 입력한다. Data 액티버티의 출력단자를 첫 번째 Math Functions 서비스의 입력단자에 연결하면 나타나는 Connections 창의 To: 항목을 "Square Root"로 선택한다. 이어서 나타나는 Data Connections 창에서 "A"의 Value 항목을 "value"로 설정한다.

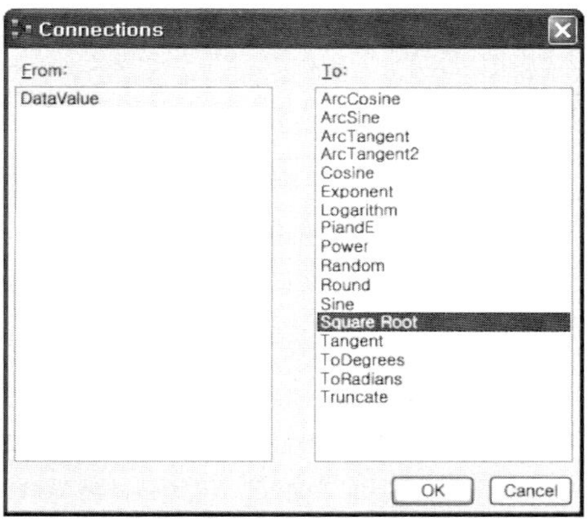

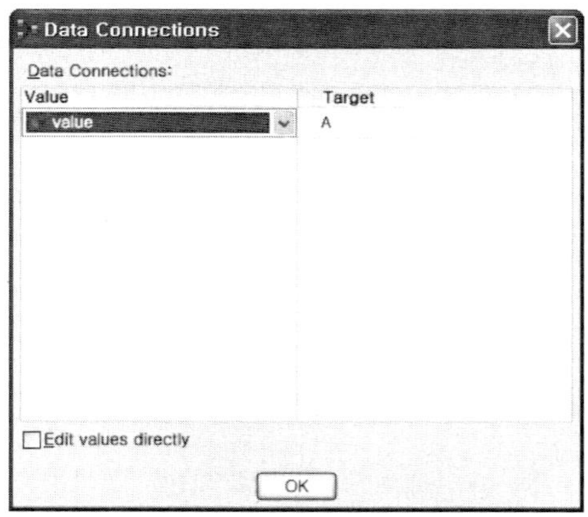

3. Math Functions 서비스의 출력단자를 Calculate 액티버티의 입력단자에 연결하면 나타나는 Connections 창의 From: 항목을 "Square Root-Success"로 선택한다. Calculate 액티버티의 텍스트 박스에 "(Result * 10)"을 입력한다.

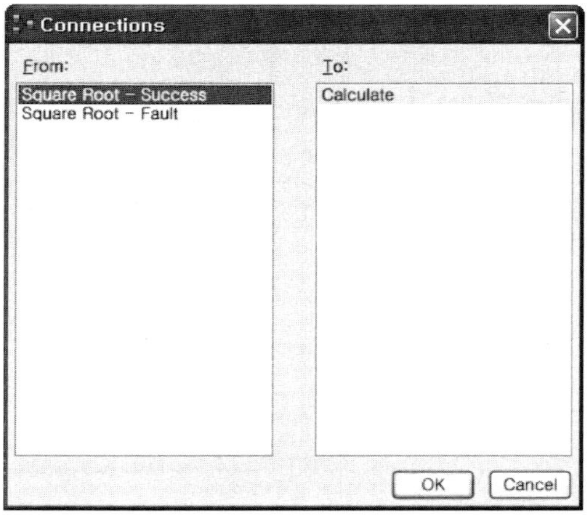

4. Calculate 액티버티의 출력단자를 두 번째 Math Functions 서비스의 입력단자에 연결하면 나타나는 Connections 창의 To: 항목을 "Round"로 선택한다. 이어서 나타나는 Data Connections 창에서 Value와 Digits의 Value 항목을 "value"와 "0"으로 각각 설정한다. Digits는 소수점 이하의 자리수를 나타낸다. 본 예제에서는 실수를 정수로 변환하므로 "0"으로 설정하여야 한다.

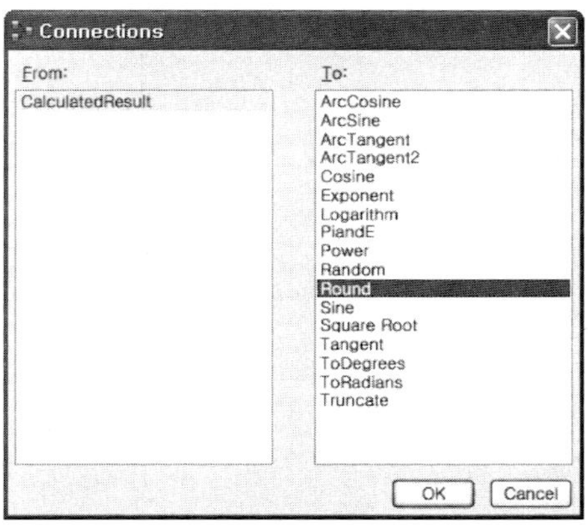

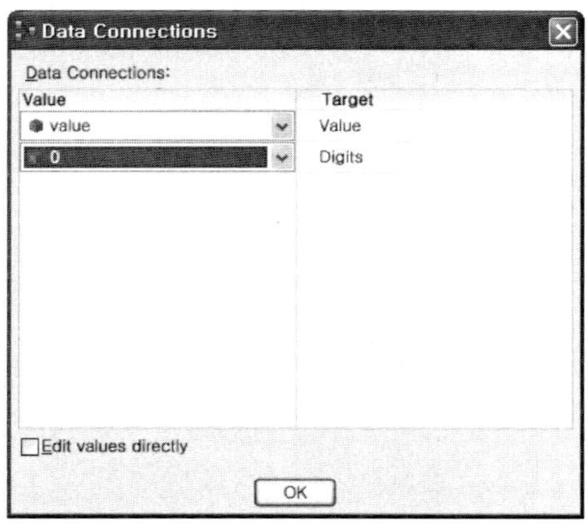

5. 두 번째 Math Functions 서비스의 출력단자를 Log 서비스에 연결하면 나타나는 Connections 창에서 From: 항목은 Round-Success, To: 항목은 "LogInfo"를 선택하고 OK 버튼을 누른다. 이어서 나타나는 Data Connections 창에서 Message, Category의 Value 항목을 "Result", "null"로 각각 설정한다.

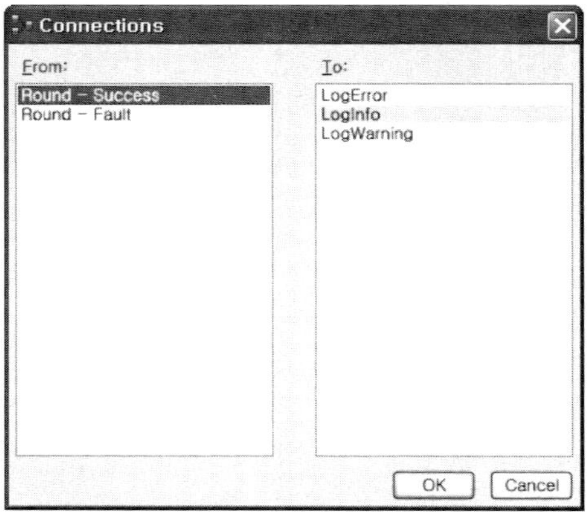

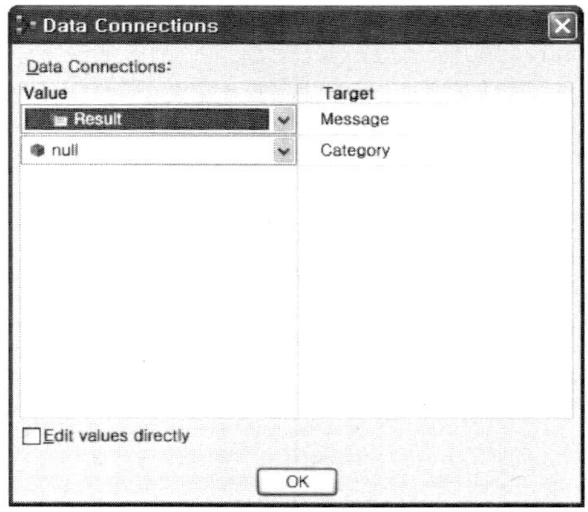

:: [실행결과]

이제까지 작성한 다이어그램을 저장하고 실행하면 다음과 같다.

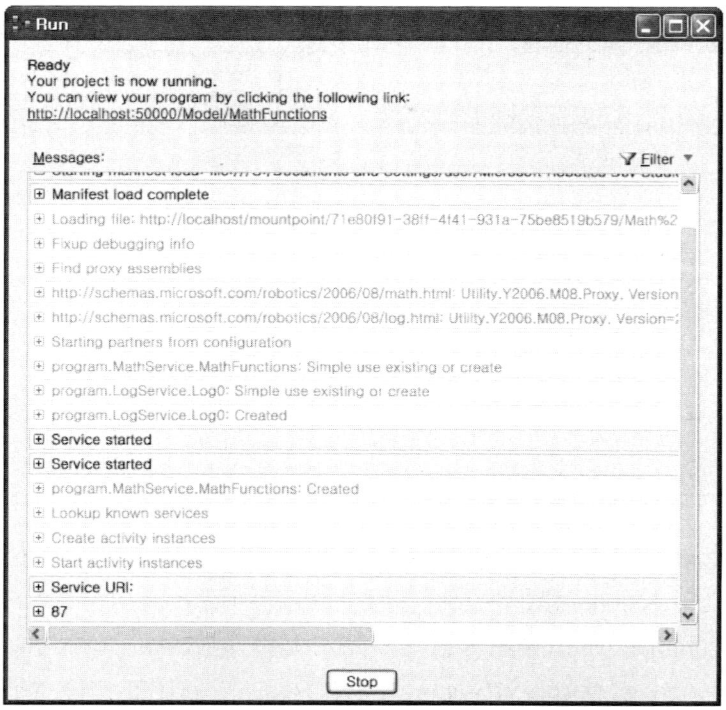

5.7 Sound Player

5.7.1 Sound Player의 기능

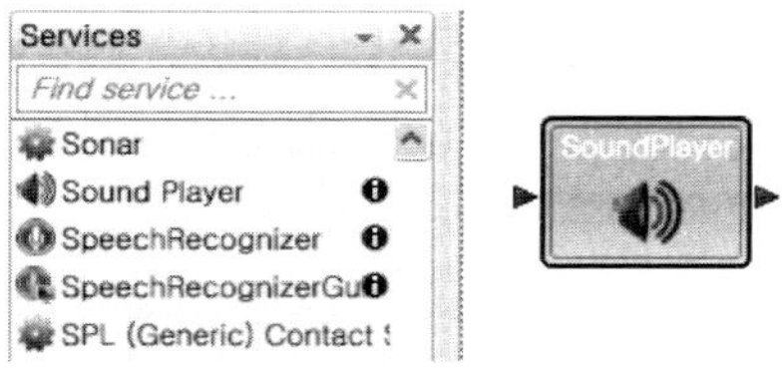

Sound Player 서비스는 wav 사운드 파일이나 윈도우시스템 사운드를 플레이한다.

Sound Player 서비스는 선택기능에 따라 다음과 같은 사운드를 플레이한다.

선택기능	설명
AsteriskSound	Asterisk 윈도우 사운드를 플레이한다.
Beep	Beep 윈도우 사운드를 플레이한다.
CriticalStopSound	Critical Stop Sound 윈도우 사운드를 플레이한다.
ExclamationSound	Exclamation Sound 윈도우 사운드를 플레이한다.
QuestionSound	Question Sound 윈도우 사운드를 플레이한다.
PlaySound	wav파일을 플레이한다.

5.7.2 윈도우 사운드 플레이하기

본 단원에서는 윈도우 사운드에서 일반 메시지 알림 사운드를 Sound Player 서비스로 플레이하여 본다. AsteriskSound 기능을 사용하여 메시지 알림 사운드를 출력하는 다이어그램은 다음과 같다.

:: [다이어그램 구성]

1. Data 액티버티와 Sound Player 서비스를 각각 한 개씩 다이어그램에 추가한다.
2. Data 액티버티는 특별한 의미 없이 사용되며, 연결을 통하여 Sound Player 서비스의 기능을 설정하는 데 사용된다. Data 액티버티의 텍스트 박스에는 어떠한 값을 입력하여도 좋다. Data 액티버티의 출력단자를 Sound Player 서비스의 입력단자에 연결하면 Connections 창이 나타난다. To: 항목에서 "AsteriskSound"를 선택하고 OK 버튼을 누른다. 이어서 나타나는 Data Connections 창에서 Synchronous의 Value 항목을 "false"로 설정한다. 서비스가 사운드 플레이를 시작한 후 즉시 응답을 보내고자 할 때는 "false"로 설정하고, 사운드가 완성될 때까지 응답을 보내지 않을 때는 "true"로 설정한다.

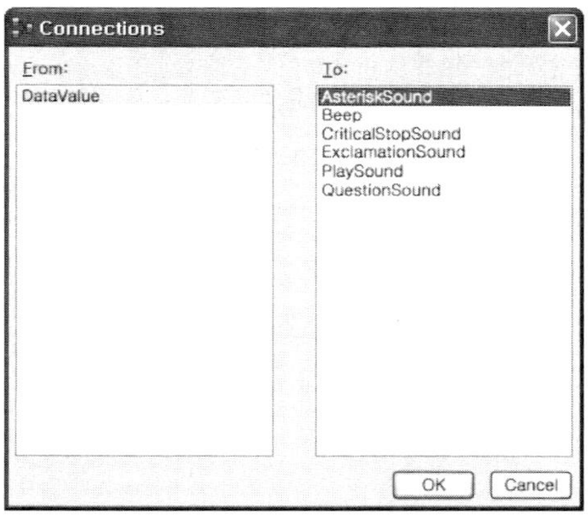

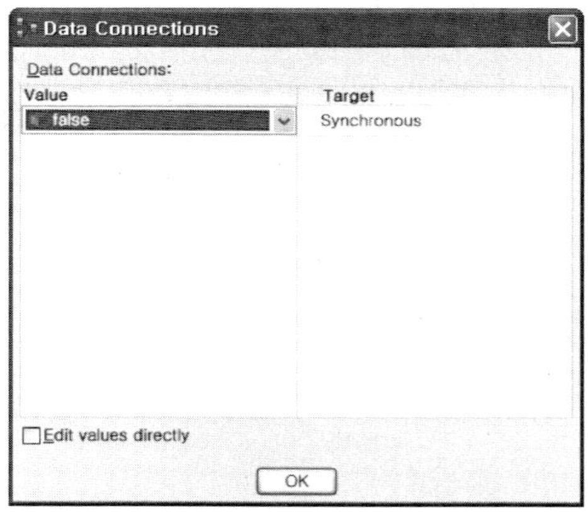

:: [실행결과]

다이어그램을 저장한 후, F5 키를 눌러 실행시키면 윈도우 사운드의 일반메시지 사운드가 플레이된다.

5.7.3 wav파일 플레이하기

본 예제에서는 wav 오디오 파일을 Sound Player 서비스로 플레이한다. 다이어그램을 작성하기 전에 부록 CD에 있는 Trumpet.wav 파일을 C:₩에 복사한다.

PlaySound 기능을 사용하여 Trumpet.wav 파일을 플레이하는 다이어그램은 다음과 같다.

:: [다이어그램 구성]

1. Data 액티버티와 Sound Player 서비스를 각각 1개씩 다이어그램에 추가한다.
2. Data 액티버티의 텍스트 박스에는 플레이하고자 하는 "C:₩Trumpet.wav" 오디오 파일명을 문자열로 입력한다. Data 액티버티의 출력단자를 Sound Player 서비스의 입력단자에 연결하면 Connections 창이 나타난다. To: 항목에서 "PlaySound"를 선택하고 OK 버튼을 누른다. 이어서 나타나는 Data Connections 창에서 Filename과 Synchronous의 Value 항목을 "value"와 "false"로 각각 설정한다.

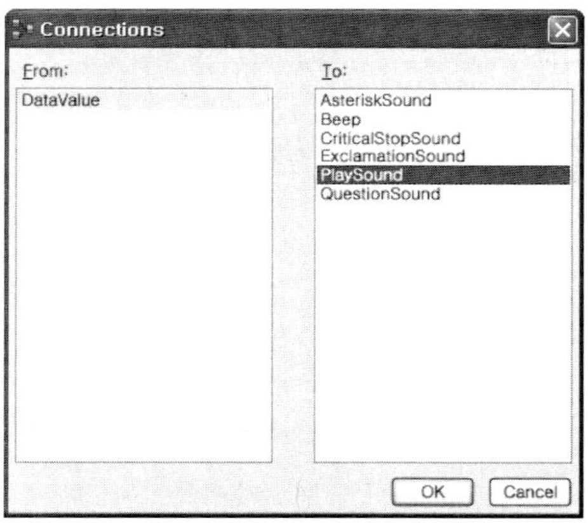

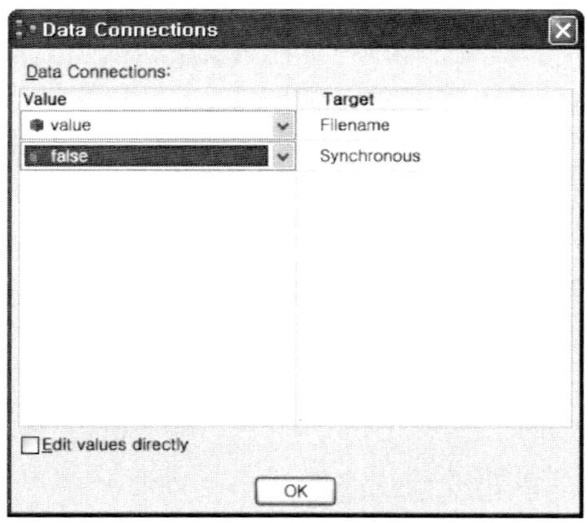

:: [실행결과]

다이어그램을 저장한 후, F5 키를 눌러 실행시키면 트럼펫연주가 흘러나온다.

5.8 Timer

5.8.1 Timer의 기능

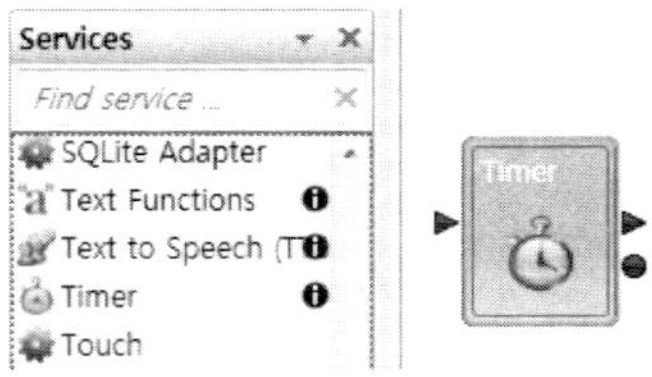

Timer 서비스는 현재 시간을 제공하거나 다음 수행을 일정 시간 지연시키는 기능을 제공한다.

선택기능	설명
GetCurrentTime	현재의 날짜와 시간을 전달한다.
SetTimer	타이머를 설정한다.
Tick	매초마다 알림을 반환한다
TimerComplete	SetTimer의 설정값을 반환한다.
Wait	수행을 지정된 시간만큼 지연시킨다.

5.8.2 현재의 날짜와 시간 출력하기

Timer 서비스의 GetCurrentTime 기능은 현재의 날짜와 시간을 제공한다. GetCurrentTime 기능을 활용하여 현재의 날짜와 시간을 출력하는 기본 예제는 다음과 같다.

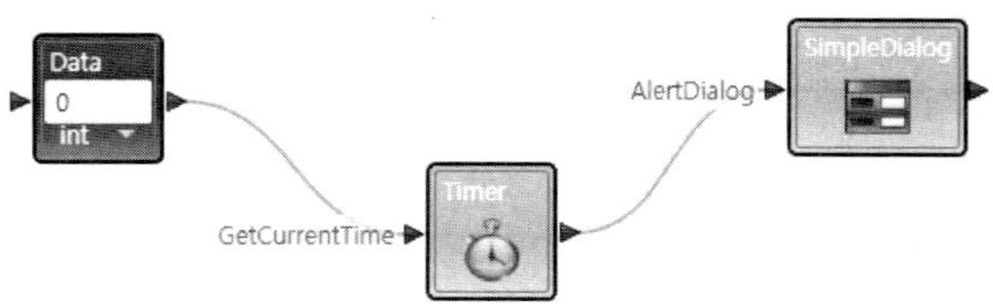

:: [다이어그램 구성]

1. 다이어그램에 Data 액티비티와 Timer 서비스를 추가한다.
2. Data 액티비티는 특별한 의미 없이 사용되며, 연결을 통하여 Timer 서비스의 "GetCurrentTime" 기능을 설정하기 위하여 사용된다. 따라서 Data 액티비티의 입력 값에는 기본값 0을 입력해 놓는다. Data 액티비티와 Timer 서비스를 연결한다. 표시되는 Connections 창의 To: 항목을 "GetCurrentTime"으로 설정한다. GetCurrentTime 기능을 사용할 때에는 별도의 값을 전달할 필요가 없기 때문에 Data Connections 창은 표시되지 않는다.

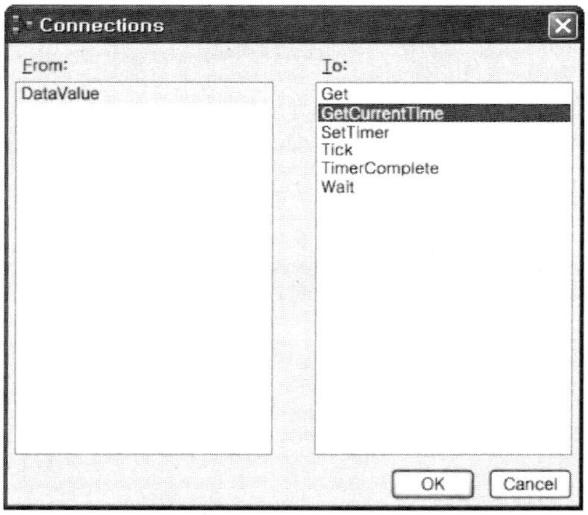

3. 현재 시간을 출력하기 위해 서비스 툴 박스에서 Simple Dialog 서비스를 추가한다. Timer 서비스의 출력단자와 Simple Dialog 서비스를 연결한다. 값을 출력할 것이기 때문에 Connections 창에서 "AlertDialog" 기능을 선택한다. GetCurrentTime 기능은 출력값을 Time이라는 이름의 변수로 넘겨주므로 Data Connections 창에서 Value 항목을 "Time"으로 선택해 준다.

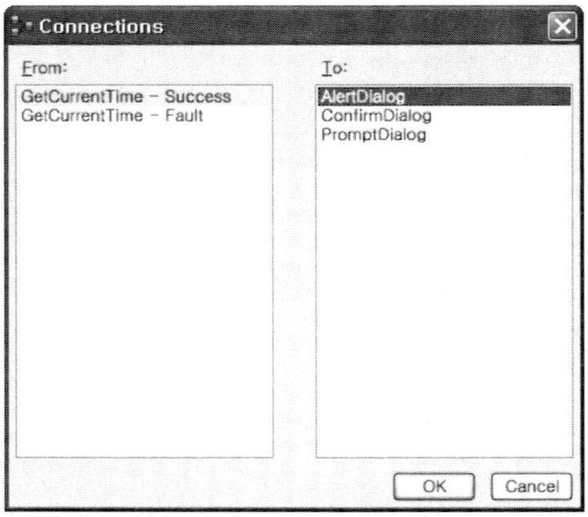

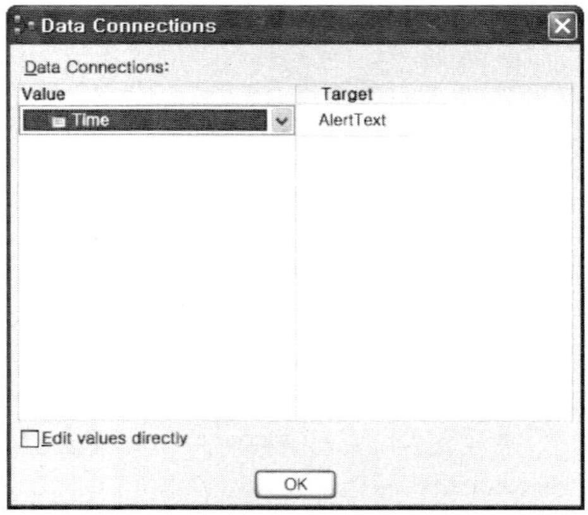

:: [실행결과]

다이어그램을 저장한 후, F5 키를 눌러 실행시키면 다음과 같이 현재의 날짜와 시간이 출력되는 것을 볼 수 있을 것이다.

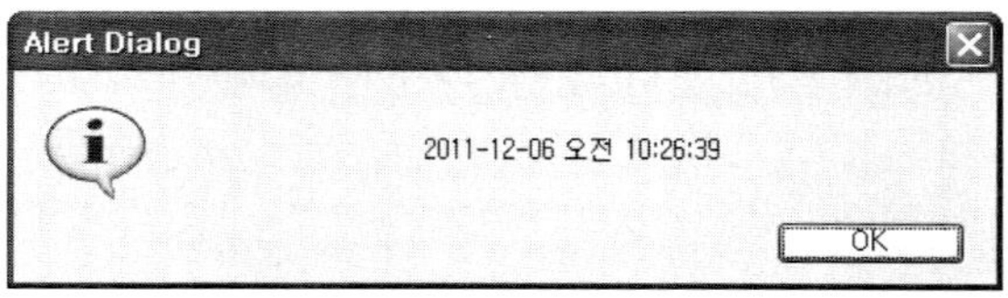

5.8.3 Wait 예제

Timer 서비스의 Wait 기능은 지정된 시간만큼 프로세스 실행을 지연시키는 기능을 제공한다. Wait 기능을 활용하여 5초 후에 메시지를 출력하는 기본 예제는 다음과 같다.

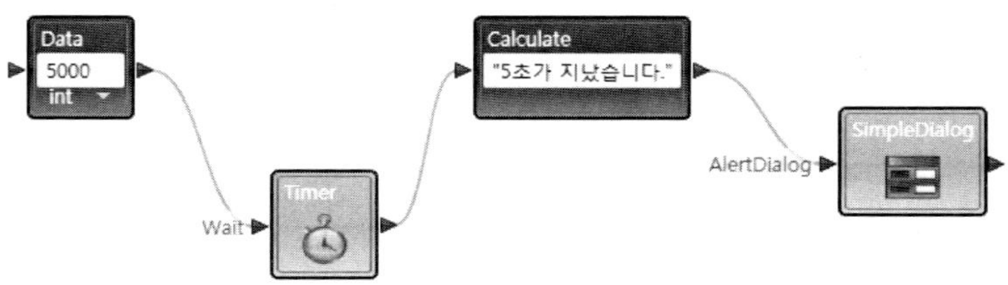

:: [다이어그램 구성]

1. 다이어그램에 Data 액티버티와 Timer 서비스를 추가한다.
2. Data 액티버티에 실행을 지연시키고자 하는 시간(밀리초) 값을 입력한다. 1000이 1초를 의미하므로, 5000을 지정하면, 5초간 실행이 지연됨을 의미한다.
3. Data 액티버티와 Timer 서비스를 연결한다. Connections 창의 To: 항목을 "Wait"로 설정한다. Wait 기능은 매개변수로 Interval 값을 필요로 하므로 Data Connections 창에서 Interval에 "value"를 선택한다.

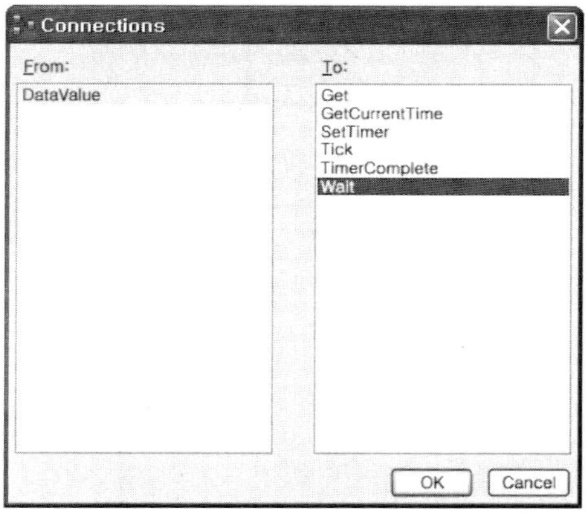

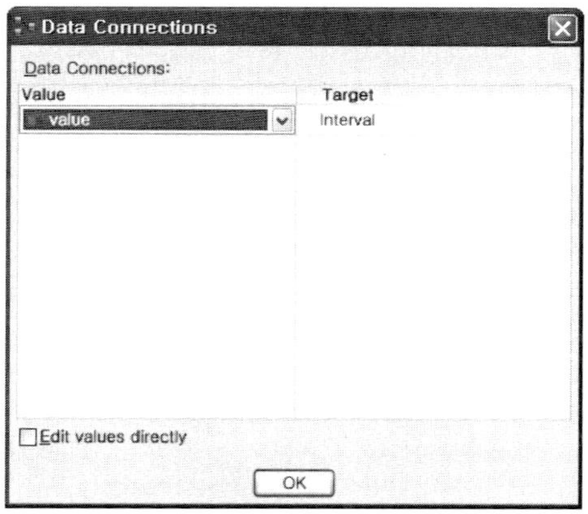

4. Calculate 액티버티를 추가한 후, 텍스트 박스에 "5초가 지났습니다."라는 값을 입력한다. Timer 서비스의 출력단자와 Calculate 액티버티를 연결한다.

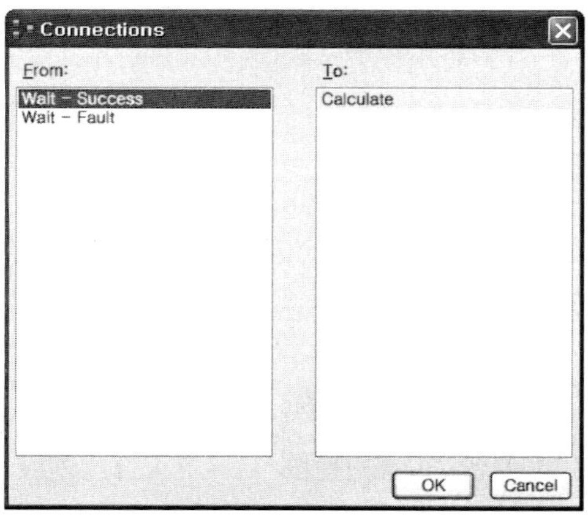

5. Calculate 값을 출력하기 위해 Simple Dialog 서비스를 추가한 후, AlertDialog 기능을 이용해 값을 출력시킨다.

:: [실행결과]

다이어그램을 저장한 후, F5 키를 눌러 실행시키면 5초 후에 다음과 같이 메시지가 출력되는 것을 볼 수 있다.

5.9 URL Launcher

5.9.1 URL Launcher의 기능

URL Launcher 서비스는 웹브라우저 창에 입력된 URL에 접근하여 해당 페이지를 연다.

5.9.2 웹페이지 열기

본 단원에서는 MSRDS의 VPL을 학습할 때 많이 참조하는 카페의 웹페이지를 URL Launcher로 열어본다.

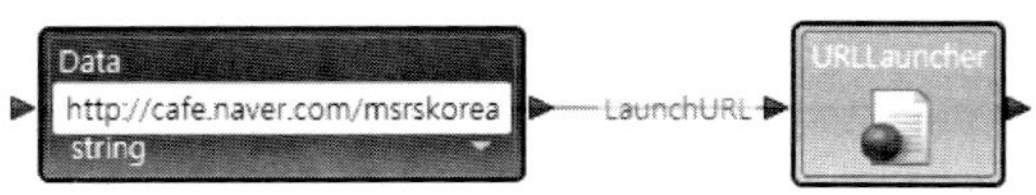

:: [다이어그램 구성]

1. Data 액티비티와 URL Launcher 서비스를 다이어그램에 추가한다.
2. Data 액티비티의 텍스트 박스에 문자열 "http://cafe.naver.com/msrskorea"를 입력하고 출력단자를 URL Launcher 서비스의 입력단자에 연결한다. Data Connections 창에서 URL의 Value 항목을 "value"로 설정한다.

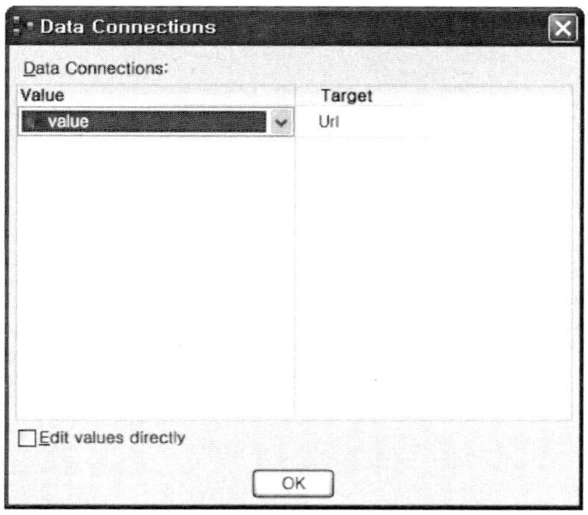

:: [실행결과]

다이어그램을 저장한 후, F5 키를 눌러 실행시키면 다음의 웹사이트가 브라우저에 나타난다.

5.10 Text To Speech (TTS) 서비스

5.10.1 TTS의 기능

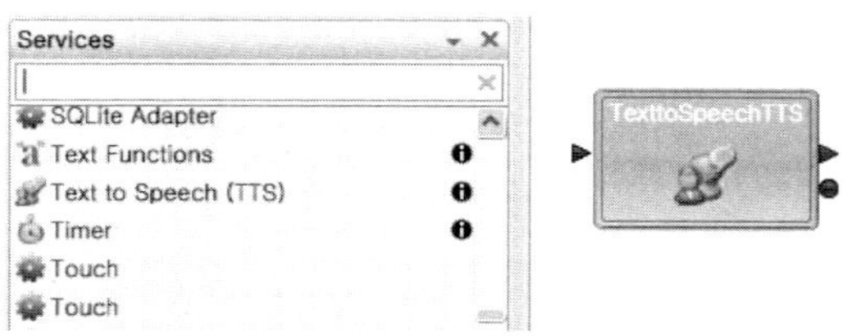

TTS 서비스는 음성으로 사용자에게 들려준다. 이것은 언어 인식기를 사용하기 때문에 가능하다. TTS는 다음의 선택기능을 갖는다.

선택기능	설명
SayText	설정한 텍스트를 음성으로 들려준다.
SayTextSynchronous	TTS로부터 응답을 받을 때까지 프로그램의 다음 수행을 멈춘다.
SetRate	말의 속도(-10~10)를 설정한다.
SetVolume	음성의 볼륨(0~100)을 설정한다.
SetVoice	스피커의 목소리를 선택한다.

TTS 서비스가 실행중일 때 웹브라우저 창에 다음의 주소를 입력하면 마지막으로 TTS를 사용할 때 설정한 상태의 TTS의 웹페이지를 볼 수 있다.

```
http://localhost:50000/texttospeech
```

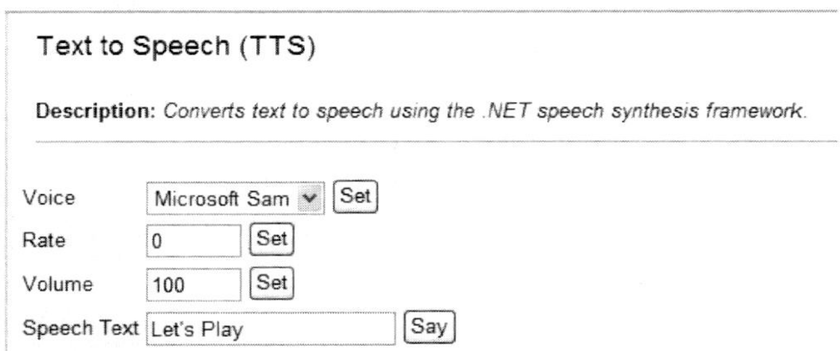

웹페이지에서 설정값을 변경 후에 Say 버튼을 눌러 실행해 볼 수 있다.

5.10.2 SayText를 사용한 음성 출력

단원 5.8.3의 예제에서 출력을 음성으로 출력하여 보자. Simple Dialog 자리에 TTS 서비스를 대체한다. 출력할 음성은 영문만 지원된다.

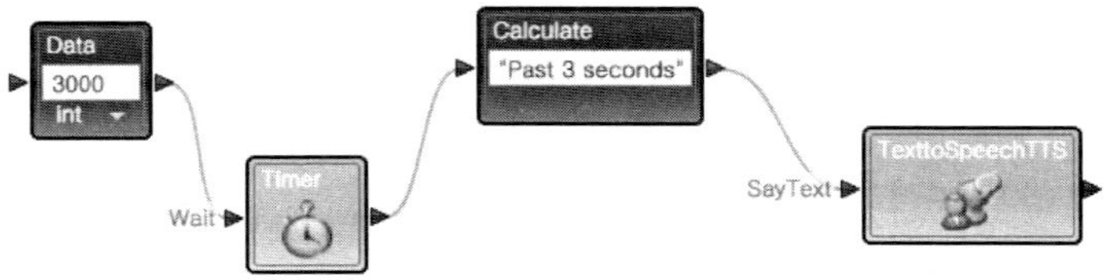

:: [다이어그램 구성]

1. Simple Dialog 서비스를 TTS 서비스로 대체한다. 출력할 음성은 영문만 지원되므로 한글을 영문으로 변환한다.
2. Calculate 액티버티와 TTS 서비스를 연결하면 Connections 창이 나타난다. To: 항목에서 "SayText"를 선택한다. 이어서 나타나는 Data Connections 창에서 Value 항목을 "value"로 설정한다.

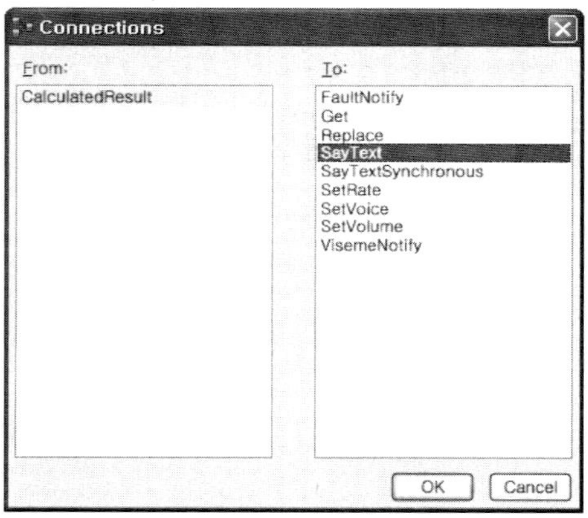

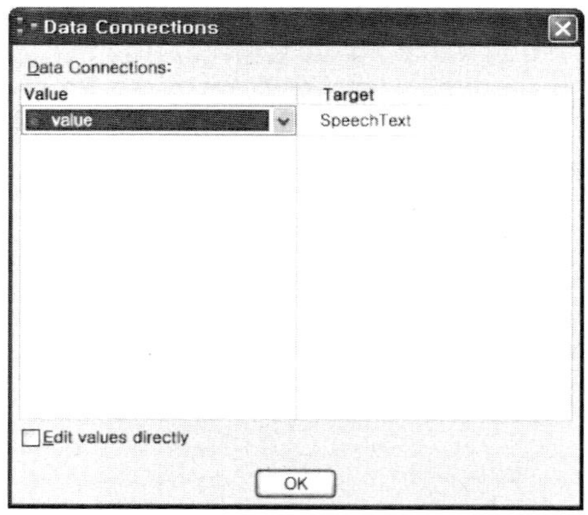

:: [실행결과]

다이어그램을 저장한 후, F5 키를 눌러 실행시키면 3초 후에 "past 3seconds"를 읽어준다.

5.10.3 SayTextSynchronous를 사용한 예제

단원 5.7.3의 예제에서 wav 오디오 파일을 Sound Player 서비스로 플레이하기 "Let's Play"라는 멘트를 추가하고자 한다.

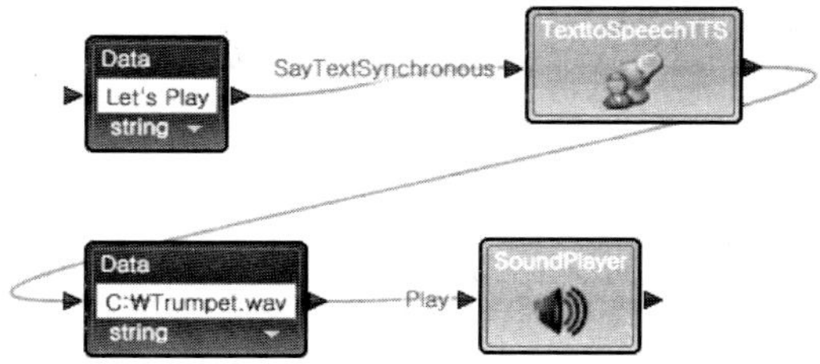

:: [다이어그램 구성]

1. 단원 5.7.3에서 작성한 다이어그램 앞에 Data 액티버티와 TTS 서비스를 추가한다. Data 액티버티에 문자열로 "Let's Play"를 입력한다. Data 액티버티를 TTS 서비스에 연결한다.
2. Connections 창이 나타나면 To: 항목에서 "SayTextSynchronous"를 선택한다. 이어서 나타나는 Data Connections 창에서 Value 항목을 "value"로 설정한다. TTS의 출력을 단원 5.7.3에서 작성한 다이어그램에 연결한다. 속성 SaytextSynchronous는 TTS 서비스의 수행 완료 후에 응답을 다음 단계로 전달하므로 음성 출력에 이어서 트럼펫 사운드를 플레이하게 된다. 만일 속성 SayText를 사용하면 음성 출력과 트럼펫 사운드의 시작부분이 겹쳐서 출력되므로 연결이 부드럽지 않다.

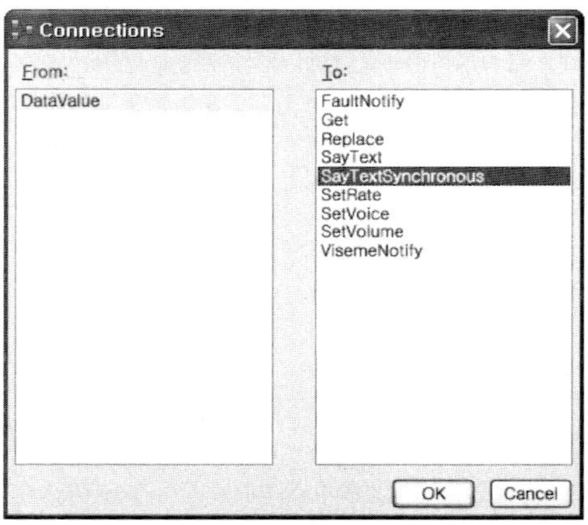

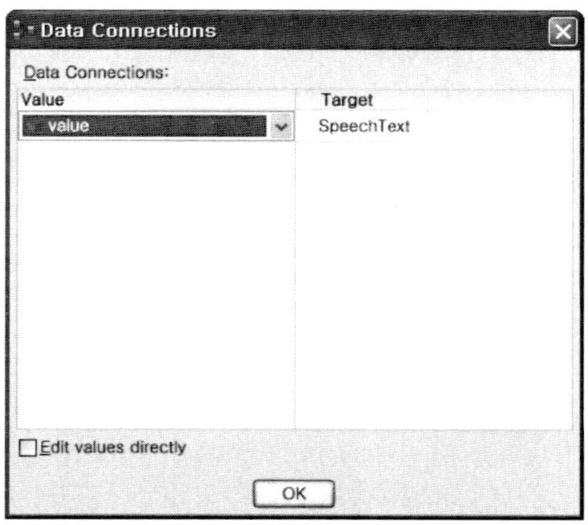

:: [실행결과]

다이어그램을 저장한 후, F5 키를 눌러 실행시키면 "Let's Play"의 음성이 나온 후에 트럼펫 소리가 들린다.

제 6 장

모듈화

6.1 Add Diagram

6.1.1 Add Diagram의 기능

이제까지는 한 개의 다이어그램만 사용하여 프로그램을 작성하였다. 한 개의 다이어그램만으로 작성하기에 복잡하거나 다이어그램의 해석 및 관리를 용이하게 할 수 있도록 기능별로 분리하여 작성하고자 할 때, 여러 개의 다이어그램을 작성하면 된다. 현재의 다이어그램에서 새로운 다이어그램을 추가할 때는 File 메뉴의 "Add Diagram" 항목을 선택한다.

6.1.2 버튼 사용하기

사용자의 입력을 받아서 그 값에 따라 다른 다이어그램으로 이동하는 프로그램을 작성하여 보자. "더하기", "빼기", "곱하기", "나누기" 버튼을 누르면 덧셈과 뺄셈 다이어그램이나 곱셈과 나눗셈 다이어그램으로 이동한다.

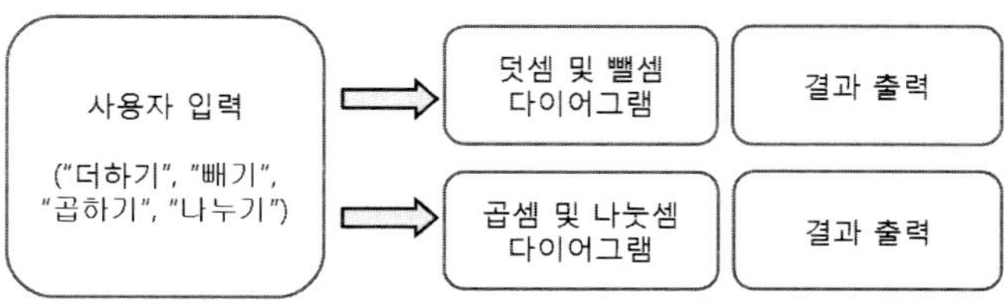

:: [다이어그램 구성]

1. 먼저 사용자의 입력을 받기 위하여 Flexible Dialog 서비스를 사용하여 버튼을 생성하여 보자. Flexible Dialog 서비스를 현재의 다이어그램(Diagram0)에 추가한다.

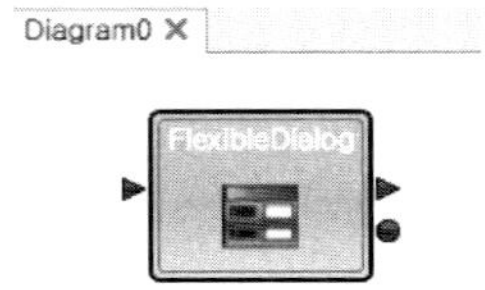

2. Flexible Dialog 서비스를 더블 클릭하여 FlexibleDialog 창을 연다. 그 창의 Set Configuration에서 "Set initial configuration"을 선택한다. Controls와 Buttons 항목에서 한 개의 레이블, 네 개의 버튼을 다음과 같은 다이얼로그로 정의한다. 네 개의 버튼의 Id에 각각 "add", "subtract", "multiply", "divide"를 입력한다.

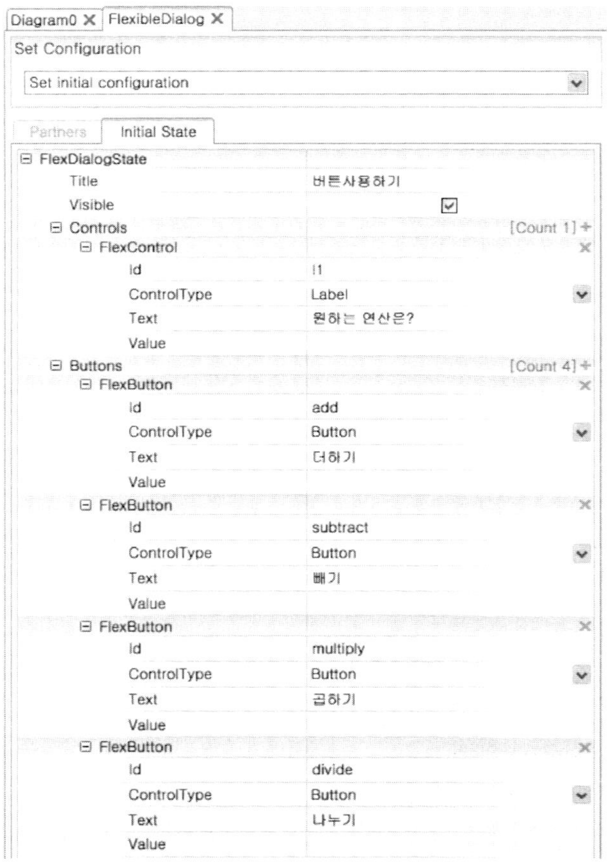

3. 다시 Diagram 0으로 되돌아와서 한 개의 If 액티버티, 두 개의 Data 액티버티와 Simple Dialog 서비스를 각각 추가한다.

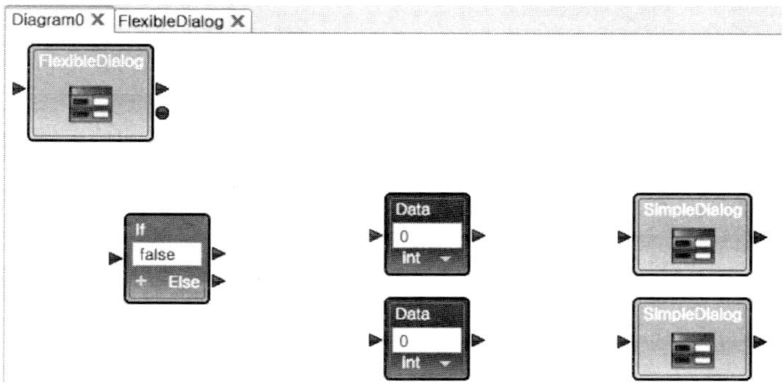

4. Flexible Dialog의 Notification 단자를 If 액티버티에 연결한다. 이때 나타나는 Connections 창의 From: 항목에서 "ButtonPress"를 선택한다. If 액티버티의 Add 버튼을 눌러서 텍스트 박스를 두 개로 늘린다. 두 개의 텍스트 박스에 각각 Id=="add"와 Id=="subtract"를 각각 입력한다. 2개의 Data 액티버티에는 "더하기 버튼을 선택하였군요!"와 "빼기 버튼을 선택하였군요!"를 입력하고 If 액티버티와 연결한다. 마지막으로 Data 액티버티를 Simple Dialog에 "AlertDialog" 속성으로 연결한다.

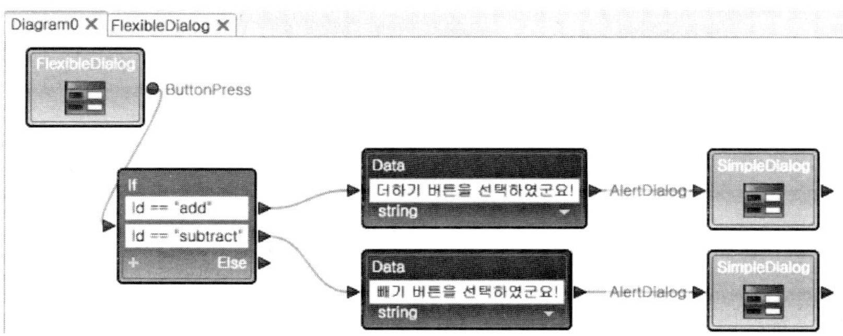

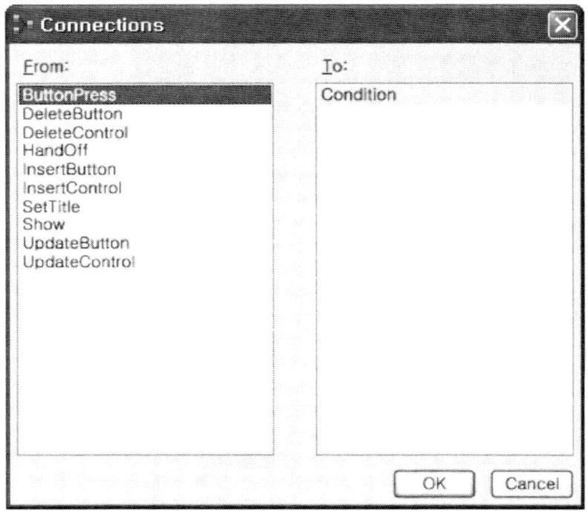

5. 현재의 다이어그램(Diagram 0)에서 새로운 다이어그램(Diagram 1)을 추가하기 위하여 File 메뉴의 "Add Diagram" 항목을 선택한다. 단계 3,4를 반복하여 다음과 같이 새로운 다이어그램을 완성한다. If 액티버티의 두 개의 텍스트 박스에 Id=="multiply"와 Id=="divide"를 각각 입력한다.

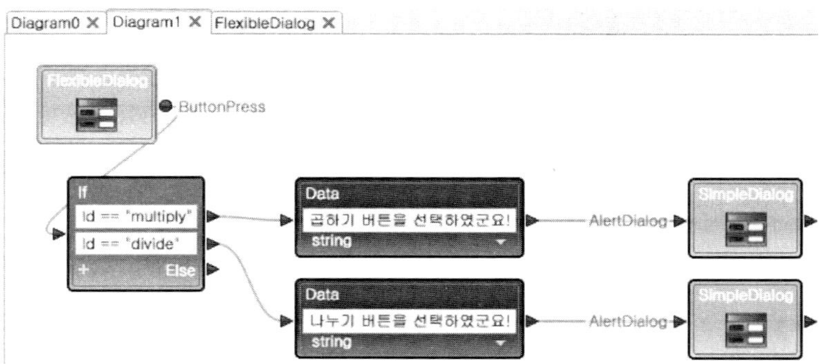

:: [실행결과]

다이어그램을 저장한 후, F5 키를 눌러 실행시키면 다음과 같이 버튼이 있는 창을 볼 수 있다. 연산을 위하여 해당하는 버튼을 누르면 그에 해당하는 내용이 Alert Dialog에 나타난다.

더하기 버튼을 누르면 다음의 창이 뜬다.

빼기 버튼을 누르면 다음의 창이 뜬다.

곱하기 버튼을 누르면 다음의 창이 뜬다.

나누기 버튼을 누르면 다음의 창이 뜬다.

6.1.3 사칙계산기

단원 6.1.2에서 배운 내용을 응용하여 간단한 사칙계산기를 만들어보자.

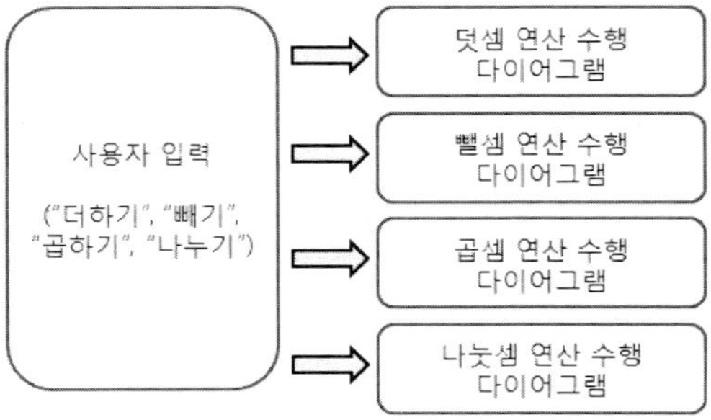

:: [다이어그램 구성]

1. 먼저 사용자의 입력을 받기 위하여 Flexible Dialog 서비스를 사용하여 버튼을 생성한다. Flexible Dialog 서비스를 현재의 다이어그램(Diagram0)에 추가한다.

2. Flexible Dialog 서비스를 더블 클릭하여 FlexibleDialog 창을 연다. 그 창의 Set Configuration에서 "Set initial configuration"을 선택한다. Controls와 Buttons 항목에서 한 개의 레이블, 네 개의 버튼을 다음과 같은 다이얼로그로 정의한다. 네 개의 버튼의 Id에 각각 "add", "subtract", "multiply", "divide"를 입력한다.

3. 다시 Diagram0으로 되돌아와서 한 개의 If 액티비티와 Join 액티비티, 세 개의 Calculate 액티비티와 Simple Dialog 서비스를 각각 추가한다.

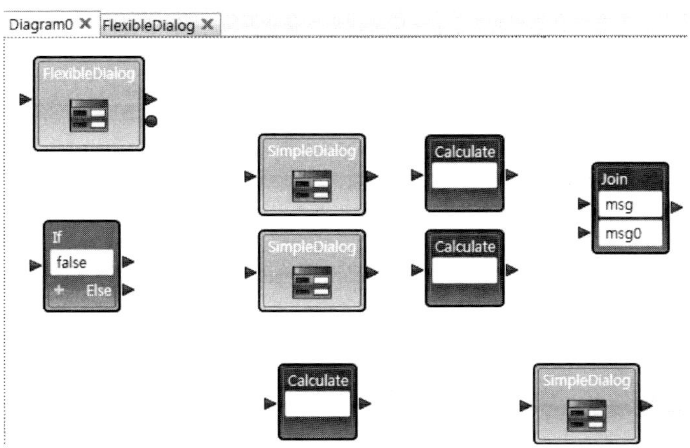

4. Flexible Dialog의 Notification 단자를 If 액티버티에 연결한다. 이때 나타나는 Connections 창의 From: 항목에서 "ButtonPress"를 선택한다. If 액티버티의 텍스트 박스에 "Id=="add""를 입력한다. If 액티버티와 Simple Dialog 서비스를 "PromptDialog" 속성으로 연결한다. Simple Dialog의 출력을 Calculate 액티버티에 연결하고, 텍스트 박스에는 "TextData"를 입력한다. Calculate 액티버티를 Join 액티버티에 연결하고, Join 액티버티를 Calculate 액티버티에 연결하며 텍스트 박스에는 "(float)msg+(float)msg0"를 입력한다. 마지막으로 Calculate 액티버티를 Simple Dialog서비스에 "AlertDialog" 속성으로 연결한다.

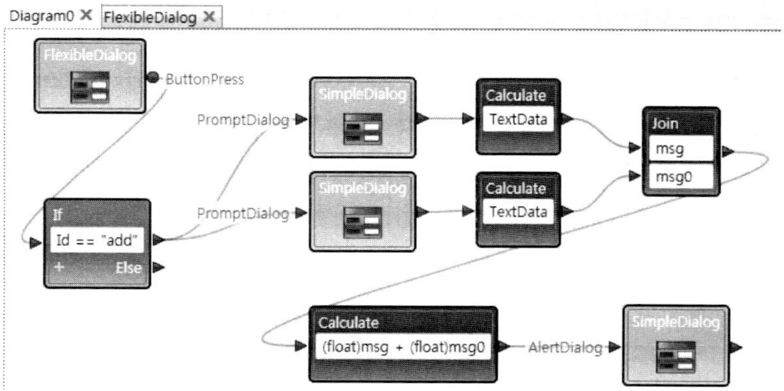

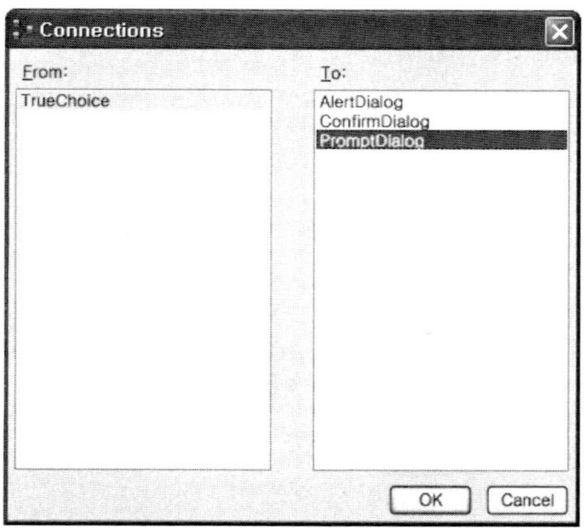

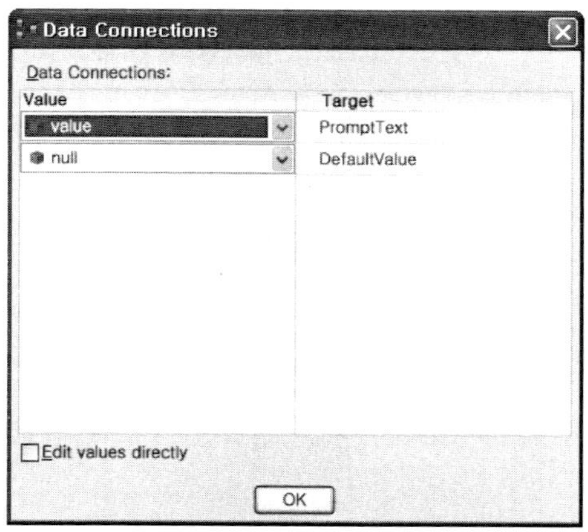

5. 이제 뺄셈 버튼이 눌려졌을 때 처리하는 과정을 작성하여 보자. File 메뉴의 Add Diagrams를 눌러서 새로운 다이어그램(Diagram1)을 생성한다. Diagram0에서 작성한 다이어그램을 복사하여 Diagram1에 붙여놓는다. If 액티버티의 텍스트 박스에 "Id=="subtract""를 입력하고 마지막 Calculate 액티버티의 텍스트 박스에 "(float)msg–(float)msg0"를 입력한다.

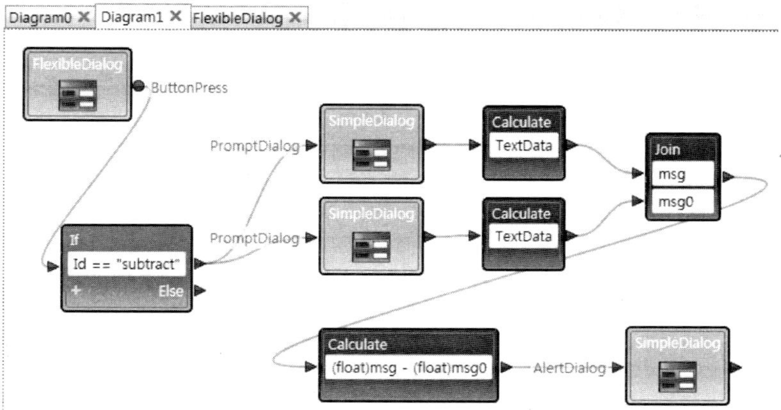

6. 곱셈 버튼이 눌려졌을 때 처리하는 과정은 단계 5와 같이 새로운 다이어그램(Diagram2)에서 If 액티버티의 텍스트 박스에 "Id=="multiply""를 입력하고 마지막 Calculate 액티버티의 텍스트 박스에 "(float)msg * (float)msg0"를 입력한다.

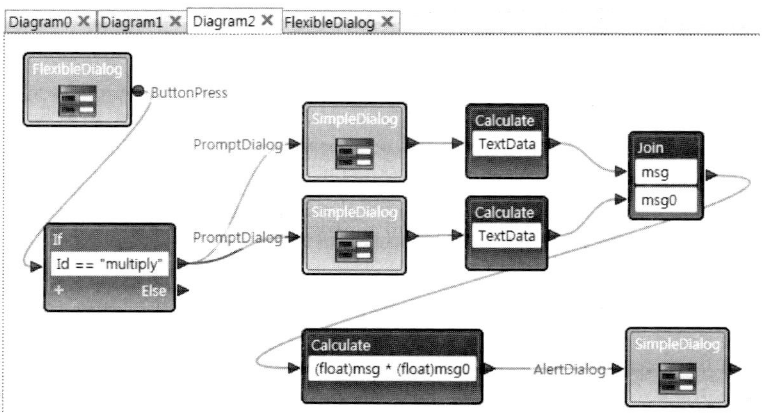

7. 나눗셈 버튼이 눌려졌을 때 처리하는 과정은 단계 5와 같이 새로운 다이어그램(Diagram3)에서 If 액티버티의 텍스트 박스에 "Id=="divide""를 입력하고 마지막 Calculate 액티버티의 텍스트 박스에 "(float)msg / (float)msg0"를 입력한다.

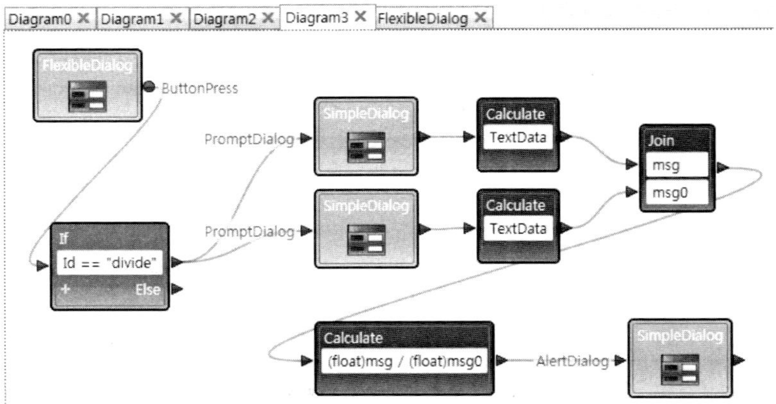

:: [실행결과]

다이어그램을 저장한 후, F5 키를 눌러 실행시키면 다음과 같은 창이 나타난다.

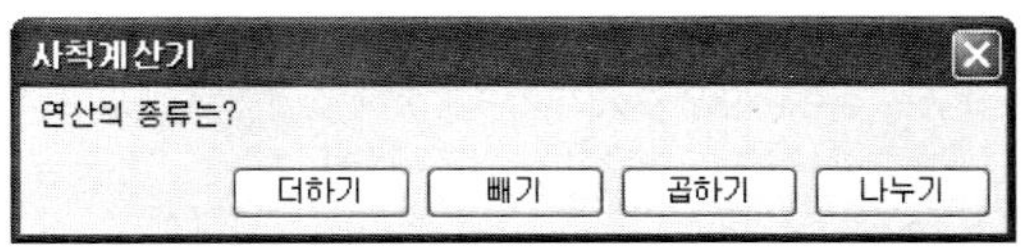

예를 들어 네 개의 연산 중에서 나누기 버튼을 누르면 두 개의 입력창이 뜬다. Prompt Dialog에 연산에 필요한 값을 입력하면 연산결과가 나타난다.

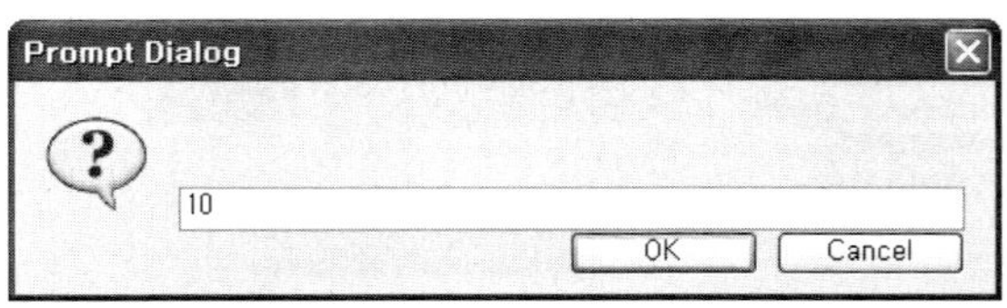

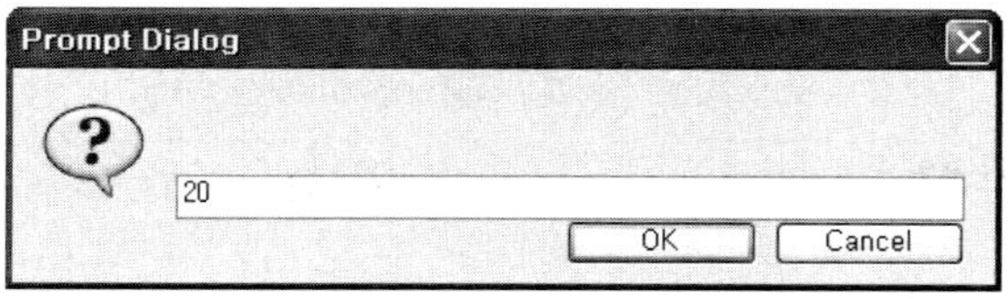

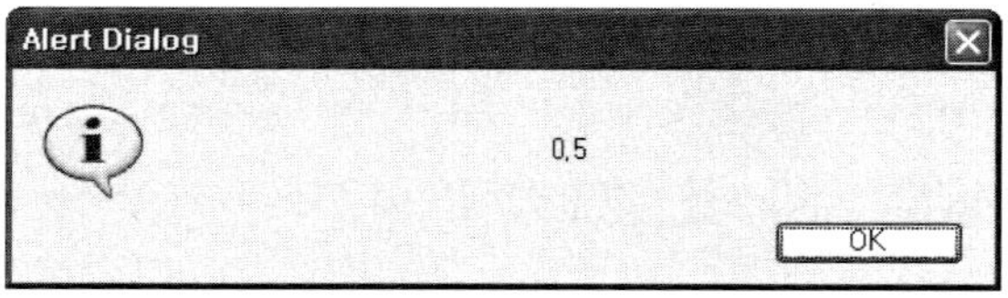

6.2 Activity 액티버티

6.2.1 Activity 액티버티의 기능

사용자 액티버티라고도 하는 Activity 액티버티는 다이어그램의 집합을 가질 수 있는 자신의 액티버티를 생성하는 데 사용한다. 다른 다이어그램에서 단일 블록으로 표현될 수 있는 다이어그램을 생성하는 데 사용할 수 있고 기본 액티버티와 같은 방법으로 사용된다. 큰 규모의 프로그램을 작성할 때 관리를 쉽게 하기 위하여 모듈별로 나누어서 작성한다. 모듈별로 프로그램을 작성할 때 Activity 액티버티가 사용된다.

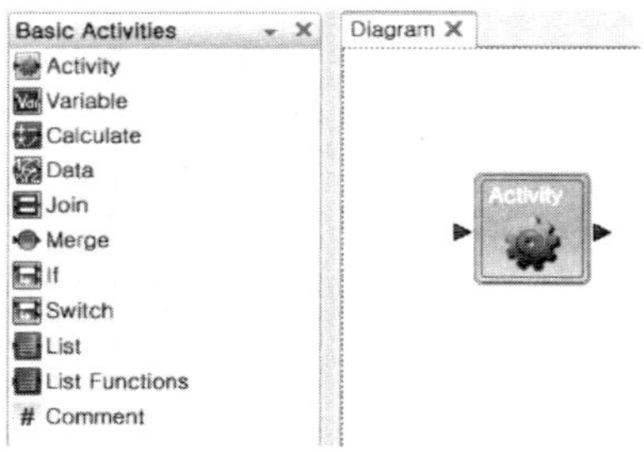

6.2.2 모듈화

다음 그림과 같이 버튼을 누르면, 1부터 100까지 더하여 출력하는 모듈을 호출하여 실행하는 다이어그램을 작성하여 보자.

:: [다이어그램 구성]

1. 다이어그램에 Flexible Dialog 서비스와 Activity 액티버티를 추가한다. Flexible Dialog 서비스를 더블 클릭하여 FlexibleDialog 창을 연다. 그 창의 Set Configuration에서 "Set initial configuration"을 선택한다. Controls와 Buttons 항목에서 한 개의 레이블, 한 개의 버튼을 다음과 같은 다이얼로그로 정의한다.

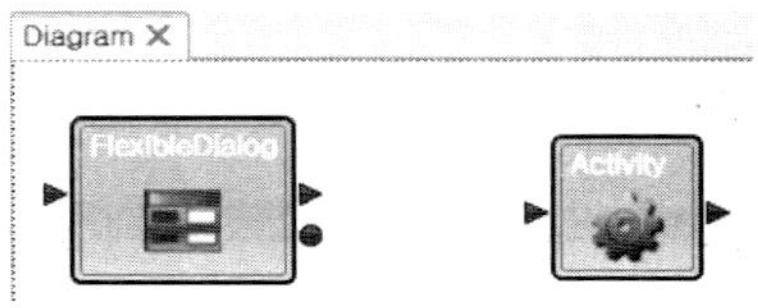

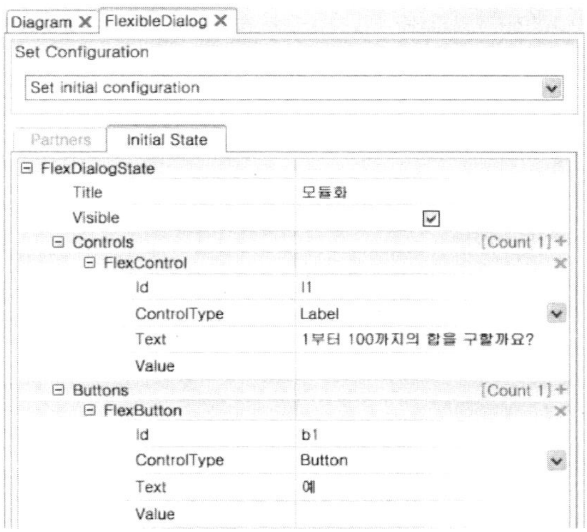

2. Activity 액티버티를 더블 클릭하면 다이어그램 Activity가 새로 생성되면서 그 다이어그램으로 이동하게 된다.

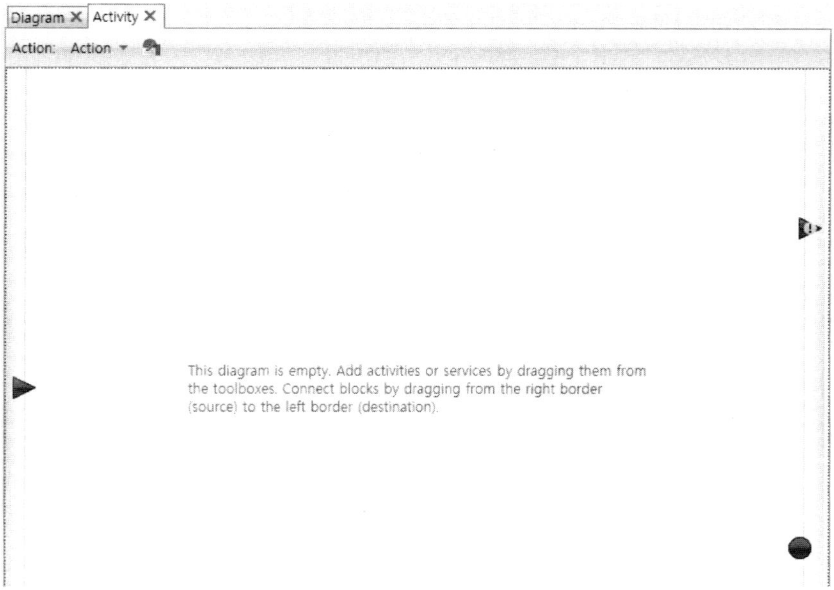

3. 1부터 100까지 합을 구하는 논리를 구현하기 위하여 새로 생성된 다이어그램 Activity에 다음과 같은 액티버티와 서비스들을 추가한다.

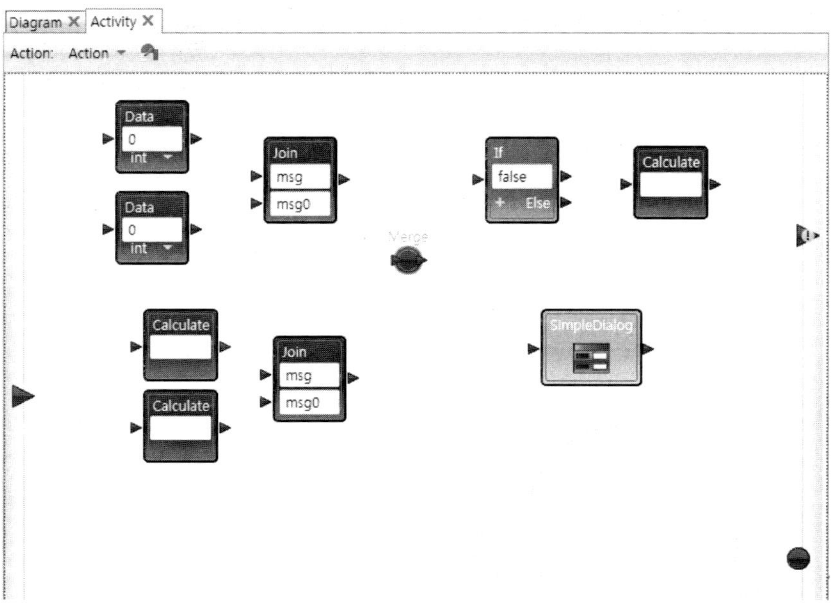

4. 초깃값 1부터 1씩 증가하여 100까지 반복하여 더하면 된다. 두 개의 Data 액티버티에는 인덱스의 초깃값인 1과 합인 0을 각각 저장한다. 다이어그램 Activity의 왼쪽 입력단자를 두 개의 Data 액티버티의 입력단자에 연결하고, Data 액티버티의 출력단자는 Join 액티버티의 입력단자에 연결한다.
5. 위쪽 Join 액티버티는 루프의 인덱스 및 합의 초깃값을 지정하는 반면에, 아래쪽 Join 액티버티는 If 액티버티의 조건이 거짓이면, 1부터 100까지 더하는 과정에서 루프의 인덱스와 합의 중간값을 지정하는 역할을 한다. If 액티버티의 조건이 참이면, 1부터 100까지 더한 값을 Simple Dialog 서비스에 보내어 출력한다. 다이어그램 Activity를 실행한 후 제어를 호출 다이어그램으로 되돌아가기 위하여 Simple Dialog 서비스의 출력단자를 다이어그램 Activity의 오른쪽 출력단자인 Result에 연결한다.

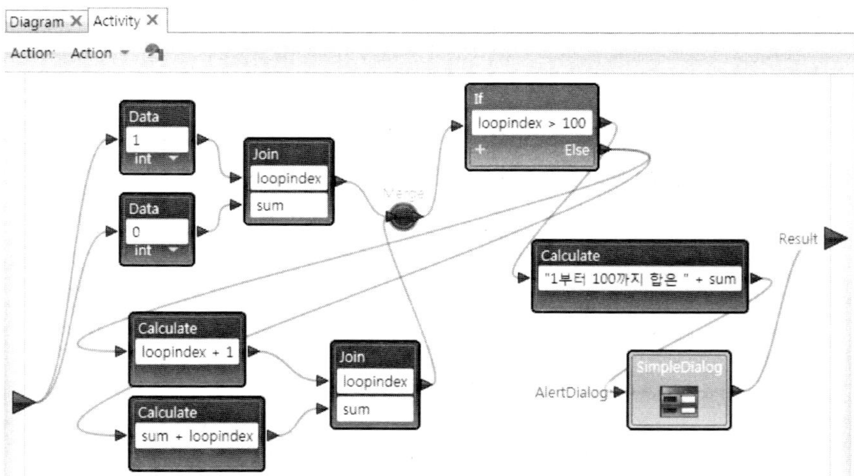

6. 다시 기본 다이어그램인 Diagram으로 이동하여 Flexible Dialog 서비스의 Notification 출력단자를 Activity 액티버티의 입력단자에 연결한다. 이때 Connection 창의 From: 항목에서 "ButtonPress" 속성을 선택한다.

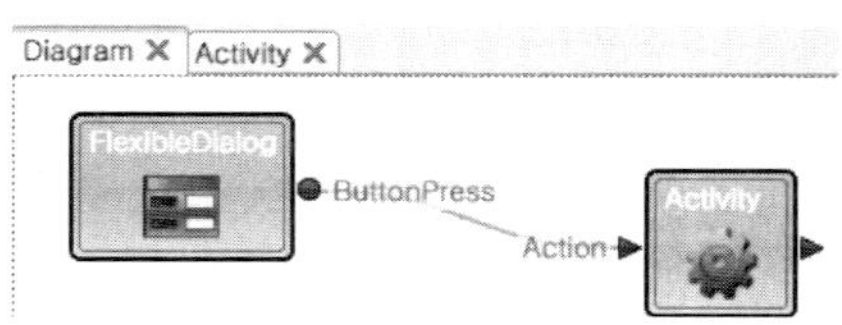

:: [실행결과]

다이어그램을 저장한 후, F5 키를 눌러 실행시키면 다음과 같은 창이 나타난다.

"예"를 누르면 1부터 100까지의 합이 나타난다.

6.2.3 입·출력값을 갖는 모듈화

단원 6.2.2에서 1부터 100까지의 합을 구하였다. 본 단원에서는 메인 다이어그램에서 시작값과 끝값을 입력 받은 후 합을 구하는 모듈에 전달하여 호출한다. 그 모듈에서 계산된 결과를 다시 메인 다이어그램으로 넘겨주어서 출력하는 프로그램을 작성하여 보자.

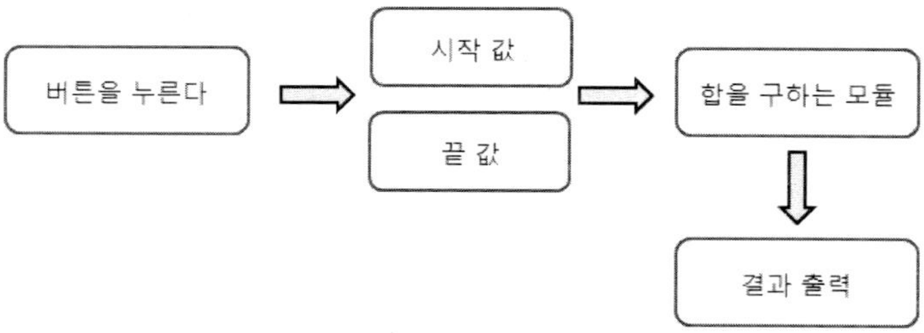

:: [다이어그램 구성]

1. 합을 구하는 모듈에 시작값과 끝값을 전달하여 호출하기 위한 메인 모듈을 작성하여 보자. Diagram에 Flexible Dialog 서비스와 Activity 액티버티를 추가한다. 합을 구하는 모듈 이름을 "Sumup"으로 바꾸기 위하여 추가한 Activity 액티버티를 클릭한 후 Properties 창의 Name: 항목에 "Sumup"을 입력하면 된다.

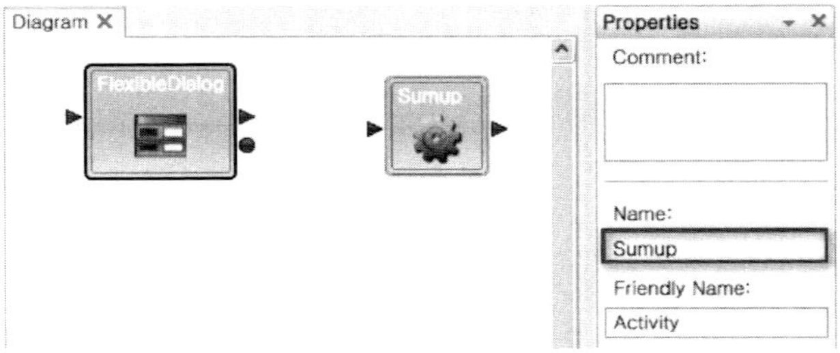

2. Flexible Dialog 서비스를 더블 클릭하여 FlexibleDialog 창을 연다. 그 창의 Set Configuration에서 "Set initial configuration"을 선택한다. Controls와 Buttons 항목에서 한 개의 레이블, 한 개의 버튼을 다음과 같은 다이얼로그로 정의한다.

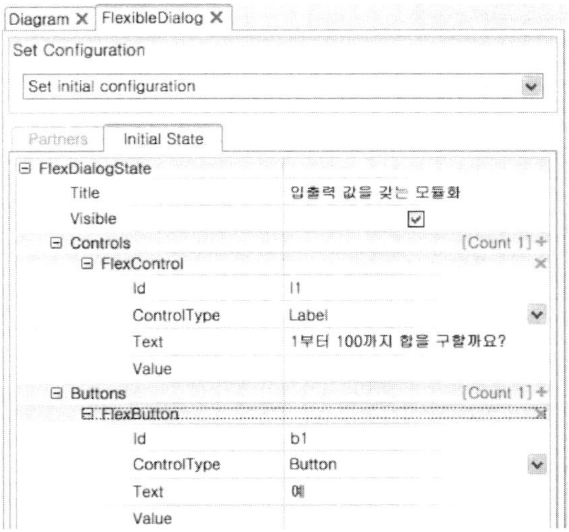

3. 입력 값을 저장하기 위하여 두 개의 Data 액티비티와 출력값을 저장하기 위하여 Calculate 액티비티를 Diagram에 추가한다. 그 외 한 개의 Join 액티비티와 Simple Dialog 서비스를 Diagram에 추가한다.

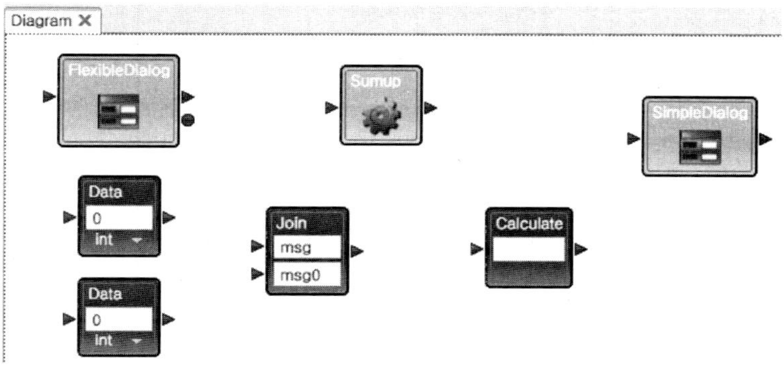

4. 1부터 100까지 합을 더하는 모듈인 Sumup 모듈을 작성하여 보자. Sumup 모듈을 작성하기 위하여 Sumup 액티비티를 더블 클릭한다. 그러면 다이어그램 Sumup이 생성된다. 그 다이어그램의 위 부분에 있는 "Actions and Notifications" 아이콘을 클릭한다.

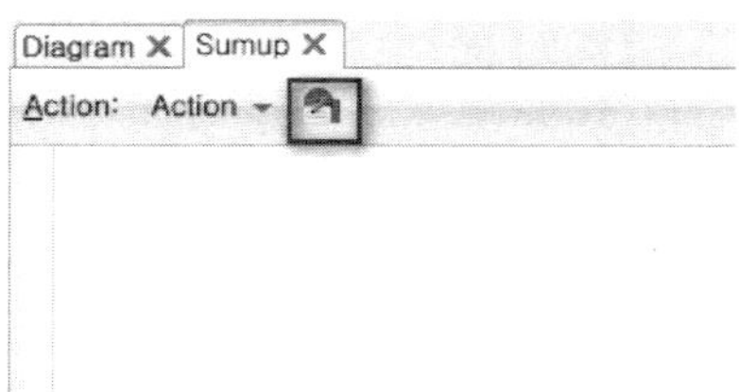

5. "Actions and Notifications" 창의 Actions 탭에서 Input values: 항목의 Add 버튼을 누른다. 기본 값 "Field"를 int 형의 "StartNum"으로 변경하고 다시 Add 버튼을 눌러 "EndNum"을 추가한다. 같은 방법으로 Output values: 항목에서 int 형의 "Result"를 추가하고 OK 버튼을 누른다.

6. 다이어그램 Sumup에 다음과 같은 액티버티들과 서비스들을 추가한다.

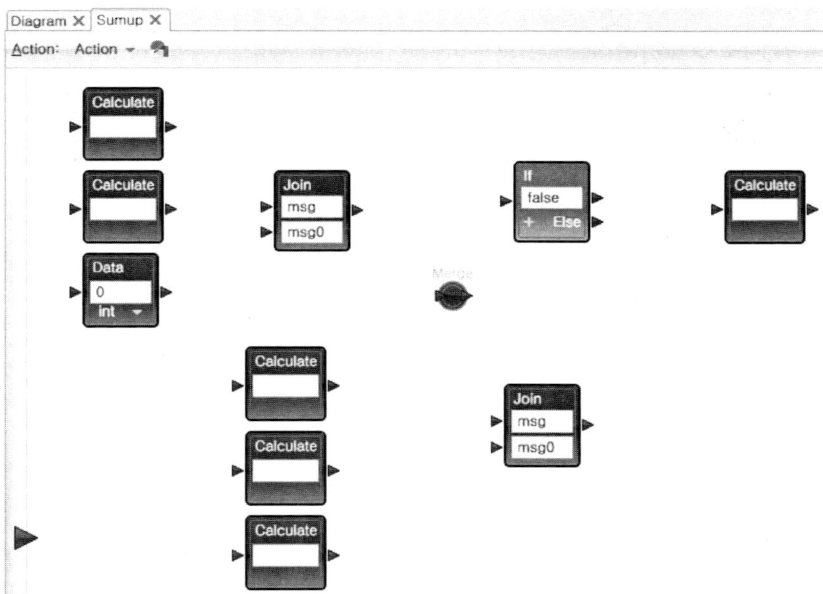

7. 다이어그램의 왼쪽 입력단자를 위쪽에 위치하는 두 개의 Calculate 액티버티와 Data 액티버티의 입력단자에 연결한다. Calculate 액티버티의 텍스트 박스에 마우스를 올려놓고 클릭하면 Actions and Notifications 창에서 입력한 값이 나타난다. 두 개의 Calculate 액티버티에 각각 "StartNum"과 "EndNum"

을 입력하고 Data 액티버티에는 "0"을 입력한다.

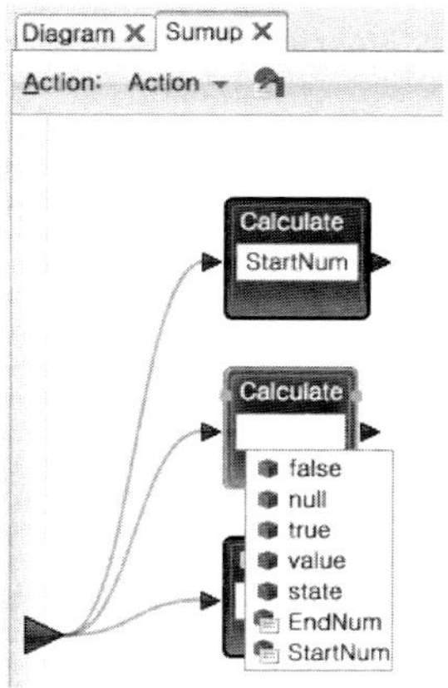

8. 단원 6.2.2에서 작성하였던 논리와 같이 다이어그램을 구성한다. 오른쪽 상단에 있는 Calculate 액티버티를 다이어그램의 오른쪽 출력단자에 연결하면 Data Connections 창이 뜨는데, Value 항목을 "value"로 설정하고 OK 버튼을 누른다.

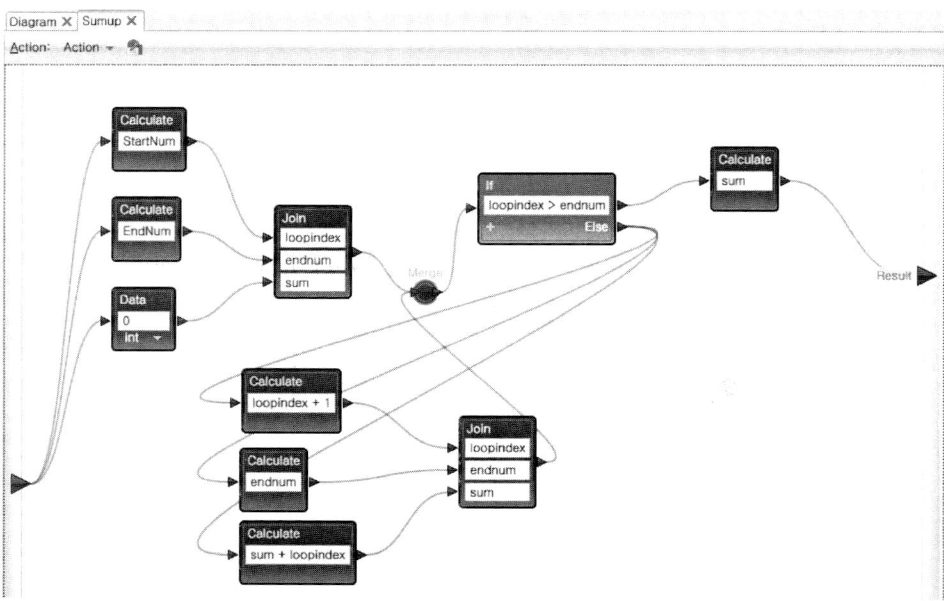

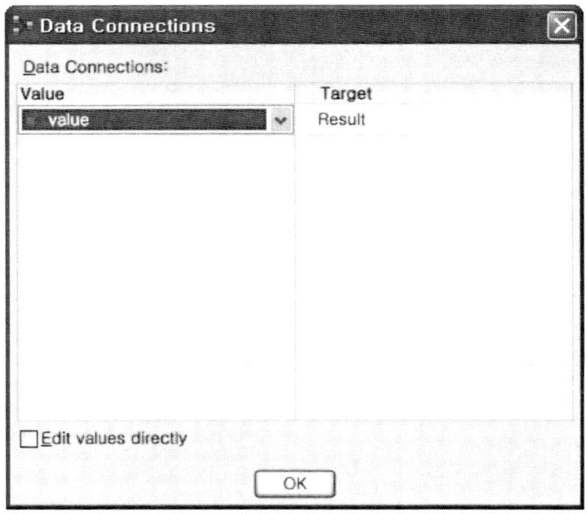

9. 이제 마지막으로 Sumup 모듈을 호출하는 Diagram을 완성하도록 하자. Flexible Dialog 서비스의 Notification 출력단자를 시작값(1)과 끝값(100)을 저장하고 있는 두 개의 Data 액티버티의 입력단자에 연결하면 Connections 창이 뜨는데, From: 항목을 "ButtonPress" 속성으로 설정한다. 또한, Join과 Sumup 액티버티를 연결하면 Data Connections 창이 뜨는데, "StartNum"와 "EndNum"의 Value 항목을 각각 "start"와 "end"로 설정한다.

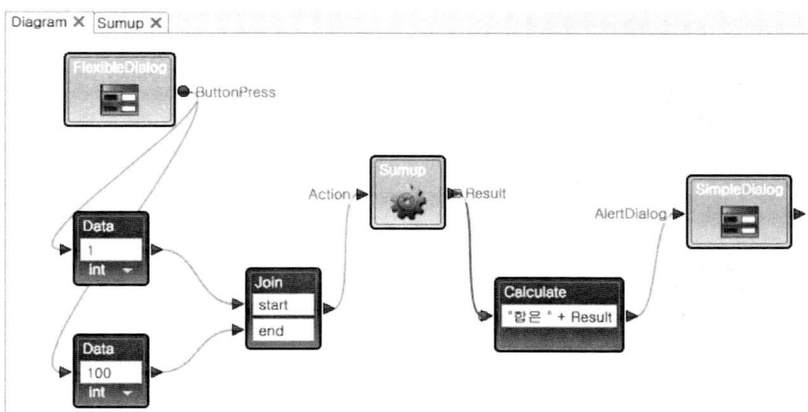

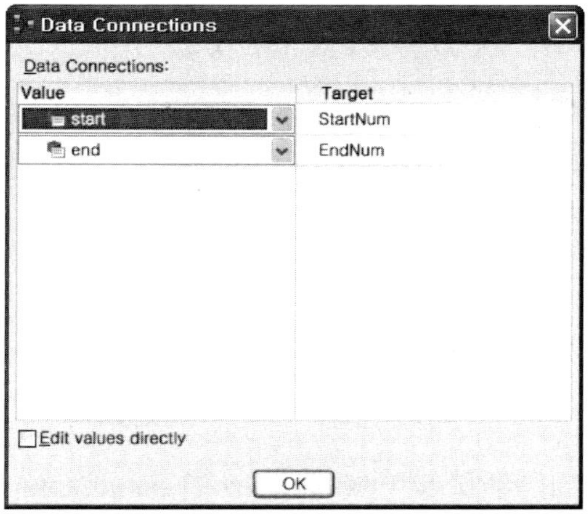

:: [실행결과]

다이어그램을 저장한 후, F5 키를 눌러 실행시키면 다음과 같은 창이 나타난다.

"예"를 누르면 1부터 100까지의 합이 나타난다.

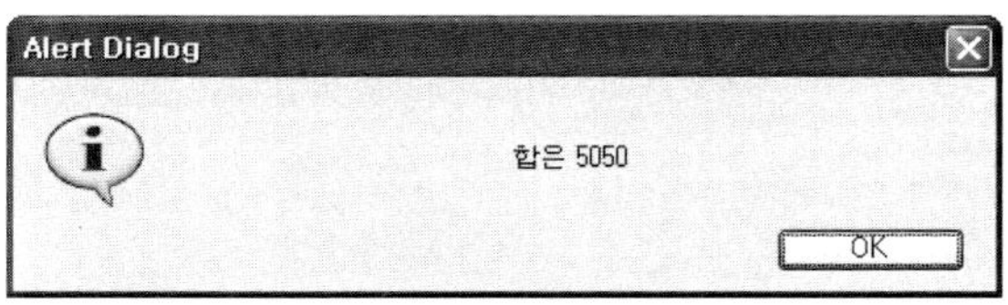

6.2.4 개선된 사칙계산기

단원 6.1.3에서 Add Diagram의 기능을 사용하여 작성한 사칙계산기를 Activity 액티버티를 사용하여 다른 방법으로 작성하여 보자.

:: [다이어그램 구성]

1. 사용자로부터 입력된 버튼의 종류에 따라 연산을 수행하는 모듈을 호출하기 위하여 절차를 작성하여 보자. 다이어그램에 Flexible Dialog 서비스와 Activity 액티버티를 추가한다.

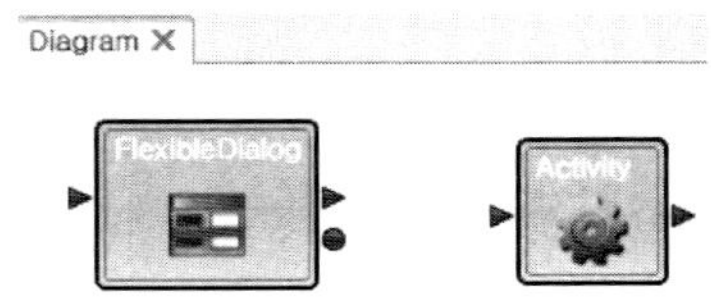

2. Flexible Dialog 서비스를 더블 클릭하여 FlexibleDialog 창을 연다. 그 창의 Set Configuration에서 "Set initial configuration"을 선택한다. Controls와 Buttons 항목에서 한 개의 레이블, 네 개의 버튼을 다음과 같은 다이얼로그로 정의한다. 네 개의 버튼의 Id에 각각 "add", "subtract", "multiply", "divide"를 입력한다.

3. Activity 액티버티를 더블 클릭하면 다이어그램 Activity가 나타난다. 그 다이어그램의 위 부분에 있는 "Actions and Notifications" 아이콘을 클릭한다. "Actions and Notifications" 창의 Actions 탭에서 Actions: 항목에 Add 버튼을 누른다. 기본값 "Action"을 지우고 "Add"를 추가한다. 또한, Input values: 항목에 Add 버튼을 눌러서 double 형 변수 "a", "b"를 추가하고, Output values: 항목에 double 형 변수 "result"를 추가한다.

4. 같은 방법으로 Actions: 항목에 "Subtract", "Multiply", "Divide"를 추가하고, 각각의 Actions에 대하여 Input values: 항목에 double 형 변수 "a", "b"를, Output values: 항목에 double 형 변수 "result"를 추가한 후 OK 버튼을 누른다.

5. Activity 액티버티를 더블 클릭하여 속성창이 나타나면 이름을 "MyCalculator" 라고 입력하면 다이어그램 Activity가 MyCalculator로 변경된다.

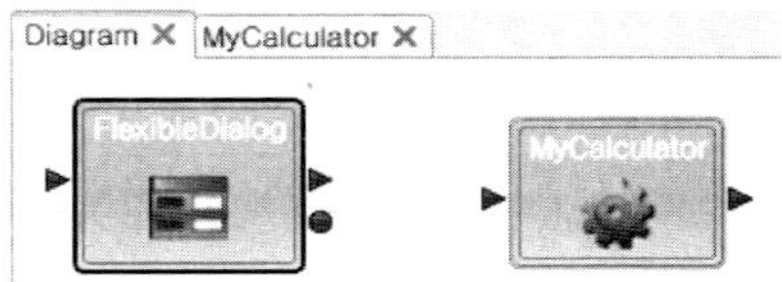

6. 다이어그램 MyCalculator의 Action 드롭다운 리스트 버튼을 눌러서 "Add"를 선택한다.

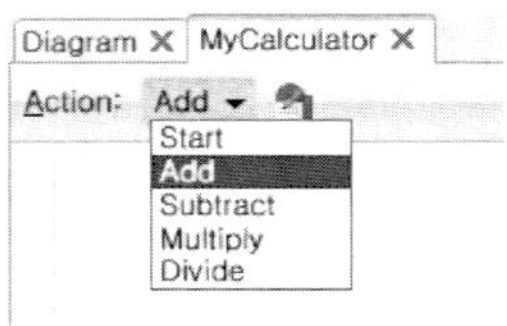

7. 다이어그램 MyCalculator에 Calculate 액티버티를 추가한다. 다이어그램의 왼쪽 입력단자를 Calculate 액티버티의 입력단자에 연결한 후 텍스트 창에 "a+b"를 입력하고 출력단자를 다이어그램의 오른쪽 출력단자에 연결한다. 그 때 Data Connections 창이 나타나면 Value 항목을 "value"로 설정한다.

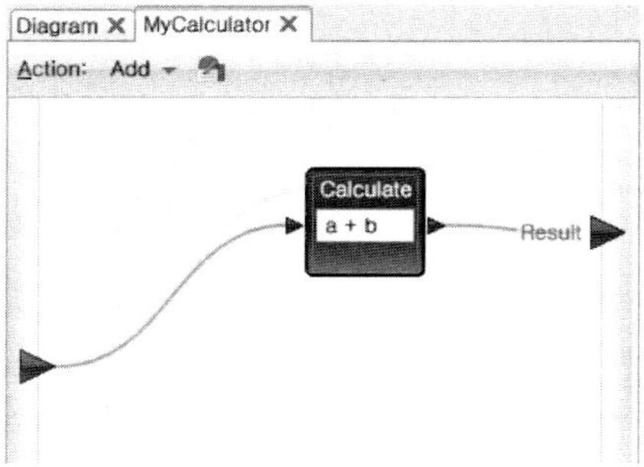

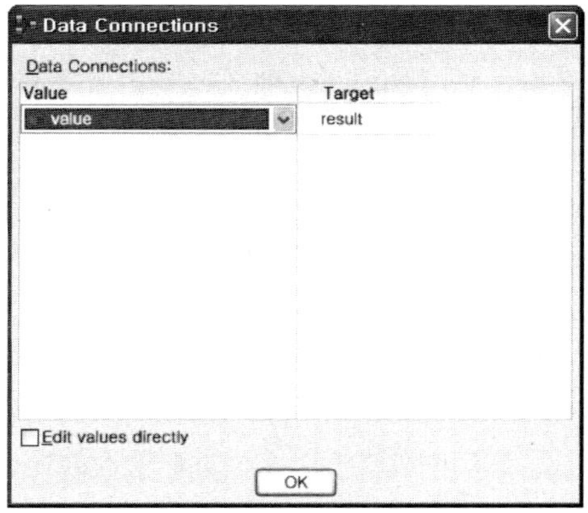

8. 같은 방법으로 다이어그램 MyCalculator의 Action 드롭다운 리스트 버튼을 눌러서 "Subtract"을 선택한다. 다이어그램 MyCalculator에 Calculate 액티버티를 추가한다. 다이어그램의 왼쪽 입력단자를 Calculate 액티버티의 입력단자에 연결한 후 텍스트 창에 "a–b"를 입력하고 출력단자를 다이어그램의 오른쪽 출력단자에 연결한다. Multiply 액션의 경우에는 Calculate 액티버티에 "a * b"를, Divide 액션의 경우에는 "a/b"를 입력한다.

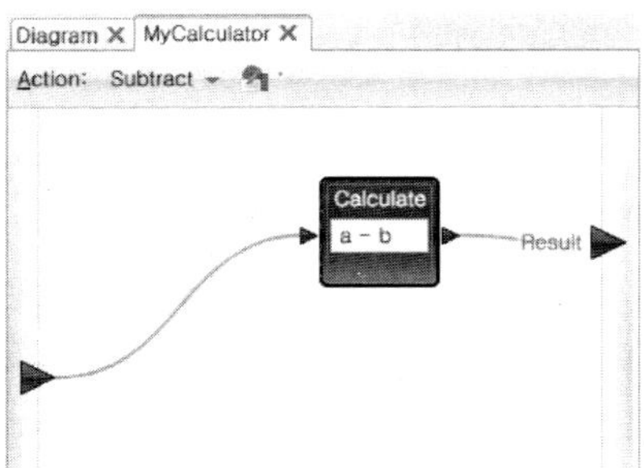

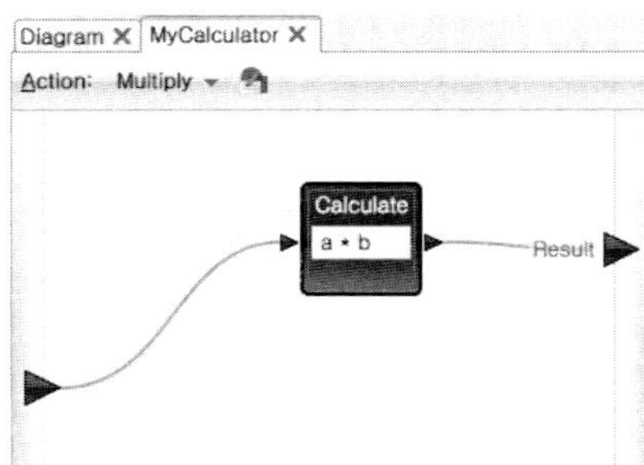

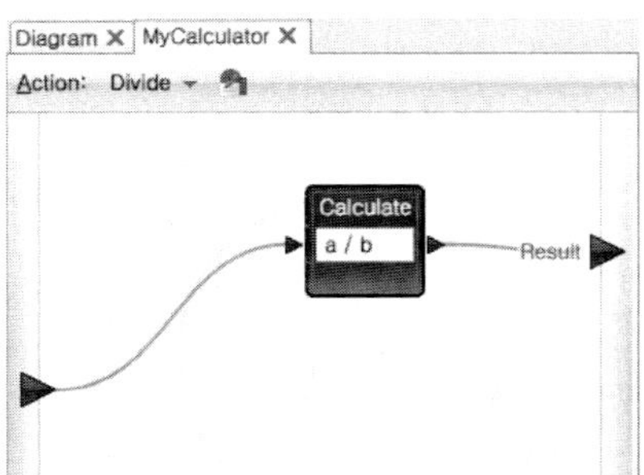

9. 메인 다이어그램에서 연산의 종류와 연산에 사용될 두 개의 값을 입력 받아서 MyCalculator에 전달하면서 호출한다. 다시 Diagram으로 되돌아와서 Simple Dialog와 Calculate 액티버티를 각각 두 개씩 추가한다. Flexible Dialog 서비스의 Notification 출력단자를 Simple Dialog 서비스에 연결한다. 이때 Connections 창의 From: 항목을 "ButtonPress"로 설정하고 OK 버튼을 클릭한다. 그러면 Data Connectios 창이 뜨는데, Value 항목의 모든 값을 "value"로 설정한다. Simple Dialog 서비스의 출력단자를 Calculate 액티버티의 입력단자에 연결한다. 입력 값은 실수로 지정하기 위하여 Calculate 액티버티의 텍스트 창에 "(float)TextData"를 입력한다.

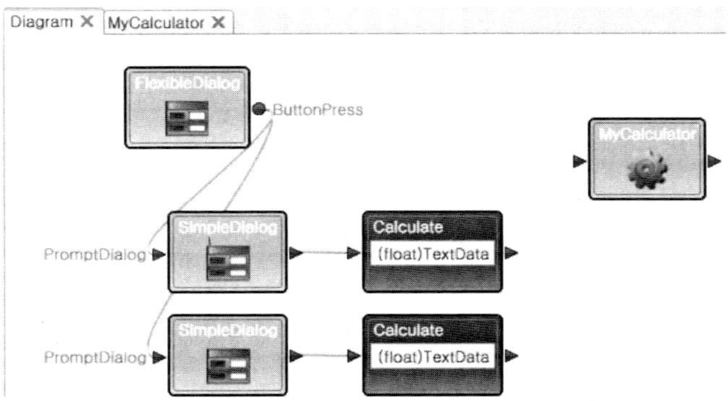

10. 같은 다이어그램에 Join, If, Merge, 및 Simple Dialog 서비스를 추가하고 MyCalculator 액티버티를 세 개 복사하여 추가한다. Join 액티버티의 속성 창에서 Add 버튼을 눌러서 텍스트 창을 세 개로 늘린 다음에 버튼의 이름인 "button", 연산에 사용할 값 "a", "b"를 위로부터 입력한다. Flexible Dialog 서비스의 Notification 출력단자를 Join의 button에 "ButtonPress" 속성으로 연결하고, 두 개의 Calculate 액티버티의 출력단자을 각각 Join의 a, b에 연결한다. Join 액티버티의 출력단자를 If 액티버티의 입력단자에 연결한다. If 액티버티의 Add 버튼을 눌러서 텍스트 창을 네 개로 만든다. 텍스트 창에 "button.Id=="add"", "button.Id=="subtract"", "button.Id=="multiply"", "button.Id=="divide""를 위로부터 순서대로 입력한다. If 액티버티의 텍스트 박스에 조건문을 입력할 때 마우스를 텍스트 박스에 클릭하면 입력할 수 있는 값들의 리스트가 나열되므로 조건문에 포함될 값을 선택하여 조건문을 손쉽게 완성할 수 있다.

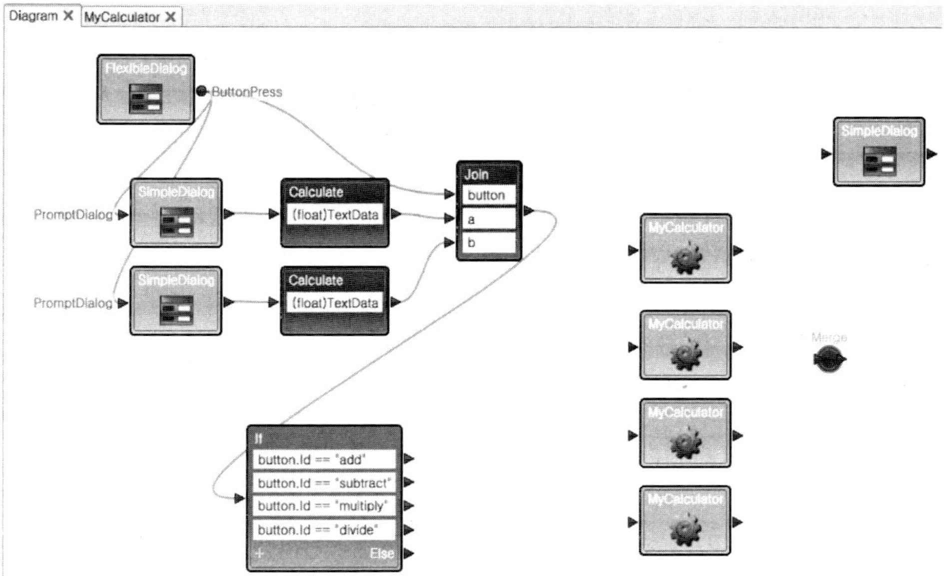

11. If 액티버티의 첫 번째 조건문 button.id=="add"의 출력단자를 MyCalculator 액티버티의 입력단자에 연결하면 Connections 창이 나타난다. To: 항목에서 "Add"를 선택하고 OK 버튼을 누른다. 그러면 Data Connections 창에서 "a", "b"의 Value 속성을 각각 "a", "b"로 설정한다. 그러면 MyCalculator 액티버티의 입력단자에 "Add"가 표시된다. 같은 방법으로 If 액티버티의 button.id =="subtract", button.id=="multiply", button.id =="divide"의 출력단자를 각각 다른 MyCalculator 액티버티의 입력단자에 연결하고 To: 항목에서 "Subtract", "Multiply", "Divide"를 각각 선택한다. 네 개의 MyCalculator 액티버티를 Merge에 연결하고 Merge의 출력단자를 Simple Dialog 서비스의 입력단자에 "AlertDialog" 속성으로 연결하면 Data Connections 창이 나타난다. Value 항목을 "result"를 선택한다.

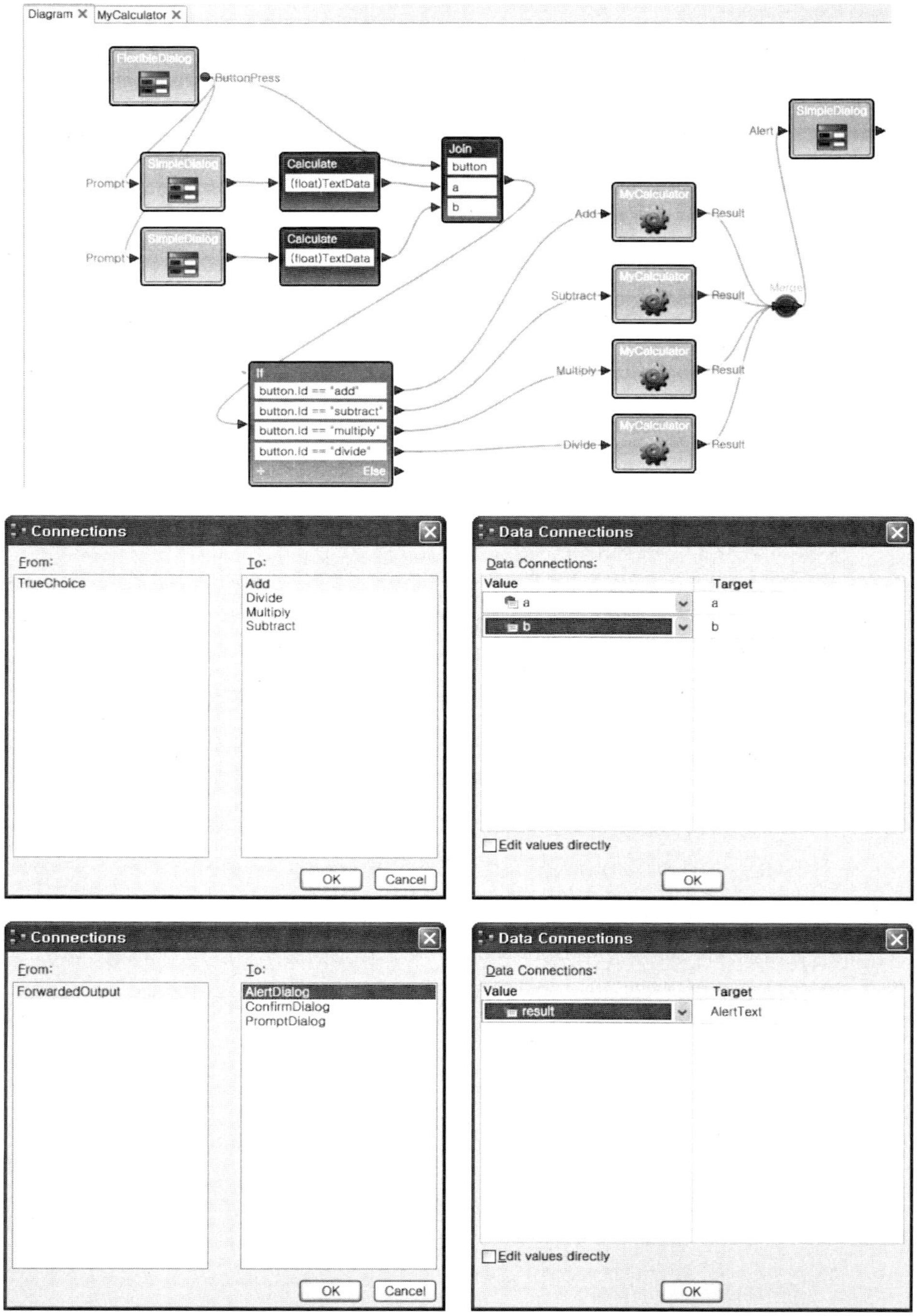
Diagram
MyCalculator
FlexibleDialog
ButtonPress
SimpleDialog
Prompt
Calculate
(float)TextData
Join
button
a
b
Alert
MyCalculator
Add
Subtract
Multiply
Divide
Result
Merge
If
button.id == "add"
button.id == "subtract"
button.id == "multiply"
button.id == "divide"
Else
Connections
From:
TrueChoice
To:
Add
Divide
Multiply
Subtract
OK
Cancel
Data Connections
Data Connections:
Value
Target
a
b
Edit values directly
OK
Connections
From:
ForwardedOutput
To:
AlertDialog
ConfirmDialog
PromptDialog
OK
Cancel
Data Connections
Data Connections:
Value
Target
result
AlertText
Edit values directly
OK

:: [실행결과]

다이어그램을 저장한 후, F5 키를 눌러 실행시키면 다음과 같은 창이 나타난다.

4개의 연산중에서 빼기 버튼을 누르면 2개의 입력창이 뜬다. 값을 입력하면 연산결과가 나타난다.

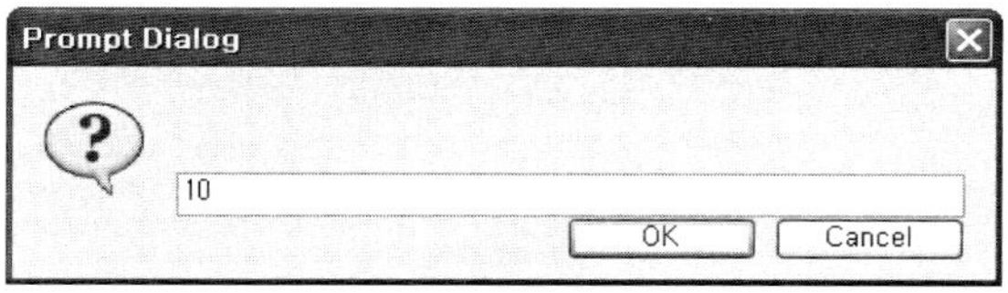

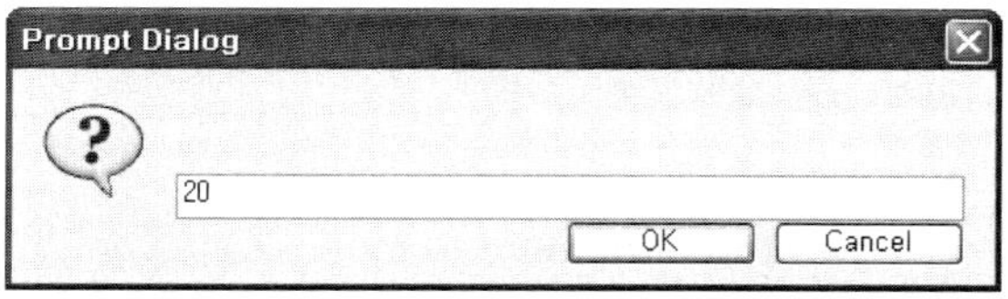

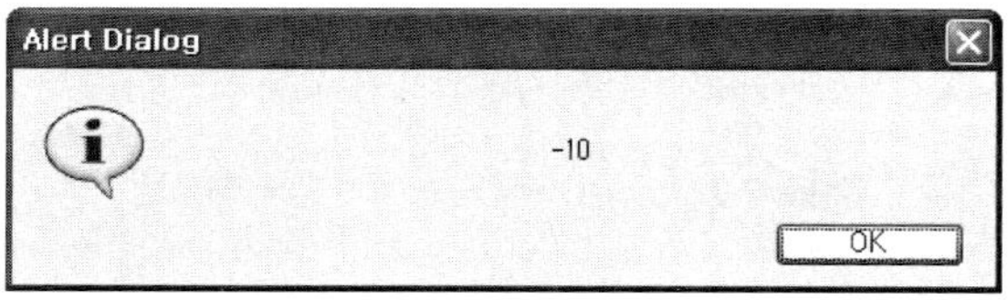

6.2.5 기대수명 구하기

보험회사에서는 다음과 같이 데이터를 처리하여 고객의 기대수명을 계산할 수 있을 것이다.

▶ 처리 조건: 100세까지 살 수 있다는 가정

거주 도시 유형	남	여
10만 명 미만 도시	+3	+2
10만～50만 명 도시	–3	–1
50만～100만 명 도시	–8	–5
100만 명 이상 도시	–12	–7

흡연 여부	남	여
흡연함	–10	–9
흡연 안함	0	0

음주 여부	남	여
음주함	–5	–7
음주 안함	0	0

▶ 입력 변수: 거주 도시 유형, 흡연 여부, 음주 여부

▶ 출력 결과: 기대수명

예를 들면, 여성 고객 A씨가 80만 명 규모의 도시에 살며, 흡연을 하지 않으며, 음주를 한다고 할 경우에 다음과 같이 기대수명을 계산한다.

기대수명 = 100 – (5 + 0 + 7) = 88세

다음의 절차로 다이어그램을 작성한다.

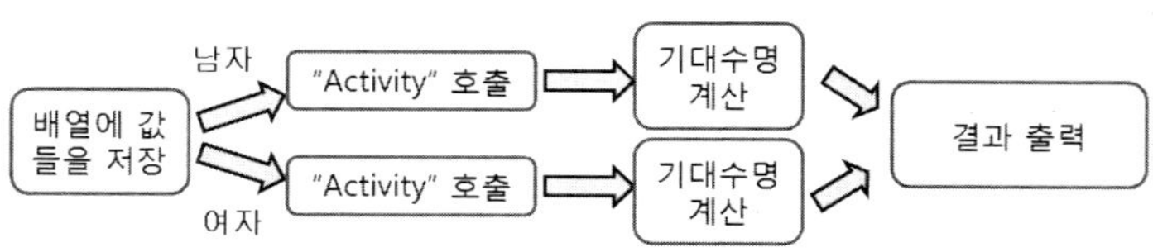

:: [다이어그램 구성]

1. 성별을 입력받아서 변수에 저장하기 위하여 Data 액티버티, Calculate, Variable 액티버티, Simple Dialog 서비스를 다이어그램에 추가한다. Data 액티버티의 출력을 Simple Dialog 서비스에 "PromptDialog" 속성으로 연결한다. Simple Dialog를 통하여 입력된 값을 int 형로 저장하기 위하여 Calculate 액티버티의 텍스트 박스에 "(int)TextData"를 입력한다. Simple Dialog를 통하여 입력된 값을 변수 sex에 저장하기 위하여 Variable 액티버티에 변수명 "sex"를 추가한다.

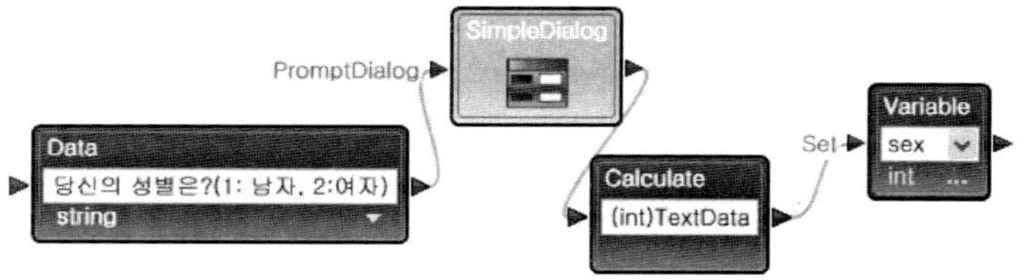

2. 단계 1의 절차와 같이 고객의 거주 도시 유형을 입력 받아서 변수 pop에 저장하기 위하여 다음과 같이 다이어그램을 작성한다.

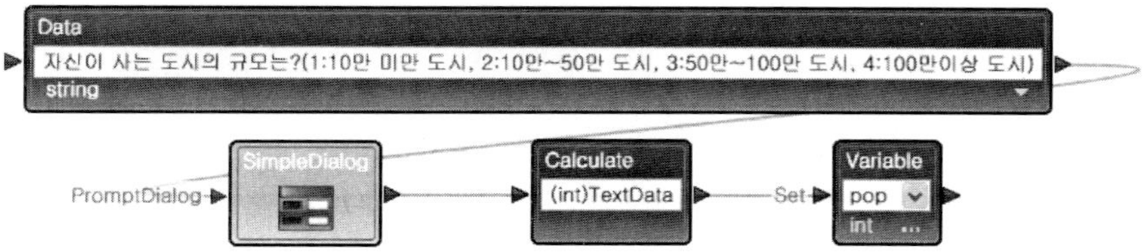

3. 같은 방법으로 흡연 여부를 입력 받아서 변수 smoke에 저장하기 위하여 다음과 같이 다이어그램을 작성한다.

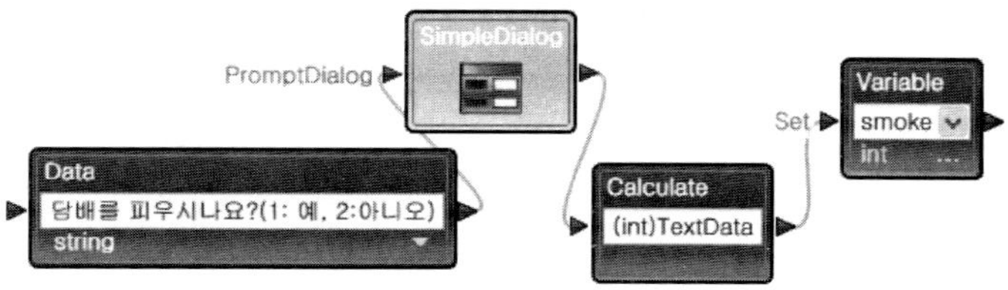

4. 같은 방법으로 음주 여부를 입력 받아서 변수 drink에 저장하기 위하여 다음과 같이 다이어그램을 작성한다.

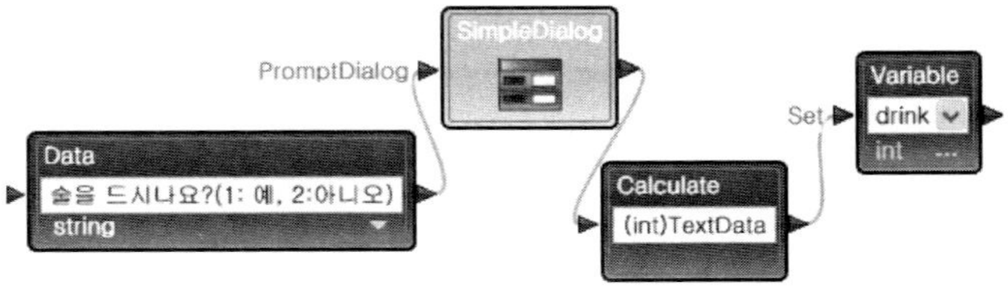

5. 네 개의 값을 순차적으로 입력 받아서 저장하기 위하여 단계 1, 2, 3, 4에서 작성한 다이어그램을 연결한다.

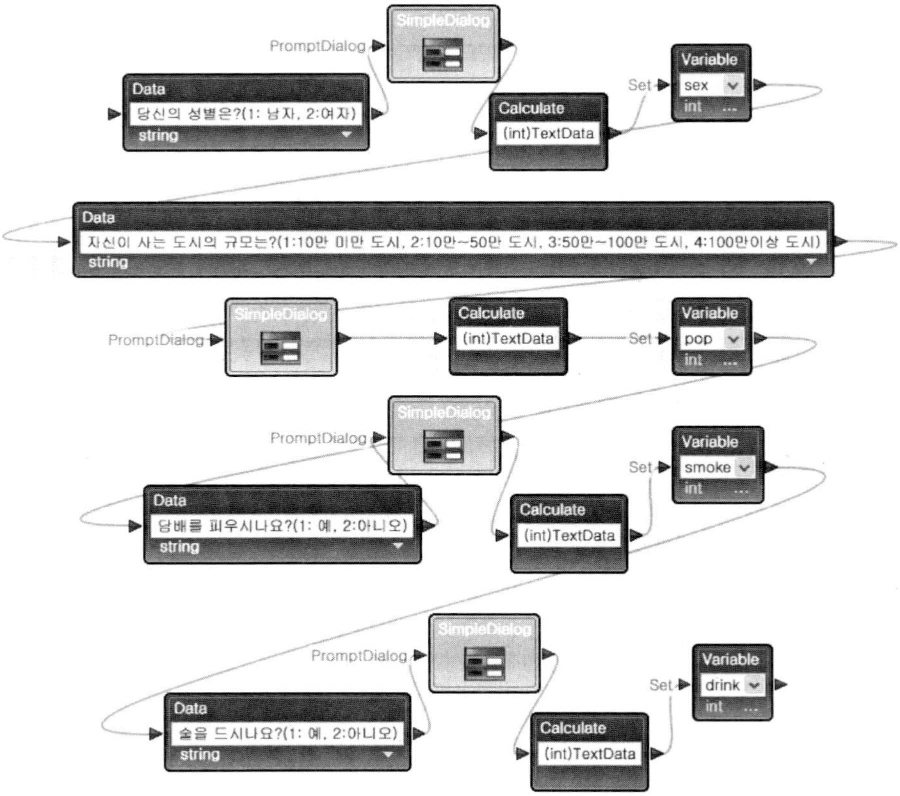

6. 입력된 성별에 따라 호출하는 Activity를 다르게 호출하기 위하여 네 개의 Calculate, 한 개의 Join과 If 액티버티를 추가한다. 네 개의 Calculate 액티버티의 텍스트 박스에는 변수에 저장된 값을 지정하기 위하여 "state.sex", "state.pop", "state.smoke", "state.drink"를 각각 입력한다. 네 개의 Calculate 액티버티를 Join 액티버티에 연결한 후, If 액티버티의 텍스트 박스에는

"a==1"를 입력한다.

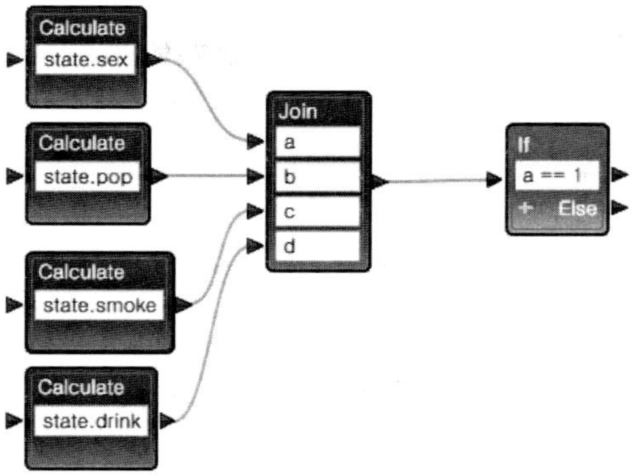

7. 성별에 따라 다른 Activity를 호출하여야 하므로 두 개의 다른 Activity 액티버티를 추가한다. 반드시 두 개의 Activity 액티버티를 독립적으로 추가하여야 하며, 한 개를 추가한 후 복사하여 붙여넣기 해서는 안 된다. 두 개의 Activity 액티버티의 이름을 각각 "man", "woman"으로 변경한다.

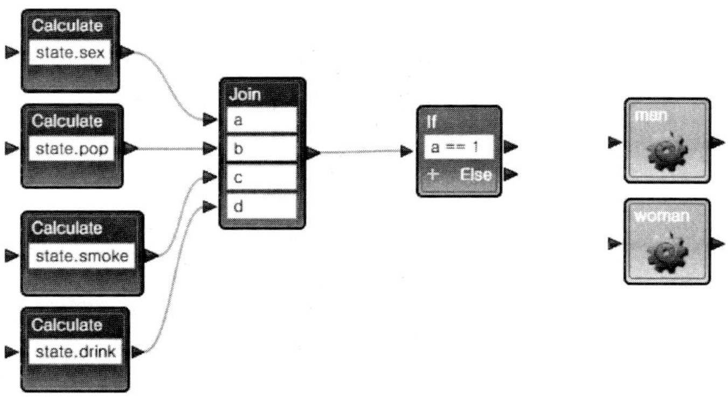

8. 이제부터 다이어그램 man을 작성하기 위하여 man 액티버티를 더블 클릭하여 다이어그램 man을 연다. 그 다이어그램의 위 부분에 있는 "Actions and Notifications" 아이콘을 클릭한다. "Actions and Notifications" 창의 Actions 탭에서 Input values: 항목에 Add 버튼을 눌러서 int 형 변수 "po", "sm", "dr"을 입력한다. 또한, Output values: 항목에 Add 버튼을 눌러서 int 형 변수 "age"를 입력하고 OK 버튼을 누른다.

9. 조건에 따라 처리할 수 있도록 다음과 같이 액티버티를 추가하고 내용을 입력한다.

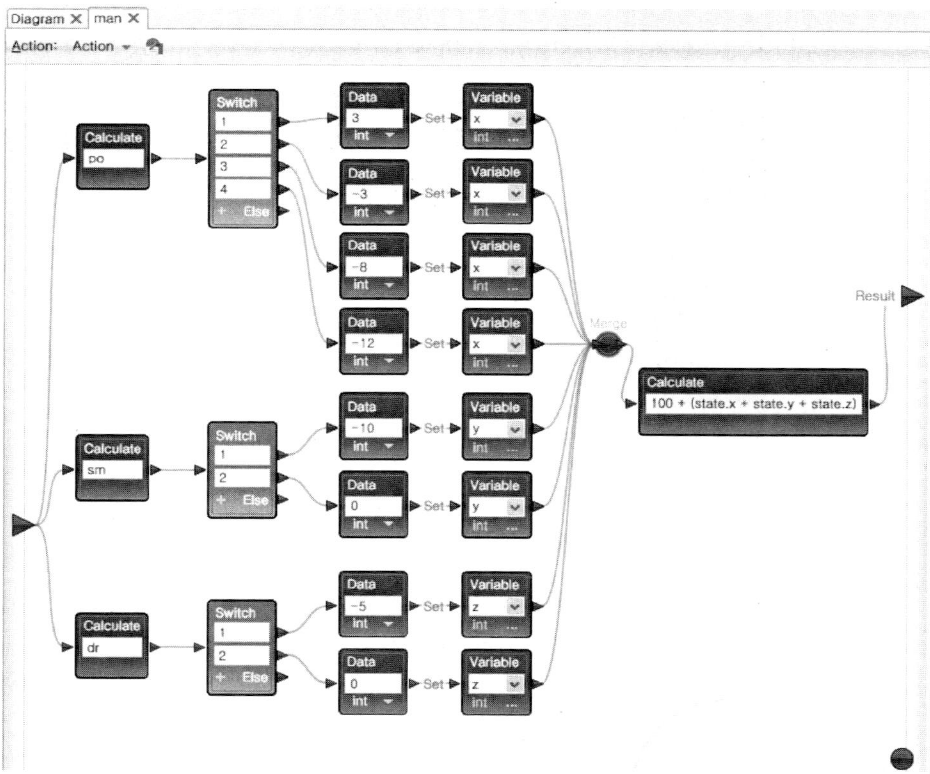

10. 마찬가지로 다이어그램 woman을 작성하기 위하여 woman 액티버티를 더블 클릭하여 다이어그램 woman을 연다. 그 다이어그램의 위 부분에 있는 "Actions and Notifications" 아이콘을 클릭한다. "Actions and Notifications" 창의 Actions 탭에서 Input values: 항목에 Add 버튼을 눌러서 int 형 변수 "po", "sm", "dr"을 입력한다. 또한, Output values: 항목에 Add 버튼을 눌러서 int 형 변수 "age"를 입력하고 OK 버튼을 누른다. 다이어그램 woman을 다음과 같이 완성한다.

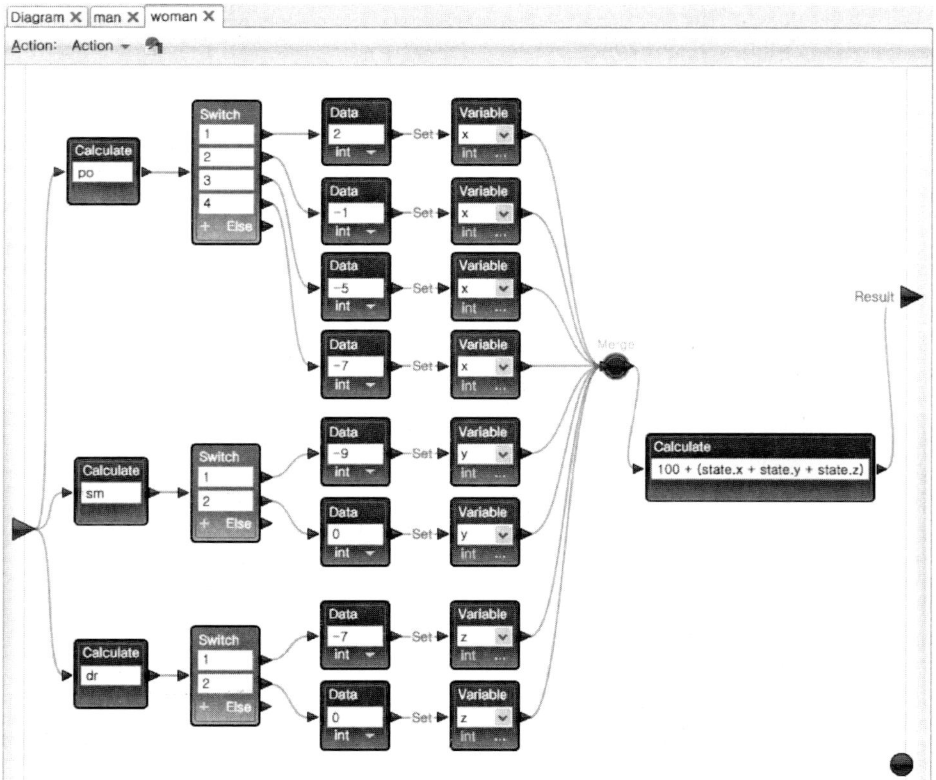

11. 다시 Diagram으로 되돌아와서 If 액티버티의 위쪽의 출력을 man 액티버티에 연결하고, 아래쪽 출력을 woman 액티버티에 연결한다. 이때 각 연결에서 나타나는 Data Connections 창을 다음과 같이 설정한다.

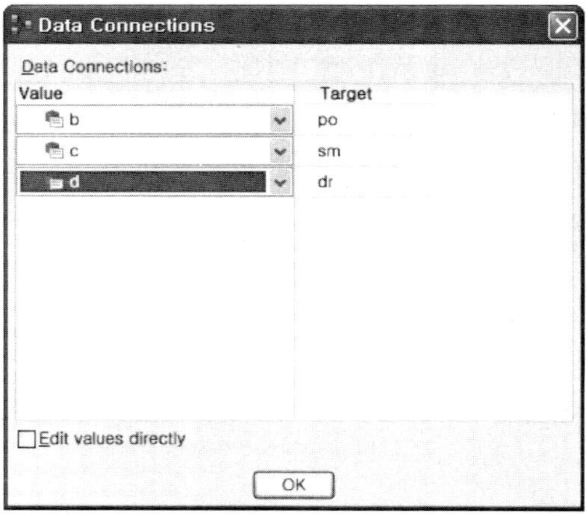

12. 다이어그램 man과 woman에서 계산된 기대수명을 Diagram에서 출력하기 위하여 Merge, Calculate 액티버티와 Simple Dialog 서비스를 추가하고 다음과 같이 다이어그램을 완성한다.

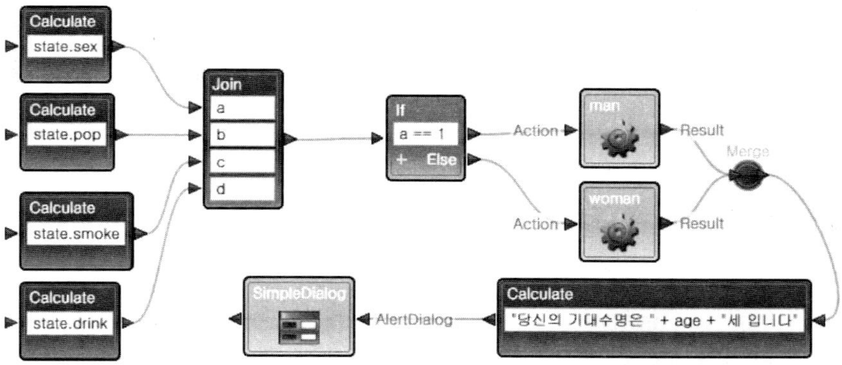

13. 단계 5에서 작성한 다이어그램과 단계 12에서 작성한 다이어그램을 Merge 액티버티로 연결하여 완성한 최종 다이어그램은 다음과 같다.

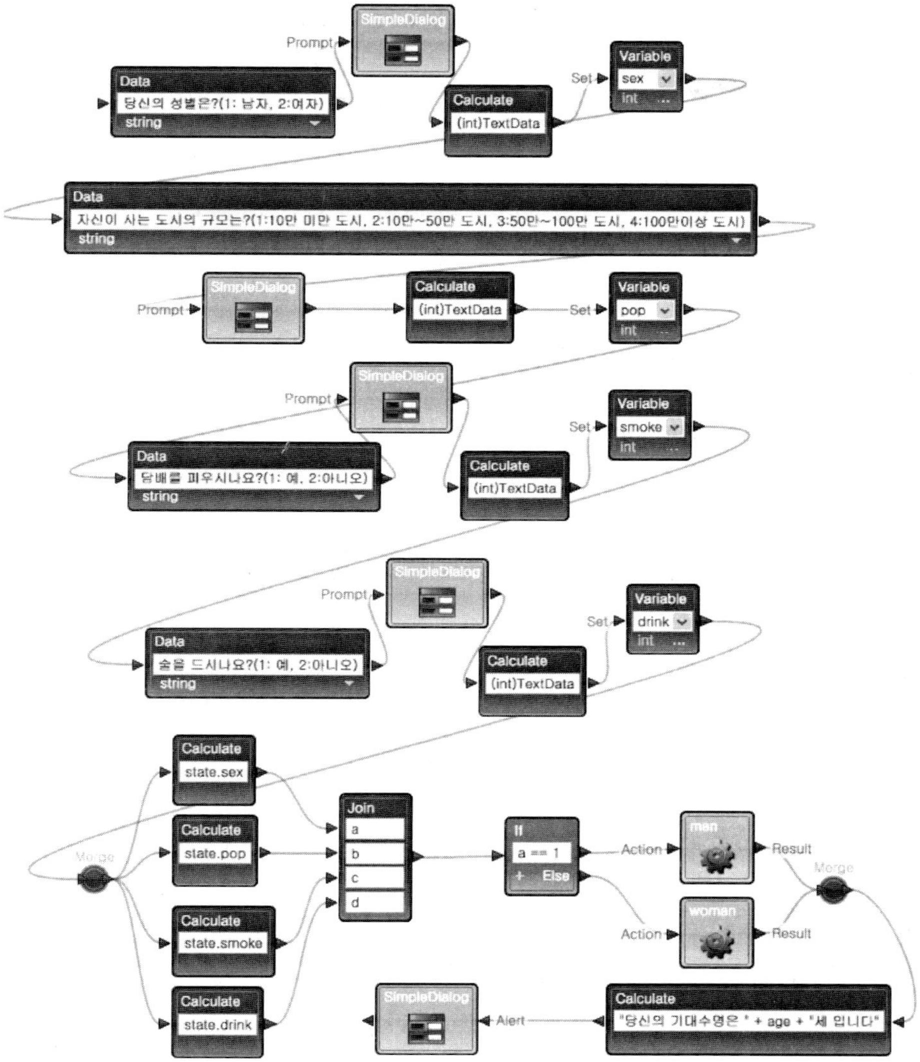

:: [실행결과]

다이어그램을 저장한 후, F5 키를 눌러 실행시키면 다음과 같이 4개의 Prompt dialog 창이 나타난다. 성별, 거주 도시규모, 흡연 여부, 음주 여부를 입력하면 Alert Dialog 창에서 결과를 보여준다.

6.2.6 2의 배수 및 3의 배수 찾기

단원 4.5.3에서 여러 개의 항목을 갖는 배열을 출력하기 위하여 Calculate 액티버티의 텍스트 박스에 각 항목 명을 입력하였다. 출력할 항목이 많을 경우 각 항목을 입력하는 것은 불가능하므로 루프를 사용하면 편리하게 해결할 수 있다.

주어진 값 사이에 존재하는 2의 배수나 3의 배수를 출력하고자 한다. 2의 배수 버튼을 누르면 시작값과 끝값 사이에 있는 2의 배수를 계산하여 출력하고, 3의 배수 버튼을 누르면 3의 배수를 계산하여 출력한다. Activity 액티버티를 사용하여 다음과 같은 절차로 작성하여 보자.

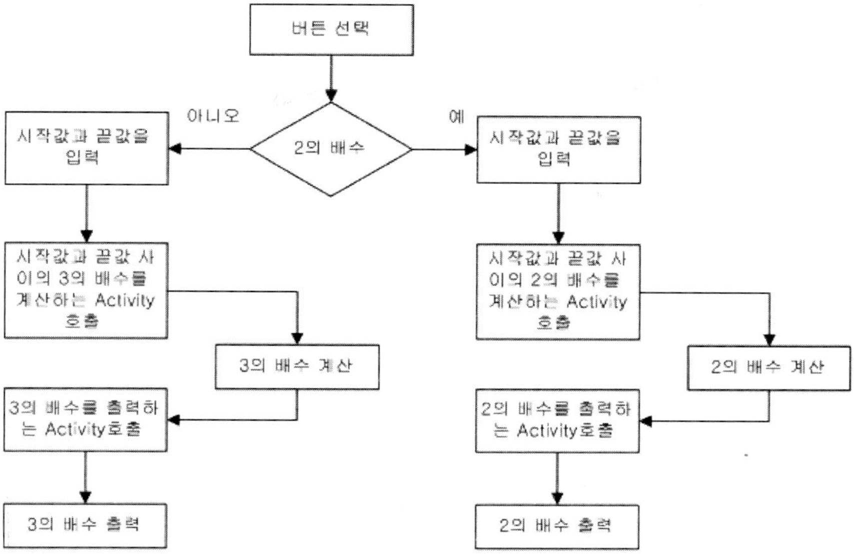

:: [다이어그램 구성]

1. 다이어그램에 한 개의 Flexible Dialog 서비스, 두 개의 Simple Dialog 서비스를 추가한다. 또한, 한 개의 If 액티버티, Data 액티버티와 Calculate 액티버티와 Variable 액티버티를 각각 두 개씩 추가한다.

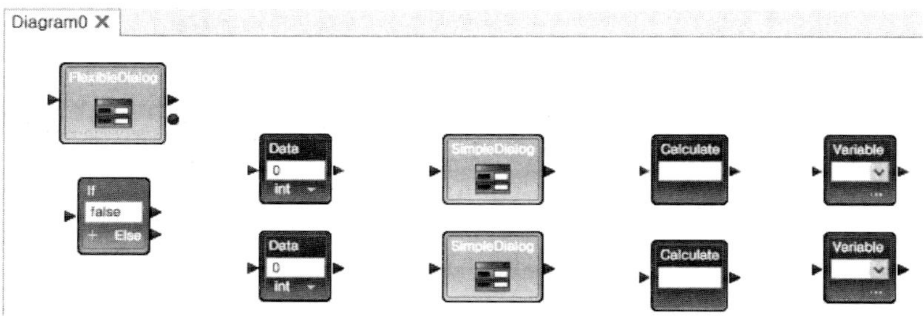

2. Flexible Dialog 서비스를 더블 클릭하여 FlexibleDialog 창을 연다. 그 창의 Set Configuration에서 "Set initial configuration"을 선택한다. Controls와 Buttons 항목에서 한 개의 레이블, 두 개의 버튼을 다음과 같은 다이얼로그로 정의한다. 두 개의 버튼의 Id에 각각 "two", "three"를 입력한다.

3. Flexible Dialog 서비스의 Notification 출력단자를 If 액티버티에 연결하고 Connections 창의 From: 항목을 "ButtonPress"로 선택한다. If 액티버티의 Add 버튼을 눌러서 텍스트 박스를 두 개로 만든다. 텍스트 박스에 각각 "Id=="two"", "Id=="three""를 입력한다.

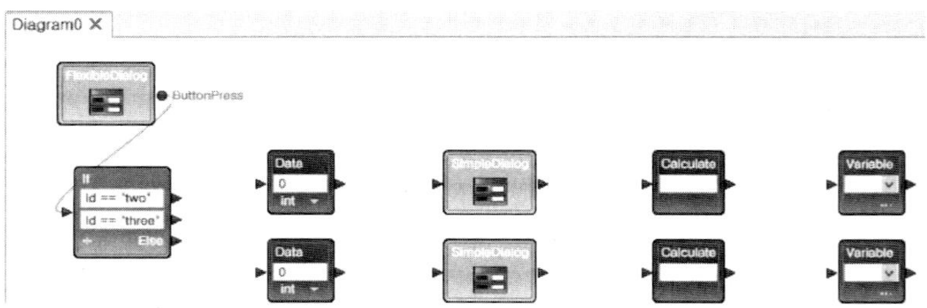

4. 시작값을 입력받기 위하여 Data 액티버티에 문자열로 "시작값:"을 입력하고 If 액티버티의 첫 번째 출력단자와 연결한다. Data 액티버티를 첫 번째 Simple Dialog 서비스에 "PromptDialog" 속성으로 연결한다. Simple Dialog 서비스를 Calculate 액티버티에 연결하고 텍스트 박스에는 "(int)Value"를 입력한다. 콘솔 창으로부터 입력된 값을 변수에 저장하기 위하여 Variable 액티버티에

변수명 "a", "b"를 입력한다. Calculate 액티버티를 변수 a에 "SetValue" 속성으로 연결한다.

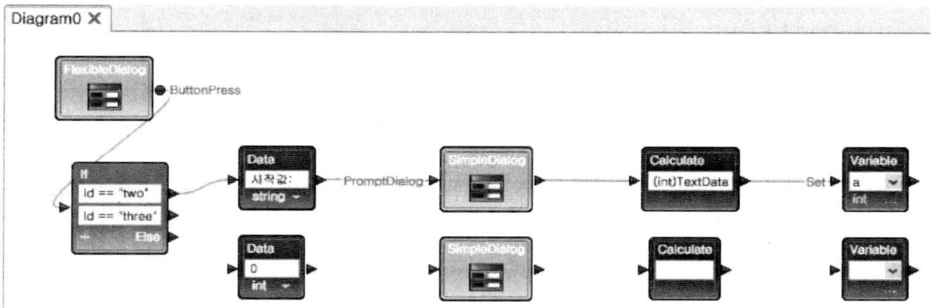

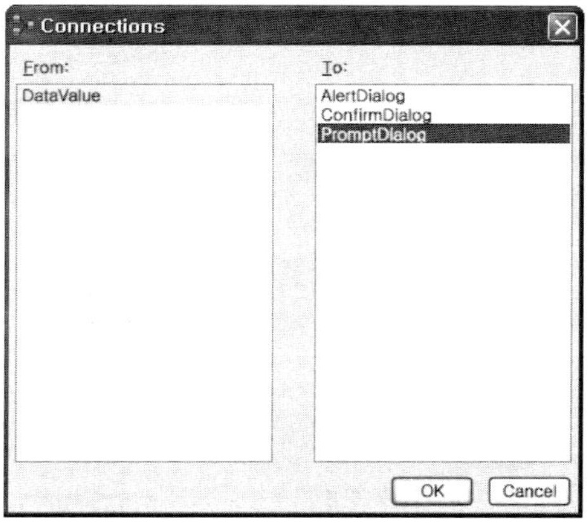

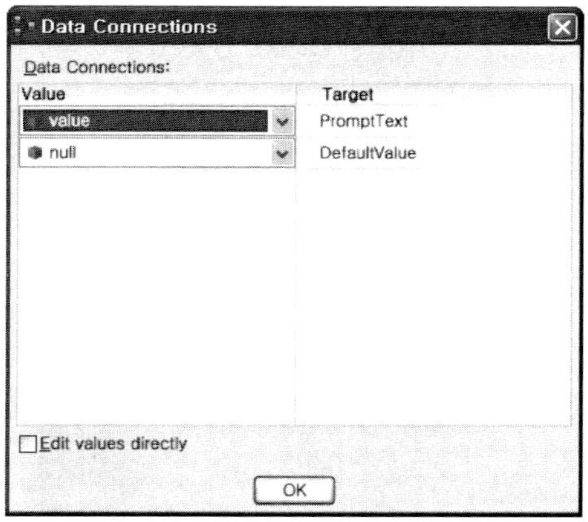

5. 끝값을 입력 받아서 변수 b에 저장하기 위하여 단계 4와 같은 절차로 다음과 같이 작성한다.

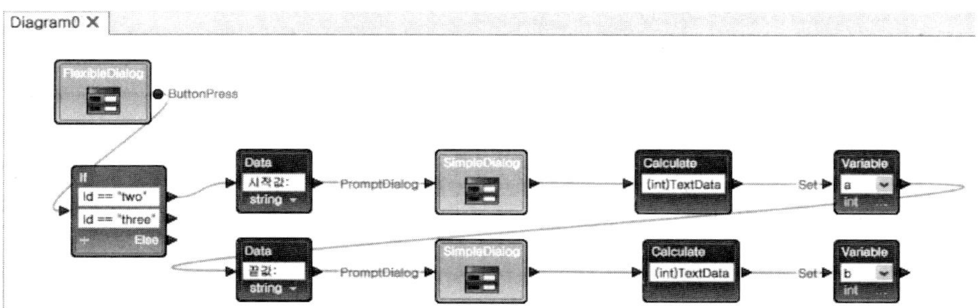

6. 2의 배수를 계산하는 Activity 액티버티에 변수 a, b를 매개변수로 전달하기 위하여 두 개의 Calculate 액티버티, 한 개의 Join, Activity 액티버티를 추가한다. Activity 액티버티를 더블 클릭하여 다이어그램 Activity를 연다. 그 다이어그램의 Actions and Notifications 창을 열어서 Actions: 항목에 "multiply2"를 입력하고, Input values: 항목에 int 형의 "startnum", "endnum"을 입력하고 Output values: 항목에 List of int 형의 "output"을 입력한다. 같은 방법으로 Actions: 항목에 "multiply3"를 입력하고 Input values: 항목에 int 형의 "startnum", "endnum"을 입력하고 Output values: 항목에 List of int 형의 "output"을 입력한다.

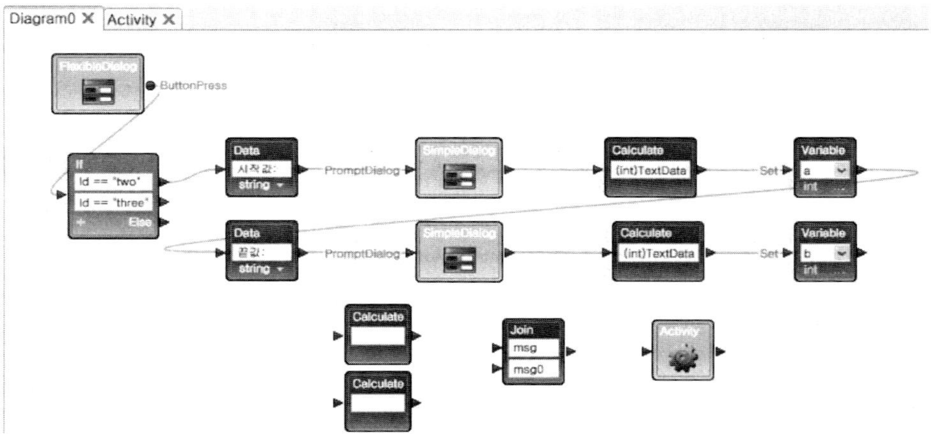

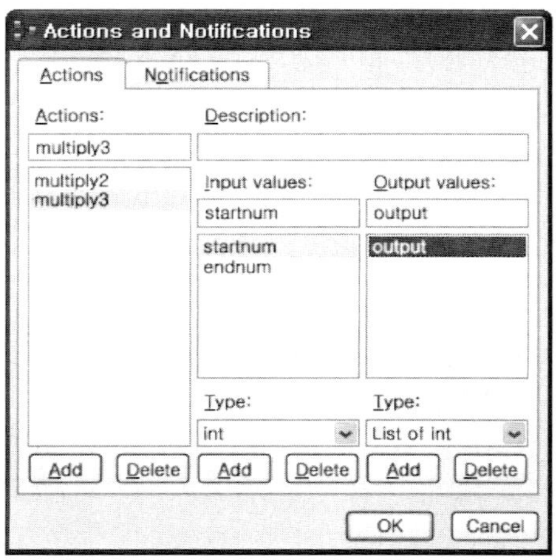

7. 다시 다이어그램(Diagram0)으로 되돌아와서 변수 b가 저장된 Variable 액티버티를 두 개의 Calculate 액티버티에 연결한다. 그 액티버티의 텍스트 박스에 각각 "state.a", "b"를 입력한다. Join 액티버티의 텍스트 박스에 "start", "end"를 입력하고 Calculate액티버티를 연결한다. Join 액티버티를 Activity 액티버티에 연결한다. Connections 창이 나타나면 To: 항목에서 "multiply2"를 선택한다. 이어서 나타나는 Data Connections 창의 Value 항목에서 "start"와 "end"를 선택한다.

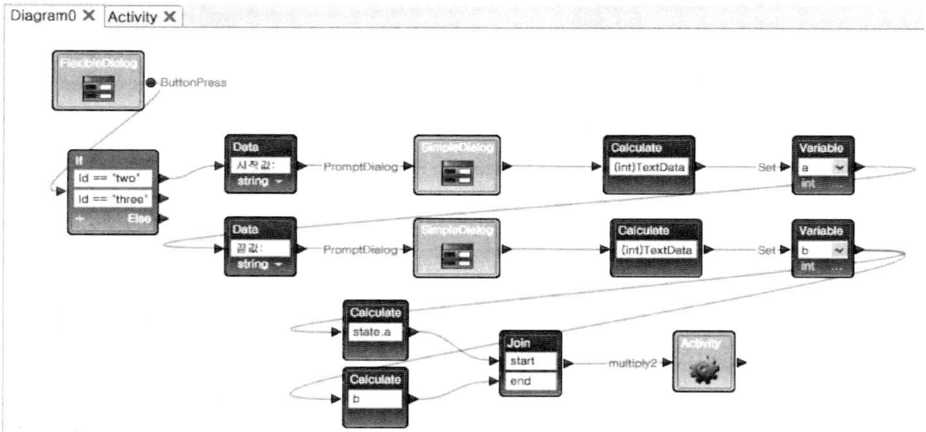

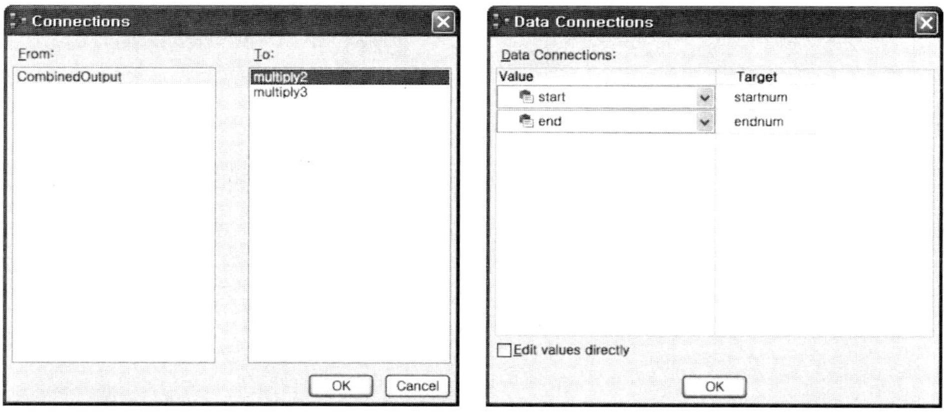

8. 3의 배수를 계산하는 Activity 액티버티에 전달할 값을 입력 받아서 변수에 저장하기 위하여 단계 4~7까지의 절차를 반복하여 다이어그램을 작성한다. 작성된 다이어그램을 If 액티버티의 두 번째 출력단자에 연결한다. Activity 액티

버티에 변수 a, b를 매개변수로 전달하기 위하여, 단계 7과 같이 Join 액티버티를 Activity 액티버티에 연결한다. Connections 창이 나타나면 To: 항목에서 "multiply3"를 선택한다. 이어서 나타나는 Data Connections 창의 Value 항목에서 "start"와 "end"를 선택한다.

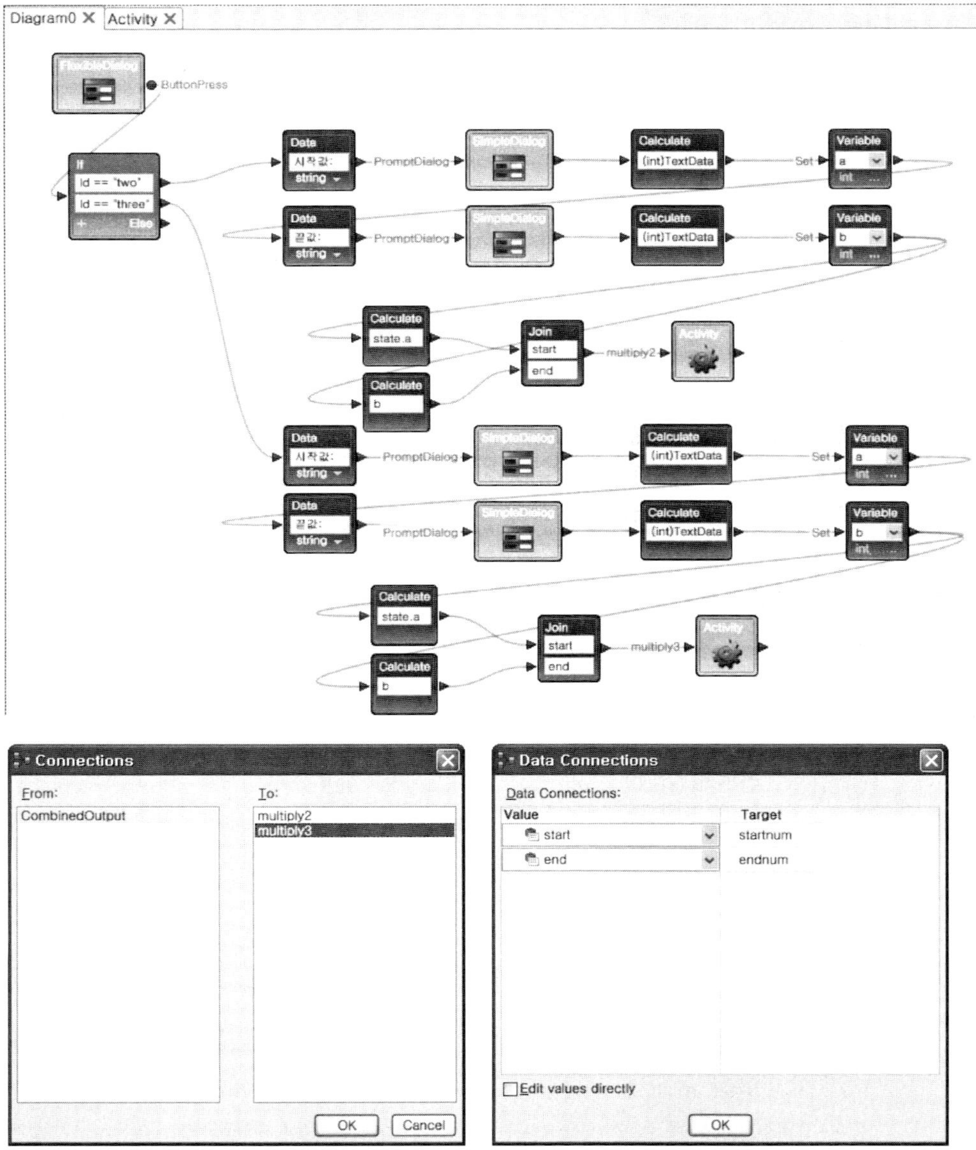

9. 이제 2의 배수를 계산하는 Activity 액티버티를 작성하여 보자. 다이어그램 Activity의 Action 드롭다운 리스트 버튼을 눌러서 "multiply2"를 선택한다. 2의 배수를 저장할 배열명을 선언하기 위하여 List 액티버티와 Variable 액티버티를 추가한다. Variable 액티버티에는 List of int 형의 변수 "list1"을 입력한다. int 형으로 설정된 List 액티버티를 Variable 액티버티에 "SetValue" 속성으로 연결한다.

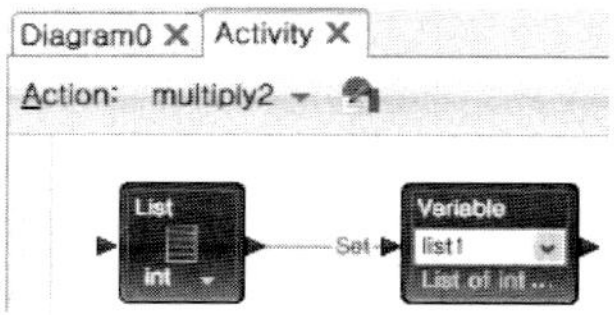

10. 입력 매개변수를 통하여 시작값과 끝값을 읽어 와서 루프를 만들기 위하여 두 개의 Calculate 액티버티, 한 개의 Join과 If 액티버티를 추가한다. 다이어그램 Activity의 입력 포인트를 두 개의 Calculate 액티버티에 연결하고 텍스트 박스에 "startnum", "endnum"을 각각 입력한다. Join 액티버티의 텍스트 박스를 추가한 후에 "loopindex"와 "endnum"을 각각 입력한다. Calculate 액티버티를 Join 액티버티에 연결하며 If 액티버티의 텍스트 박스에 "loopindex〉endnum"을 입력하고 Join 액티버티에 연결한다.

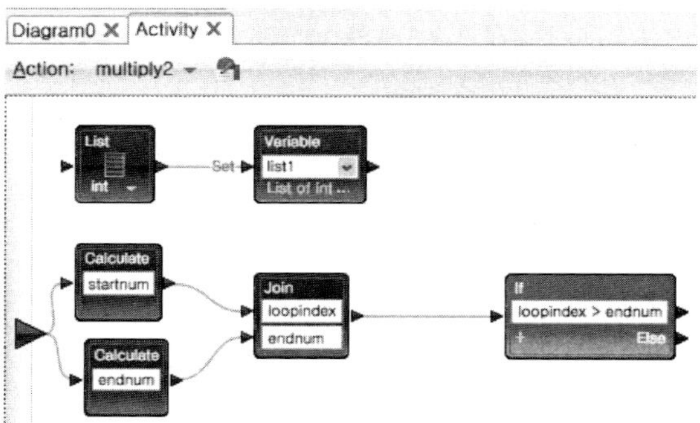

11. If 액티버티의 조건이 참이면 2의 배수가 저장된 배열을 다이어그램 Activity를 호출한 다이어그램(Diagram0)으로 반환하기 위하여 배열명 "list1"이 입력된 Variable 액티버티를 "GetValue" 속성으로 연결한다. 조건이 거짓이면 loopindex를 1증가시키며 루프를 반복하고 동시에 loopindex가 2의 배수인

지를 체크한다. 2의 배수이면 loopindex를 배열 list1에 저장한다. 이와 같은 기능을 구현하기 위하여 다음과 같이 작성한다. 조건이 참이면 배열 list1을 반환하기 위하여 Variable 액티버티를 다이어그램 Activity의 출력 포인트에 연결한다. 이때 나타나는 Data Connections 창의 Value 항목에서 "list1"을 선택한다.

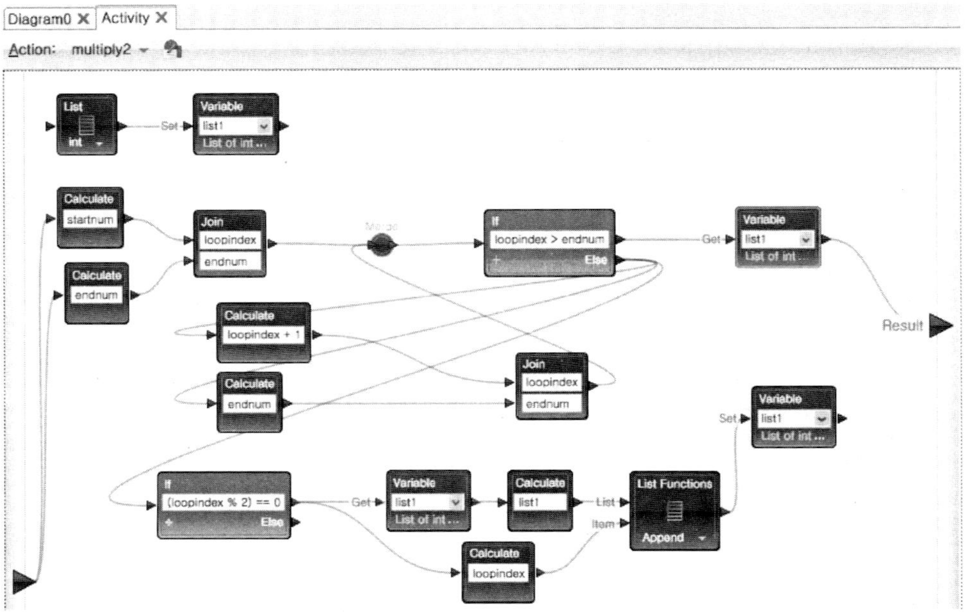

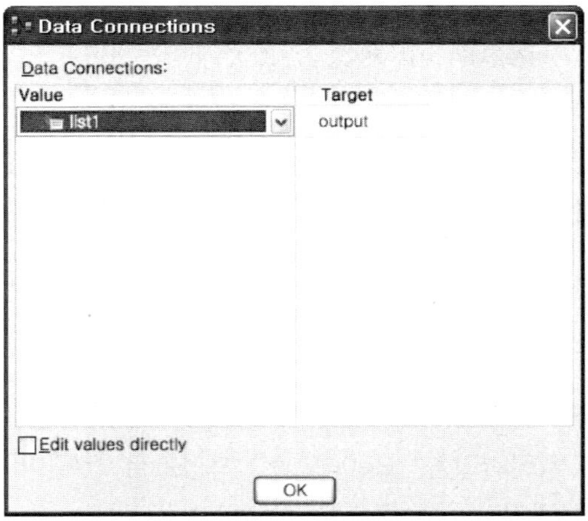

12. 마찬가지로 3의 배수를 계산하는 Activity 액티버티를 작성하기 위하여 다이어그램 Activity의 Action 드롭다운 리스트 버튼을 눌러서 "multiply3"를 선택한다. 단계 9~11를 반복하여 다음과 같이 작성한다. 2의 배수와 다른 점은 3의 배수를 체크하기 위하여 If 액티버티의 텍스트 박스에 "(loopindex%3)==0"으로 대체한 것이다.

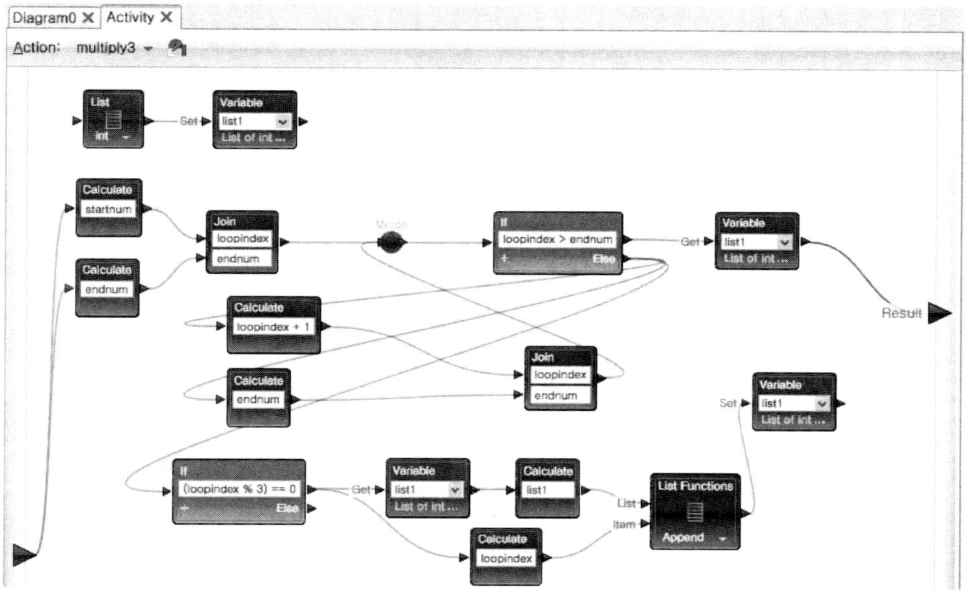

13. 이제 배수가 저장된 배열을 출력하기 위하여 단계 8에서 작성한 다이어그램(Diagram0)으로 되돌아와서 2의 배수를 계산하는 Activity 액티버티 옆에 새로운 Activity 액티버티(Activity0)를 추가한다. 같은 방법으로 3의 배수를 계산하는 Activity 액티버티 옆에 Activity0 액티버티를 복사하여 붙여 놓는다. Activity0 액티버티를 더블 클릭하여 다이어그램 Activity0를 연다. 그 다이어그램의 Actions and Notifications 창을 열어서 Input Values: 항목의 Add 버튼을 눌러서 List of int 형의 변수 "in_data"를 입력한다.

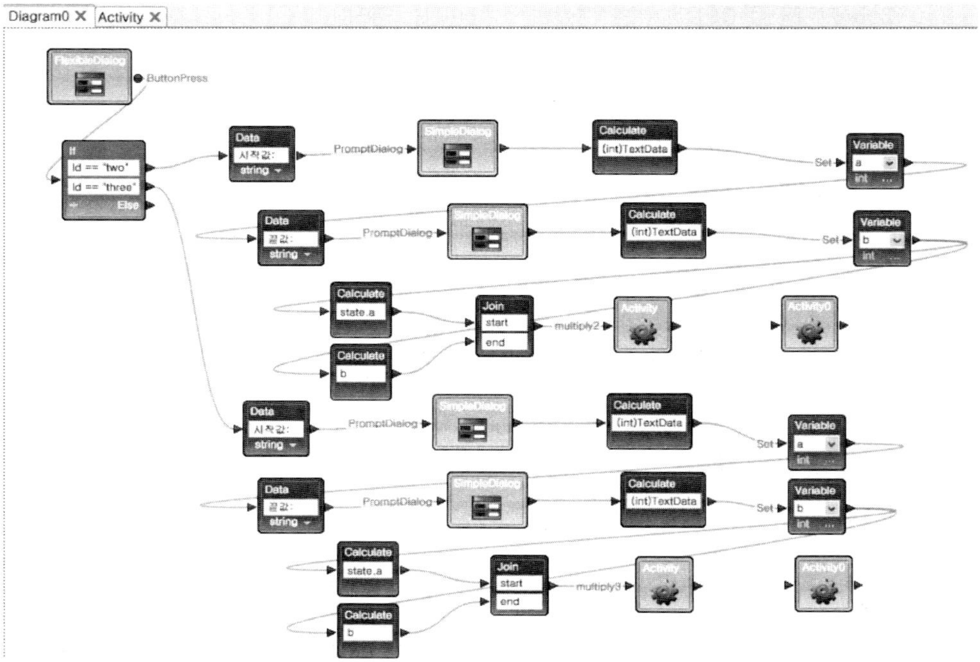

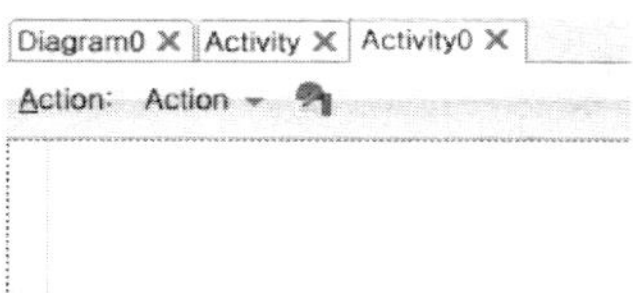

14. 이제는 배수를 계산하여 저장하고 있는 배열을 출력하는 다이어그램 Activity0를 작성한다. 입력 매개변수를 통하여 배열을 읽어 와서 배열의 각 항목을 지정하기 위하여 배열과 인덱스를 변수로 지정하여야 한다. Calculate, Data 액티버티, 두 개의 Variable 액티버티를 추가한다. Variable 액티버티에 List of

int 형 변수 "input", int 형 변수 "i"를 입력한다. 다이어그램 Activity0의 입력 포인트를 Calculate 액티비티에 연결하고 텍스트 박스에는 다이어그램 Activity0의 입력 매개값인 "in_data"를 입력한다. Calculate 액티비티를 변수 input이 지정된 Variable 액티비티에 연결한다. 이어서 "0"이 기억된 Data 액티비티를 변수 i가 지정된 Variable 액티비티에 연결한다.

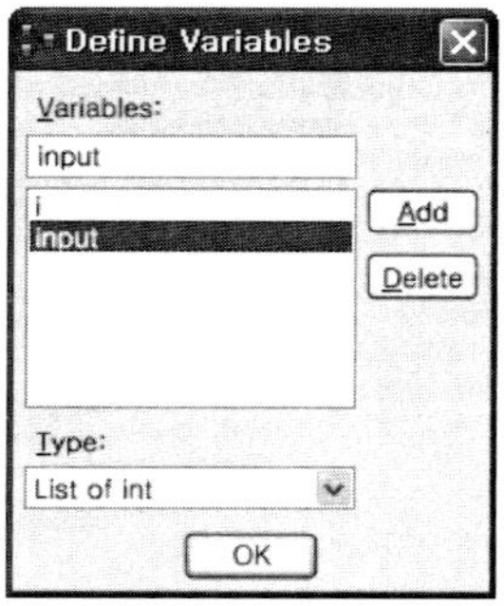

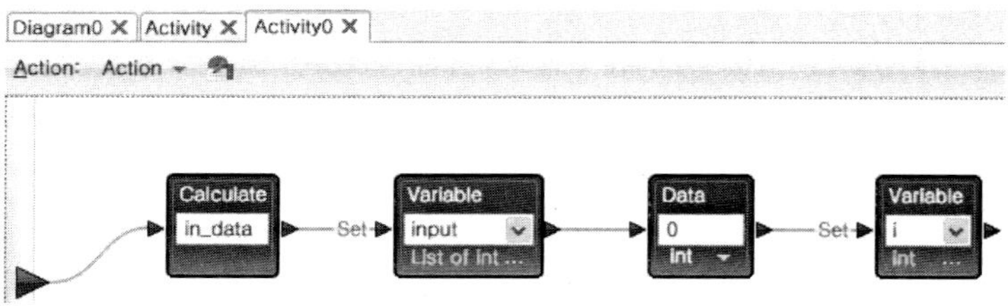

15. 배열 input을 Run 창에 출력하기 위하여 다음과 같이 다이어그램을 완성한다. Calculate 액티비티의 텍스트 박스에 "state.input[i]"를 입력한 후에 Log 서비스에 "LogInfo" 속성으로 연결한다. 인덱스가 배열의 항목 개수와 같으면 Diagram0으로 되돌아가기 위하여 If 액티비티의 텍스트 박스에 "state.i==state.input.Count"를 입력한다. Count 속성은 배열 input에 저장되어 있는 항목의 개수를 의미한다. If 액티비티의 조건이 참이면 If 액티비티의 출력단자를 다이어그램 Activity0의 출력 포인트에 연결한다.

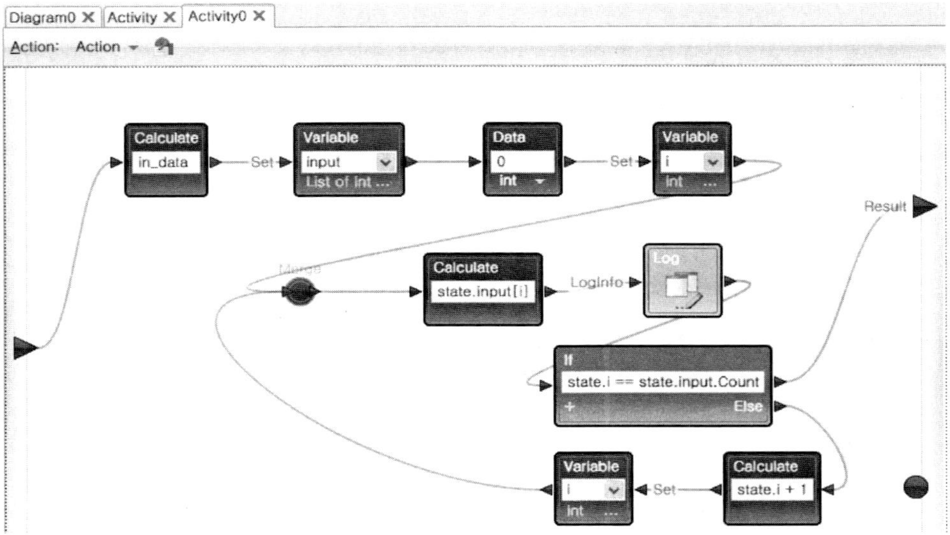

16. 마지막으로 Diagram0으로 되돌아와서 Activity와 Activity0 액티버티를 연결한다. 이어서 나타나는 Data Connections 창의 Value 항목에서 "output"을 선택한다.

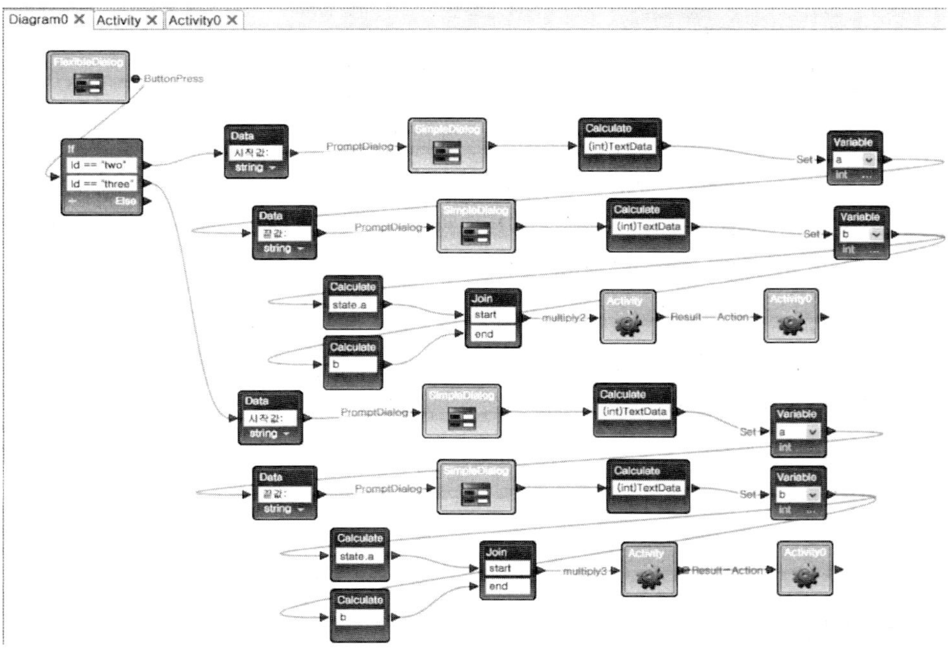

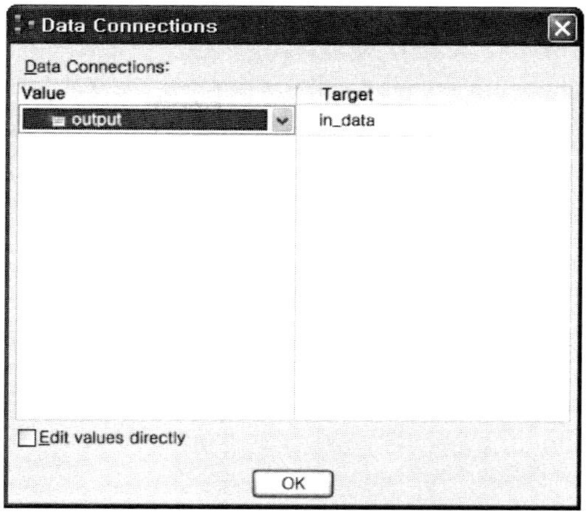

:: [실행결과]

다이어그램을 저장한 후, F5 키를 눌러 실행시키면 다음과 같이 버튼 선택 창과 Prompt Dialog가 나타난다. 버튼 선택 창에서 2의 배수 버튼을 누르면 Prompt Dialog에서 시작값과 끝값을 요구한다. 시작값과 끝값을 입력하면 시작값과 끝값 사이에 존재하는 2의 배수가 Run 창에 출력된다. 마찬가지로 다시 다이어그램을 실행시키고 3의 배수 버튼을 누르면 시작값과 끝값 사이에 존재하는 3의 배수가 출력된다.

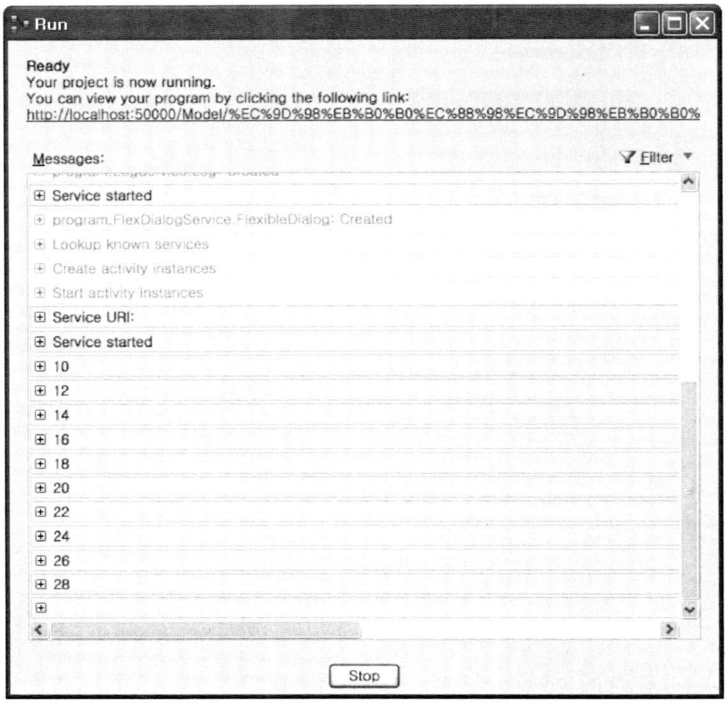

6.3 Notification

6.3.1 간단한 루프 구조

데이터를 읽어서 일정한 처리방법에 따라 반복처리하는 경우는 흔하게 발생한다. 본 단원에서는 반복처리를 하기 위한 루프구조에 대하여 알아보자. Activity 액티버티의 Notification을 사용하여 간단한 루프구조를 다음과 같은 절차로 작성하여 보자.

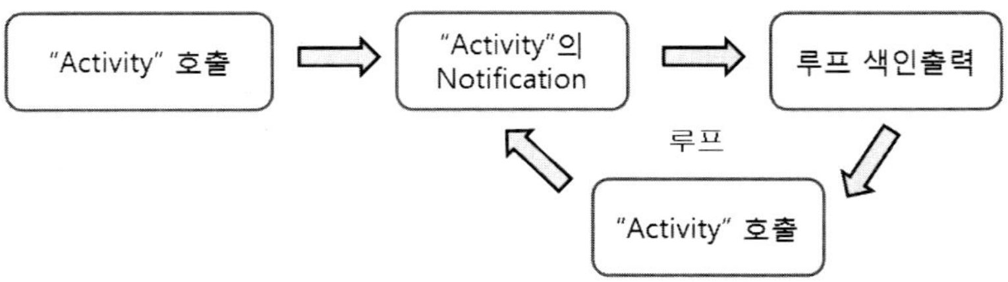

:: [다이어그램 구성]

1. 다이어그램에 Data 액티버티와 Variable 액티버티를 추가한다.
2. Variable 액티버티의 …아이콘을 눌러서 int 형 변수명 "loopIndex"를 입력한다.
3. 값 0을 갖는 Data 액티버티와 Variable 액티버티를 "SetValue" 속성으로 연결한다.
4. Activity 액티버티를 추가하고 이름을 "Jump"로 변경한다. Jump 액티버티를 더블 클릭하여 다이어그램 Jump를 연다.
5. 다이어그램 Jump에서 입력단자를 출력단자에 연결한다. 이어서 나타나는 Connections 창에서 To: 항목은 "Add New Notification"이 나타나며 OK 버튼을 누른다.

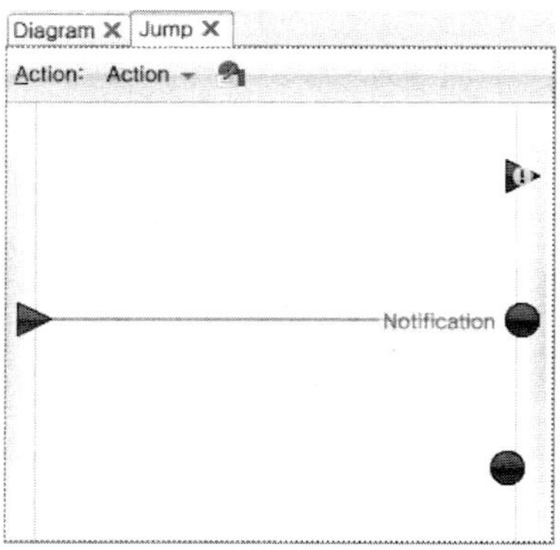

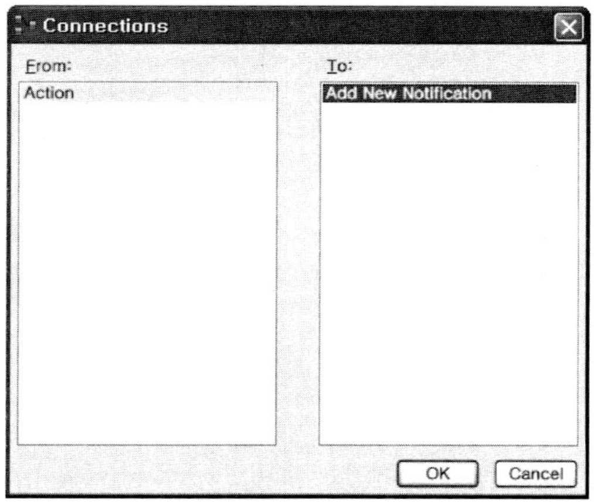

6. 다시 호출 다이어그램(Diagram)으로 되돌아와서 Variable 액티버티와 Jump 액티버티를 연결하고, Jump 액티버티를 복사 후 붙여놓는다.

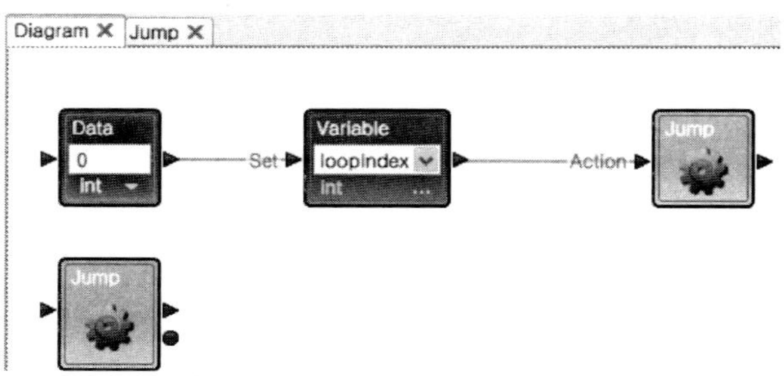

7. If 액티비티와 Calculate 액티비티를 추가하고 Variable 액티비티를 복사한 후 붙여놓는다.

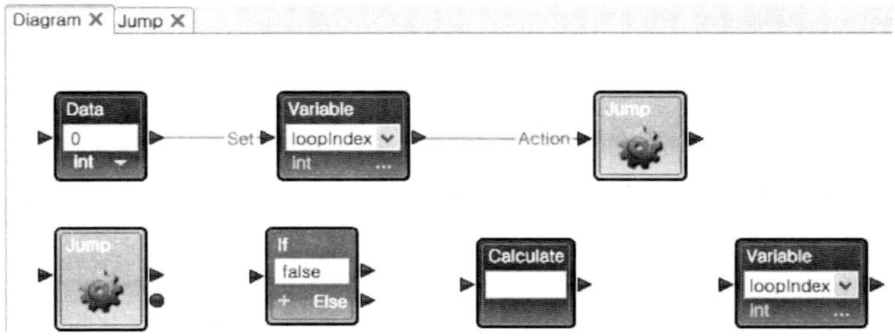

8. 각 액티비티를 연결하고 텍스트 박스를 다음과 같이 입력한다.

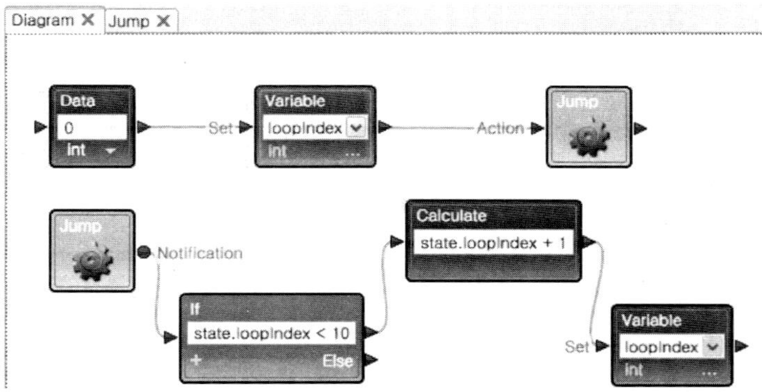

9. Log 서비스를 추가하고 Jump 액티비티를 복사한 후 붙여놓는다. Variable 액티비티와 Log 서비스를 "LogInfo" 속성으로 연결하고 Data Connections 창에서 Message의 Value 항목을 "loopIndex"로 설정한다. 마지막으로 Log 서비스와 Jump 액티비티를 연결한다.

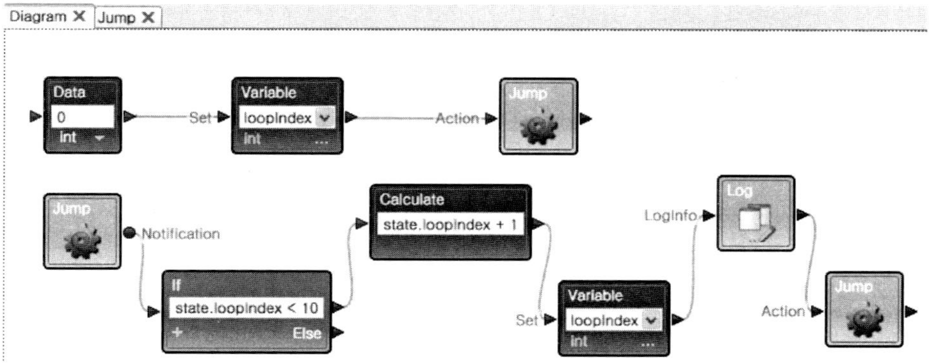

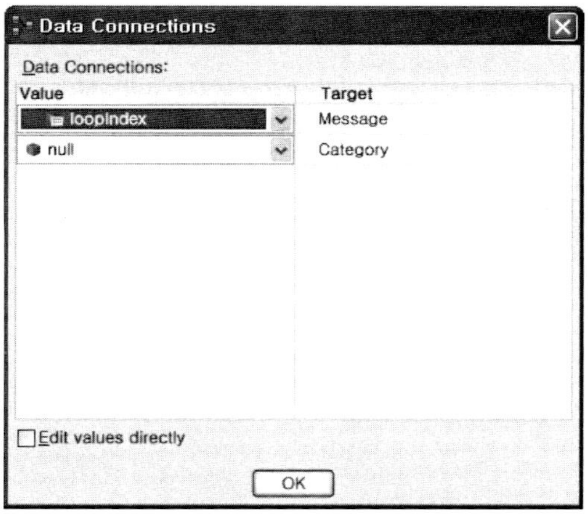

:: [실행결과]

다이어그램을 저장한 후, F5 키를 눌러 실행시키면 다음과 같이 Run 창이 나타나면서 루프의 인덱스가 출력되는 것을 볼 수 있다.

6.4 피보나치 수 출력하기

피보나치 수가 처음으로 언급된 문헌은 기원전 5세기 인도의 수학자 핑갈라가 쓴 책이다. 한편, 유럽에서 피보나치 수를 처음 연구한 것은 레오나르도 피보나치이며 토끼 수의 증가에 대하여 이야기하면서 이 수를 언급하였다. 다음과 같은 규칙으로 토끼가 번식할 때 n번째 달의 토끼 수는 어떻게 구할 수 있는가?

- 첫 달에는 새로 태어난 토끼 한 쌍이 존재한다.
- 두 달 이상이 된 토끼는 번식이 가능하다.
- 번식 가능한 토끼 한 쌍은 매달 새끼 한 쌍을 낳는다.
- 토끼는 죽지 않는다.

첫 달에는 새로 태어난 토끼 한 쌍이 있고, 두 번째 달에는 그대로 토끼 한 쌍,

세 번째 달에는 이 토끼 한 쌍이 새끼를 낳게 되어 토끼 2쌍이 되고, 네 번째 달에는 3쌍, 다섯 번째 달에는 5쌍이 된다. 이때 n번째 달에 a쌍의 토끼가 있었고, 다음 n+1번째 달에는 새로 태어난 토끼를 포함하여 b쌍이 있었다고 하자. 그러면 n+2번째 달에는 a+b쌍의 토끼가 있게 된다. 이것은 n번째 달에 살아 있던 토끼는 충분한 나이가 되어 새끼를 낳을 수 있지만, 바로 전달인 n+1번째 달에 막 태어난 토끼는 아직 새끼를 낳을 수 없기 때문이다.

그러므로 피보나치 수열은 다음과 같다.

1, 1, 2, 3, 5, 8, 13, 21, 34, 55, 89, ….

본 단원에서는 Activity 액티버티의 Notification을 사용하여 피보나치 수를 구하는 예제를 다음과 같은 절차로 다이어그램을 작성하여 보자.

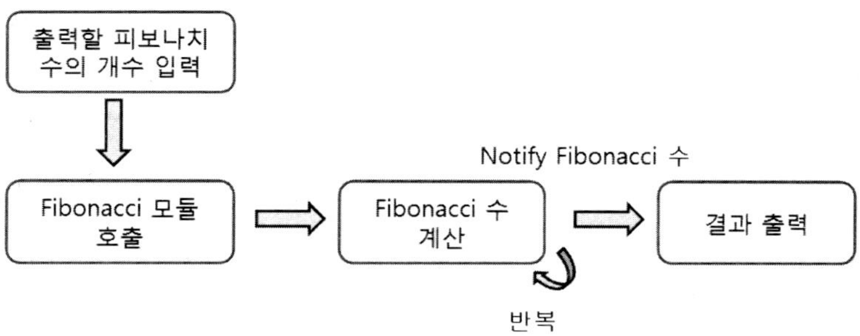

:: [다이어그램 구성]

1. 출력할 피보나치 수의 개수를 사용자로부터 입력 받기 위하여 다이어그램에 Data, Calculate, Simple Dialog 서비스를 추가한다. Data 액티버티를 Simple Dialog 서비스에 "PromptDialog" 속성으로 연결한다. Data Connections 창의 PromptText의 Value 항목을 "value"로 설정한다. Data 액티버티의 텍스트 박스에 Prompt Dialog에서 보여줄 안내 문장을 입력한다. 즉, 문자열로 "출력할 피보나치 수의 개수?"를 입력한다.

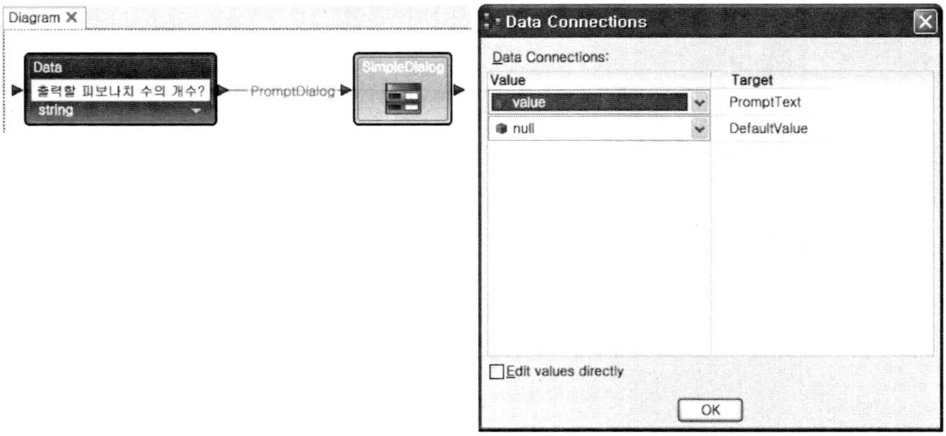

2. Prompt Dialog에서 입력한 값을 변수에 저장하기 위하여 Calculate, Variable 액티버티를 추가한다. Simple Dialog 서비스의 출력을 Calculate 액티버티에 연결하면 Connections 창이 나타난다. From: 항목을 "PromptDialog –Success"로 설정한다. Simple Dialog 서비스로부터 입력받은 값은 문자열이므로 이 값을 int 형로 변환하기 위하여 Calculate 액티버티의 텍스트 박스에 "(int)TextData"를 입력한다. Variable 액티버티에 변수명 "count"를 추가한 후에 Calculate와 Variable 액티버티를 "SetValue" 속성으로 연결한다.

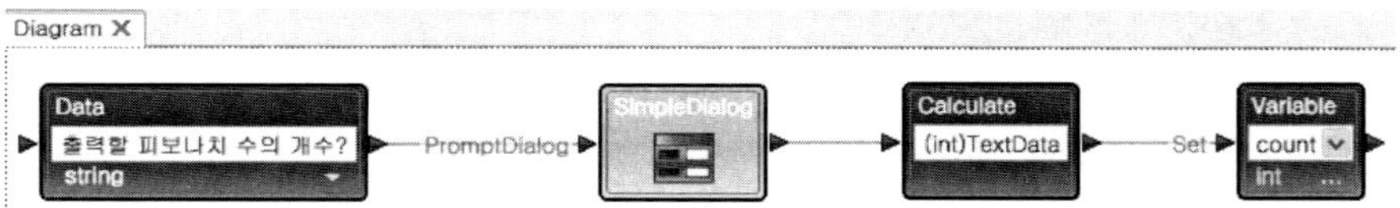

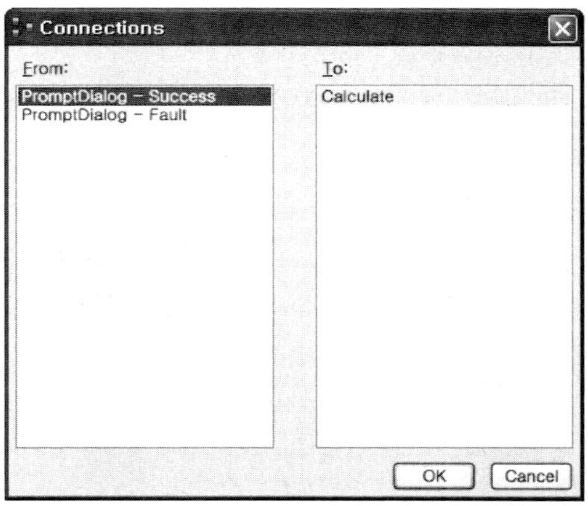

3. Activity 액티버티를 추가하여 클릭한 후 속성 창에서 이름을 "Fibonacci"로 변경한다.

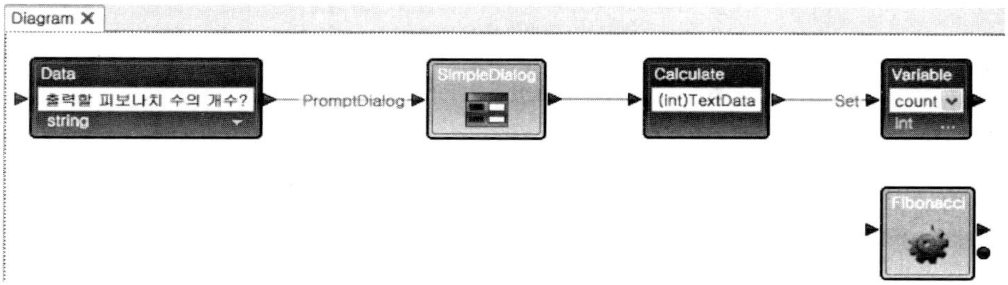

4. "Fibonacci" 액티버티를 더블 클릭하여 다이어그램 Fibonacci를 연다. 그 다이어그램의 위 부분에 있는 "Actions and Notifications" 아이콘을 클릭한다. "Actions and Notifications" 창의 Actions 탭에서 Input values: 항목에 Add 버튼을 눌러서 int 형 변수 "a"를 입력한다.

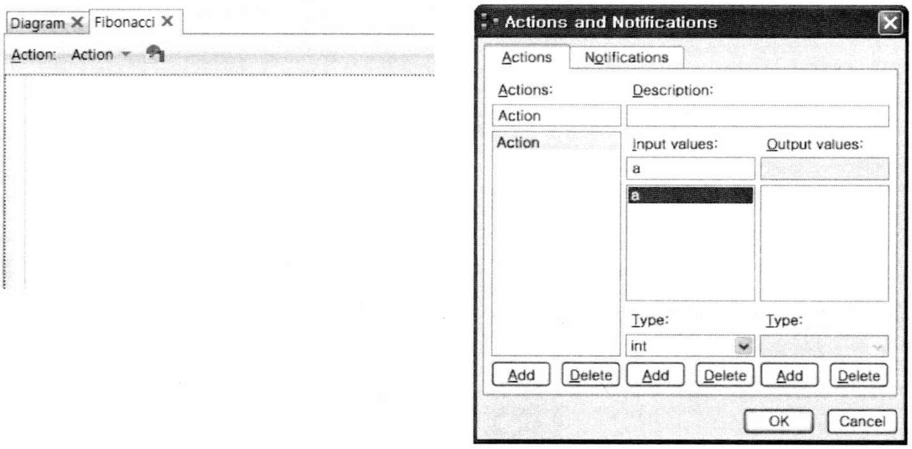

5. "Actions and Notifications" 창의 Notifications 탭에서 "Notification values:" 항목의 Add 버튼을 눌러서 int 형 이름인 "result"를 입력하고 OK 버튼을 누른다.

6. 다이어그램 Fibonacci에 Calculate 액티버티를 추가한 후 입력 포인터를 Calculate 액티버티에 연결하고 텍스트 박스에 "a"를 입력한다.

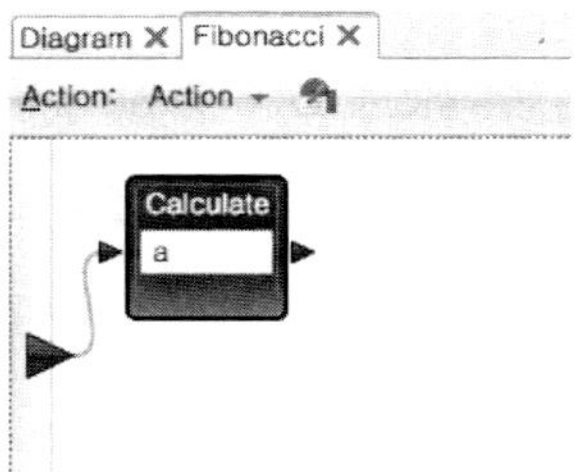

7. 다이어그램 Fibonacci에 세 개의 Data 액티버티와 네 개의 Variable 액티버티를 추가한다. Variable 액티버티에 int 형 변수 "n1", "n2", "index", "count"를 추가한다.

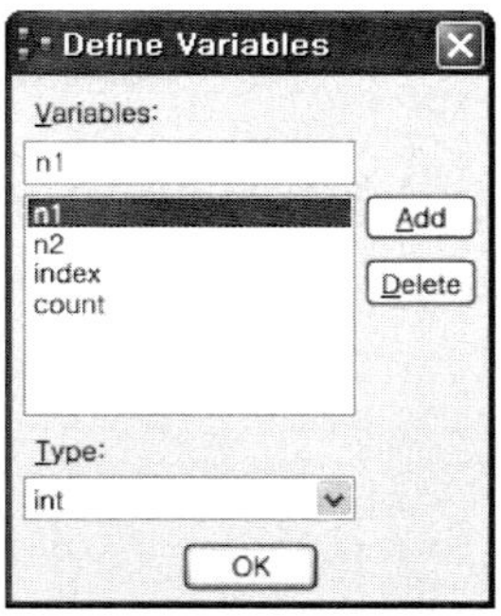

8. "0"을 변수 n1, "1"을 변수 n2와 index에 기억시키기 위하여, 다음과 같이 Data액티버티와 Variable 액티버티를 각각 연결한다. 그리고 Calculate 액티버티의 값을 변수 count에 저장하기 위하여 Calculate 액티버티와 Variable 액티버티를 연결한다.

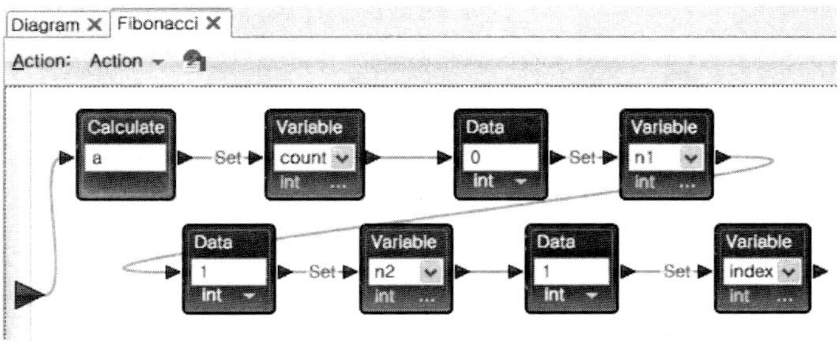

9. 이어서 Merge 및 If 액티버티를 추가하고 If 액티버티의 텍스트 박스에 다음과 같이 입력하고 연결한다.

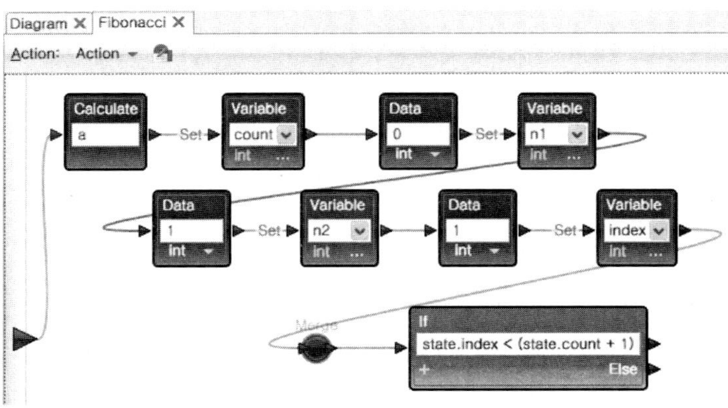

10. If 액티버티의 조건이 참일 때 피보나치 수를 계산하기 위하여 네 개의 Calculate 액티버티와 세 개의 Variable 액티버티를 추가하고 다음과 같이 값을 설정한다. 새로 계산된 피보나치 수를 Diagram으로 반환하기 위하여 피보나치 수를 계산하는 Calculate 액티버티를 Notification 단자에 연결한다. 이때 나타나는 Connections 창의 To: 항목은 "Notification"으로 설정하고, Data Connections 창의 Value 항목을 "value"로 설정한다.

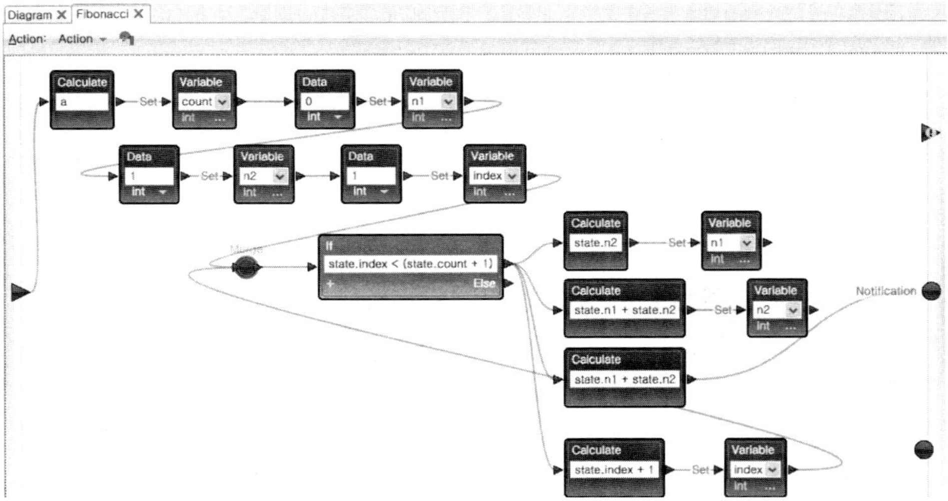

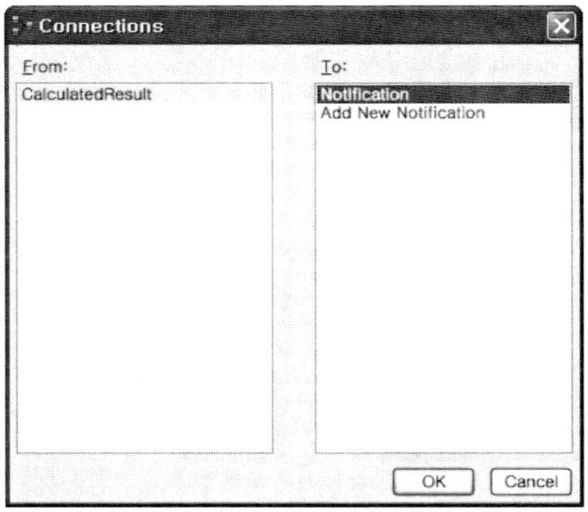

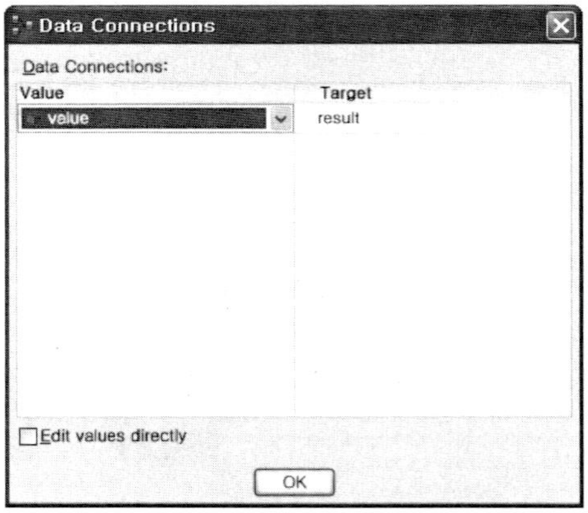

11. 단계 3의 Diagram으로 되돌아와서 Variable 액티버티와 Fibonacci 액티버티를 연결한다. 이때 Data Connections 창의 Value 항목을 "count"로 설정한다.

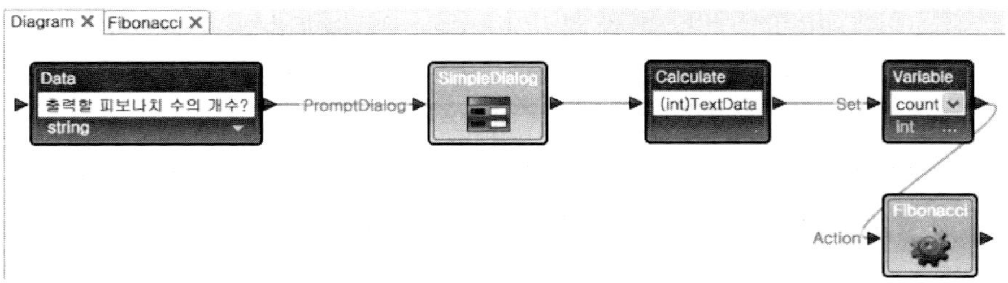

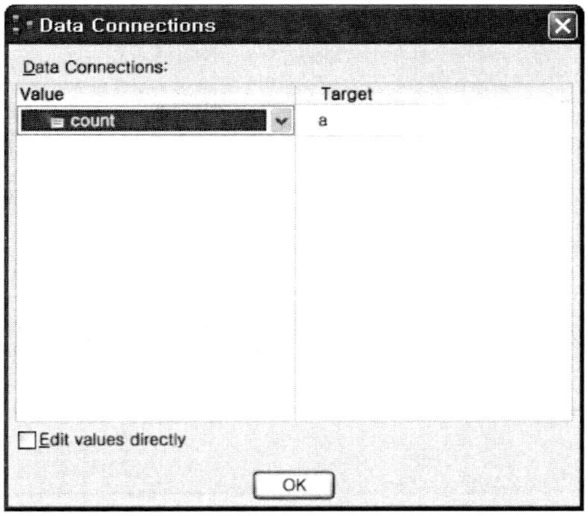

12. Fibonacci 액티버티를 복사하여 붙여놓고, Log 서비스를 추가한다. Fibonacci 액티버티의 Notification 단자를 Log 서비스에 "LogInfo" 속성으로 연결한다. 이어서 나타나는 Data Connections 창의 Message의 Value 항목을 "result"로 설정한다.

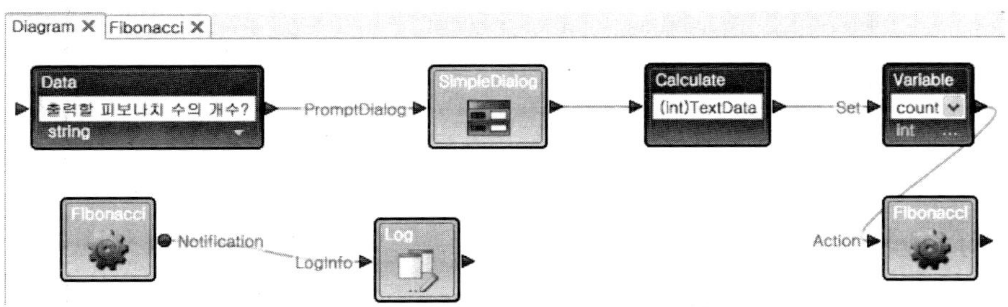

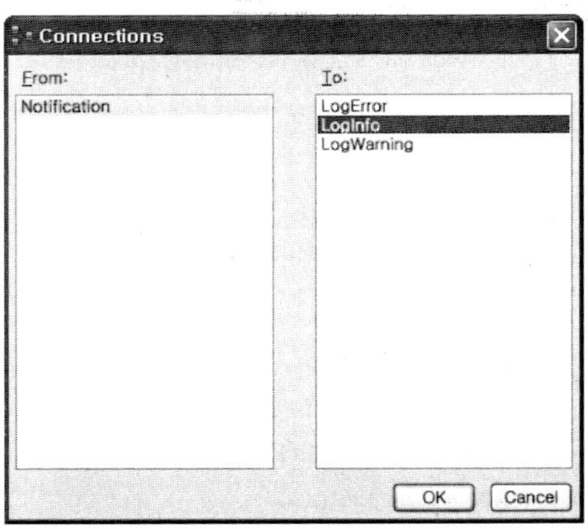

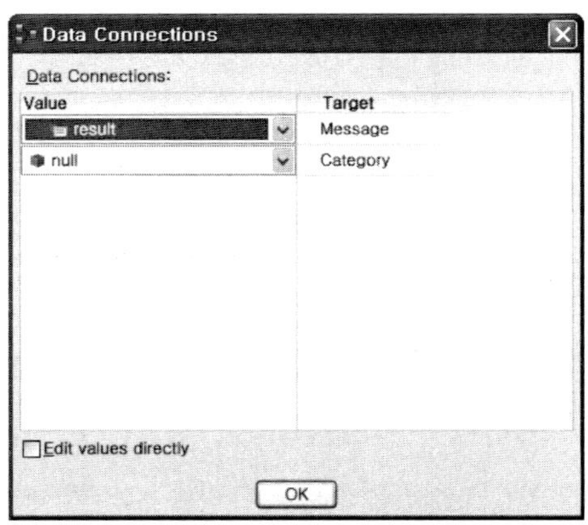

:: [실행결과]

다이어그램을 저장한 후, F5 키를 눌러 실행시키면 다음과 같이 Prompt Dialog가 뜨면서 출력할 피보나치 수의 개수를 요구한다. 예를 들면, "10"을 입력하면 Run 창에 10개의 피보나치 수를 보여 준다.

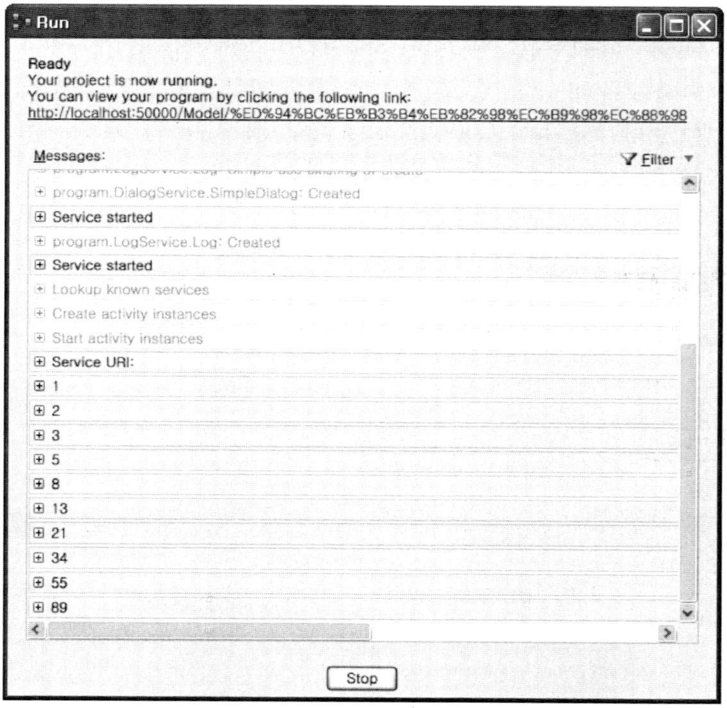

6.4.1 Notification을 사용하여 최솟값, 최댓값 구하기

단원 4.5.5에서 작성한 최솟값과 최댓값을 구하는 문제를 Activity 액티버티의 Notification을 사용한 루프구조를 사용하여 작성하여 보자.

:: [다이어그램 구성]

1. 단원 4.5.5에서는 Prompt Dialog를 통하여 세 개의 항목을 입력하였다. 본 단원에서는 Byte Array 서비스를 사용하여 배열의 항목들을 사전에 저장한 후에 그 값들 중에서 최솟값과 최댓값을 찾는다. 단원 4.5.5의 다이어그램에서 배열의 항목을 입력하는 부분과 Merge 액티버티를 삭제하고 Byte Array 서비스와 Activity 액티버티를 추가한다. Activity 액티버티의 이름을 "Jump"로 변경한다.

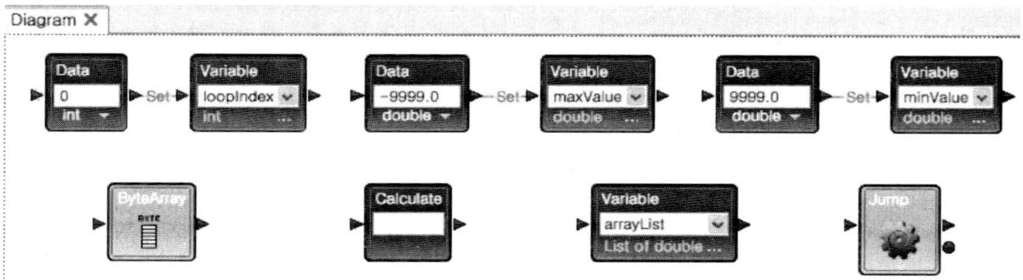

2. Byte Array 서비스를 더블 클릭하여 ByteArray 창의 Set Configuration에서 "Set initial configuration" 기능을 선택한다. ByteList Data의 Count 옆에 있는 +를 클릭하여 배열의 항목을 다음과 같이 입력한다.

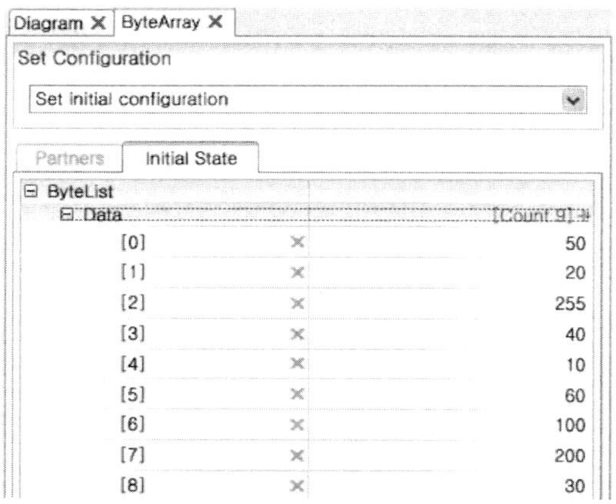

3. Byte Array 서비스를 Calculate 액티버티에 "GetList" 속성으로 연결하고, Calculate 액티버티의 텍스트 박스에 "Data"를 입력한다. List of double 형

의 변수 "arrayList"가 입력된 Variable 액티버티와 Jump 액티버티를 다음과 같이 연결한다.

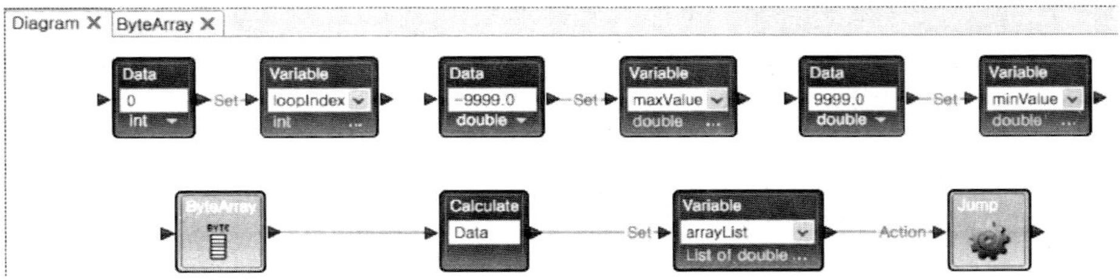

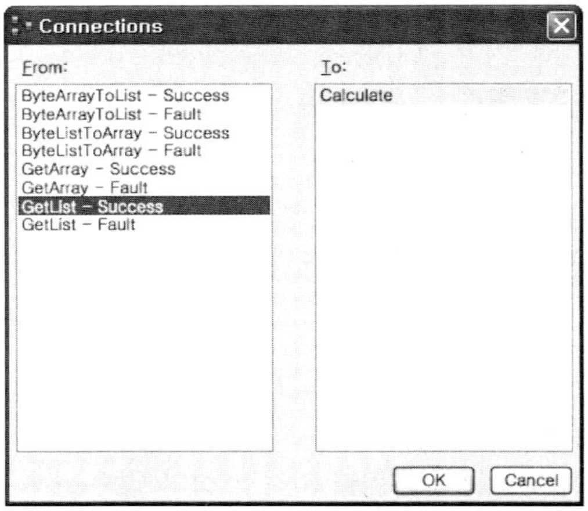

4. Jump 액티버티를 더블 클릭하여 다이어그램 Jump를 연다. 그 다이어그램의 입력 포인터와 Notification 포인터를 연결한다.

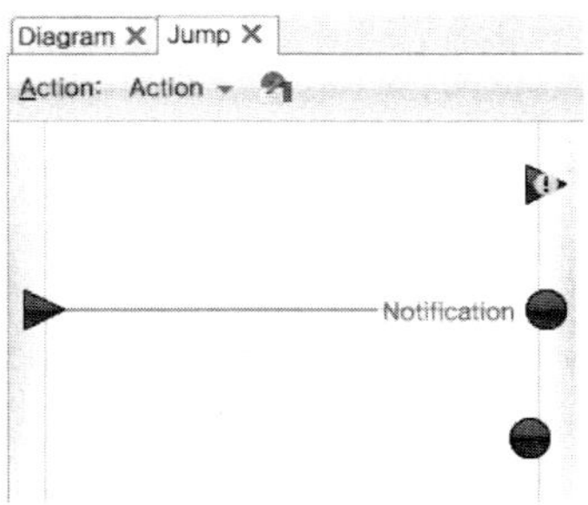

5. 다시 Diagram으로 되돌아와서 Jump 액티버티를 복사한 후 두 개를 붙여놓은 후 다음과 같이 연결하여 완성한다.

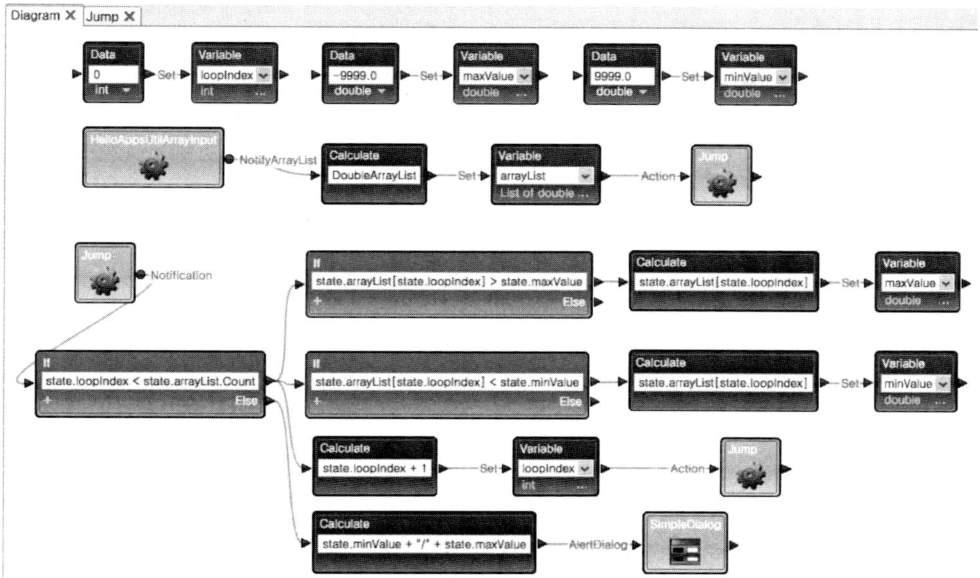

:: [실행결과]

다이어그램을 저장한 후, F5 키를 눌러 실행시키면 Alert Dialog를 통하여 최솟값과 최댓값이 출력된다.

제 7 장

로봇 제어

7.1 로봇 연결 방법

MSRDS에서는 다양한 방법으로 로봇을 제어할 수 있다. MSRDS를 공부하다 보면 가장 궁금해 하는 것이 "도대체 어떻게 로봇을 제어하는 것일까"일 것이다. 본 단원에서는 이러한 의문점을 풀기 위하여 간단하게 시뮬레이션 로봇을 연결하고 제어해 본다.

시뮬레이션 로봇을 활용하여 로봇 애플리케이션을 개발한 후 실제 로봇으로 변경할 수 있다. 사실 이러한 부분이 MSRDS의 강점이다. 즉, 개발된 로봇 애플리케이션을 소스코드 수정 없이 다른 로봇에 적용시킬 수 있다.

MSRDS에서 제공하는 두 개의 서비스를 이용해서 시뮬레이션 로봇을 제어하는 방법을 알아본다.

VPL의 다이어그램에 다음과 같이 SimpleDashboard 서비스와 Simulated-GenericDifferentialDrive 서비스를 추가해 놓는다. 두 개의 서비스를 연결할 필요는 없으며, SimulatedGenericDifferentialDrive의 설정 정보만 수정해 주면 된다.

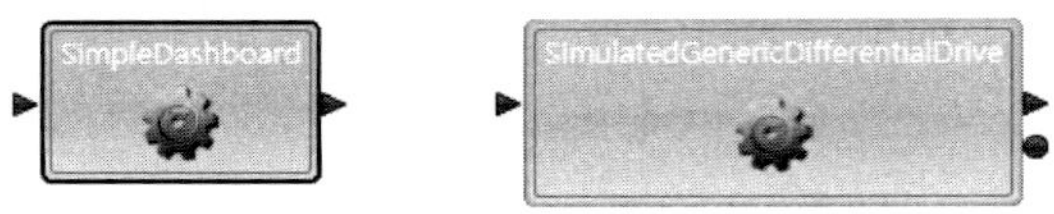

이번에는 SimulatedGenericDifferentialDrive 서비스를 마우스로 클릭한 다음 우측에 있는 속성 툴 박스를 확인한다. Configuration: 항목을 "Use a manifest"로 설정한다. 그러면 바로 아래에 Manifest: 항목을 선택할 수 있는 콤보박스가 나타난다.

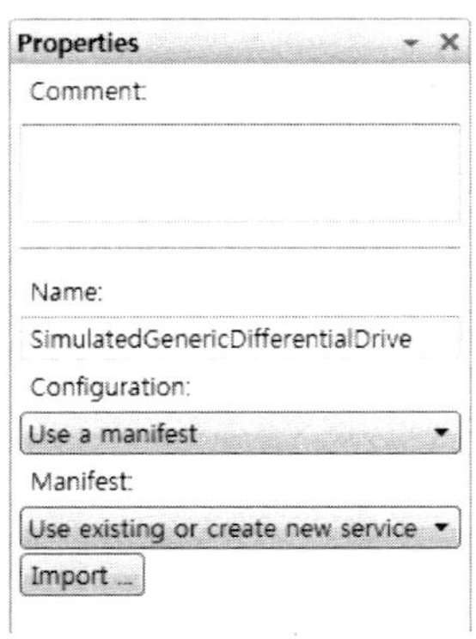

속성 툴 박스에서 import 버튼을 클릭하면 다음과 같이 SimulatedGeneric-DifferentialDrive 타입을 지원하는 서비스 목록들이 표시된다. 이 목록들 중에서 "LEGO.NXT.Tribot…"을 선택한다.

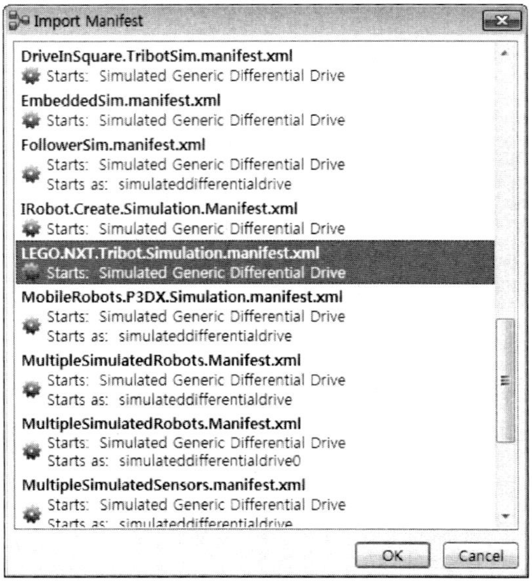

이제 저장하고 실행하면 VPL에서 할 일은 모두 끝난 것이다.

VPL을 실행하고 나면, 다음과 같이 두 개의 윈도우 창이 표시된다. 하나는 Simpledashboard가 실행된 화면이고, 또 다른 하나는 시뮬레이션 실행 화면이다. 시뮬레이션 실행 화면을 살펴보면 화면 안에 LEGO NXT의 Tribot이 보일 것이다.

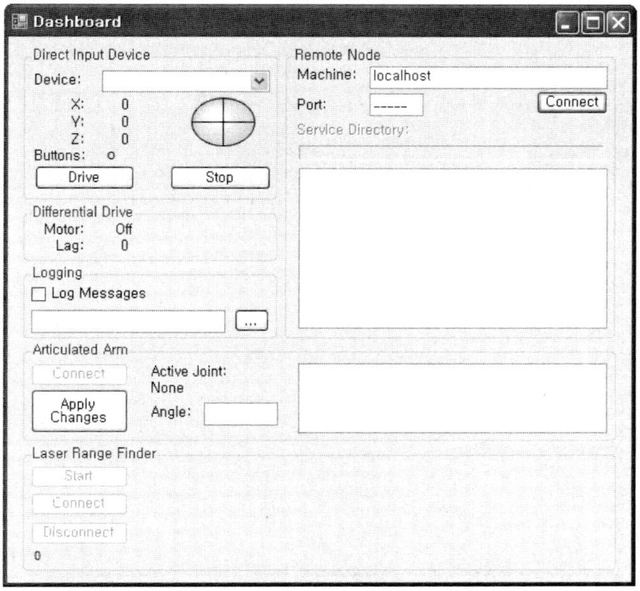

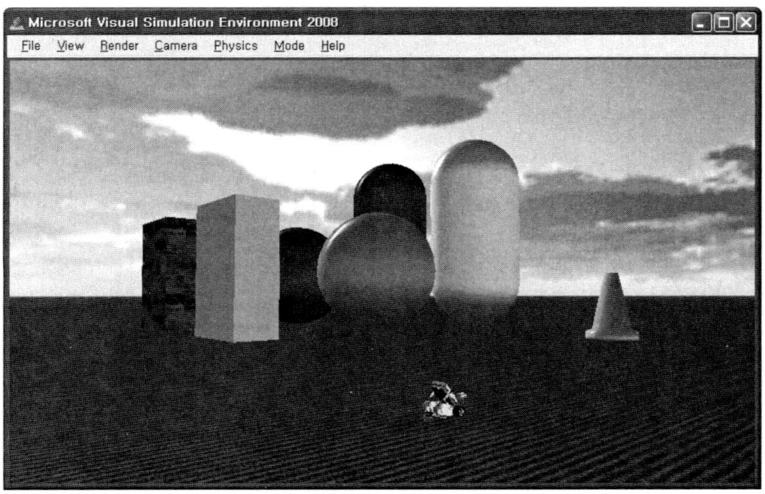

이제 여러분이 해야 할 일은 SimpleDashboard에서 시뮬레이션 로봇에 연결하고 제어를 해보는 일이다.

먼저 SimpleDashboard의 우측 상단에 있는 Connect 버튼을 누른다. 그러면 Port: 부분에 "50001"이 입력되고 Service Directory: 부분에 "(LegoNXTMotorBase)/simulated…"라고 표시되는 항목이 추가된다.

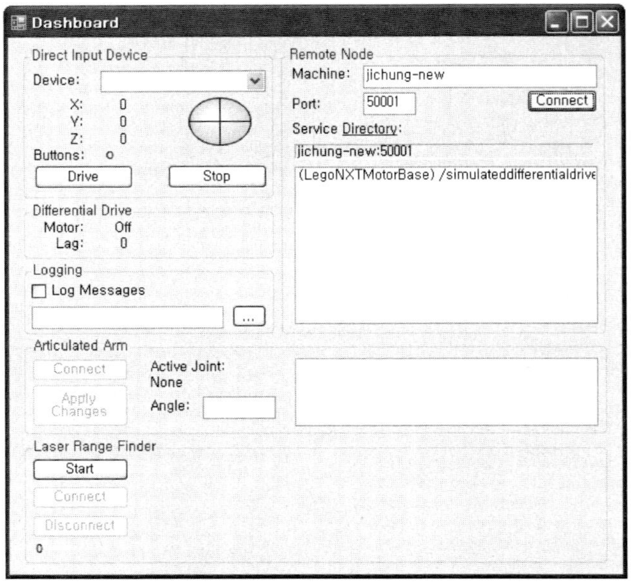

이번에는 (LegoNXTMotorBase)/simulated… 라고 표시되는 항목을 마우스로 더블 클릭한다. 그러면 좌측에 있는 Differential Drive 부분에 있는 Motor: 항목이 Motor: On으로 변경이 될 것이다.

그 다음에는 좌측 상단 부근에 있는 Drive 버튼을 클릭한다. 버튼을 클릭하면 Drive 버튼이 눌려진 채로 유지된다. 이 상태에서 그 위에 있는 동그란 원에 십자가 선이 그어져 있는 그림 부분을 마우스로 클릭한 채 움직여 본다. 이 십자가 모양의 원은 일종의 조이스틱과 같은 역할을 수행한다. 그러면 시뮬레이션 화면에서 로봇이 여러분의 마우스 움직임에 따라 같이 움직이는 것을 볼 수 있을 것이다.

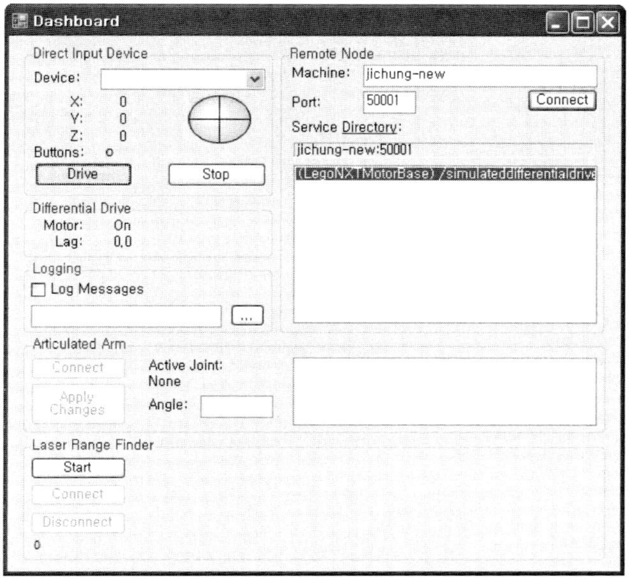

다음 그림은 움직이고 있는 레고 NXT 로봇을 보여준다.

지금까지 VPL에서 단지 두 개의 액티버티만 추가함으로써 로봇을 제어해 보았다. 이번에는 로봇을 다른 로봇으로 바꾸어 보자. 실행을 중지시키고 다시 다이어그

램으로 돌아간다. 앞에서와 같이 SimulatedGenericDifferentialDrive 액티버티를 마우스로 클릭한 다음 우측에 있는 속성 툴 박스를 확인한다.

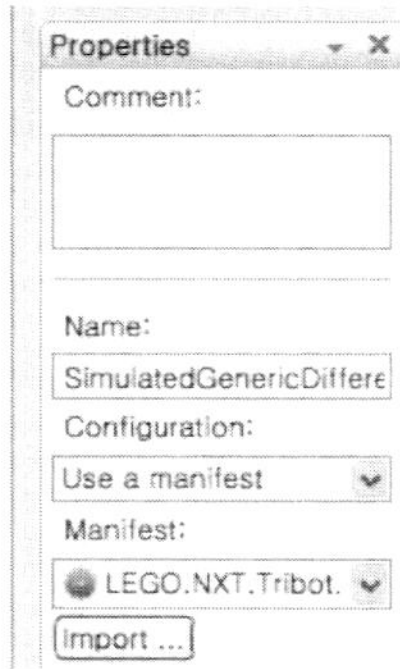

이전과 같이 import 버튼을 클릭하여 다음 그림에서와 같이 "MobileRobots.P3DX.Simulation…" 항목을 선택한다.

이제까지 작업한 내용을 저장하고 다시 실행시켜 본다. 이번에도 이전과 같이 Connect 버튼을 누른다. 그러면 아래 그림에서와 같이 두 가지의 Service Directory: 항목이 표시되며, 여기서 (P3DXMoterBase)/simulated.. 항목을 더블 클릭한 후에 좌측의 Drive 버튼을 클릭한다.

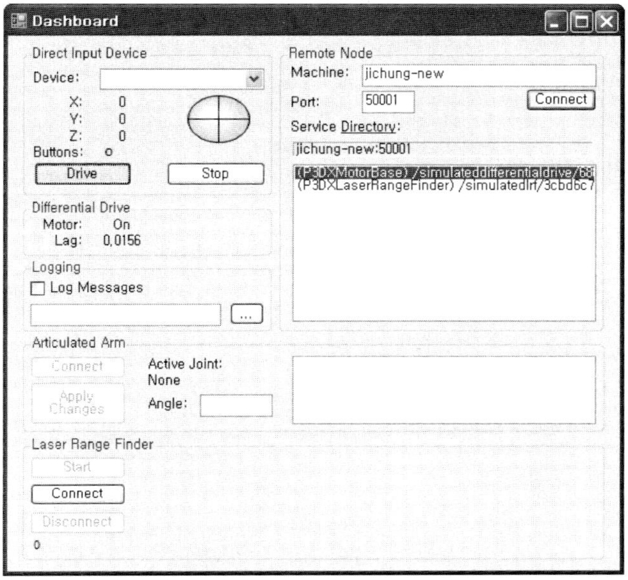

이와 같이 SimpleDashboard를 설정한 후에 십자가 모양의 원으로 되어 있는 아이콘을 마우스로 움직이면 다음과 같이 Pioneer 3DX 로봇이 움직이는 것을 확인할 수 있다.

본 단원에서는 별 다른 작업 없이 간단히 두 개의 액티버티만으로 시뮬레이션 로봇을 실행하고 제어하였다.

7.2 로봇 움직여 보기

본 단원에서는 SimpleDashboard를 사용하지 않고 간단한 VPL 프로그램을 통해 로봇을 움직여 보자.

본 단원에서 소개하는 내용을 이해하면 다음 단원에서 소개하는 Direction Dialog 서비스와 결합하여 버튼으로 로봇을 조종하는 VPL 애플리케이션을 쉽게 완성할 수 있다. 따라서 본 단원에서는 실제 로봇의 움직임을 어떠한 원리로 제어하는지에 대하여 설명한다.

SimulatedGenericDifferentialDrive 서비스를 다이어그램에 추가한다. 그리고 두 개의 Data 액티버티와 한 개의 Join 액티버티를 추가한 후 다음과 같이 연결하고 값을 설정한다.

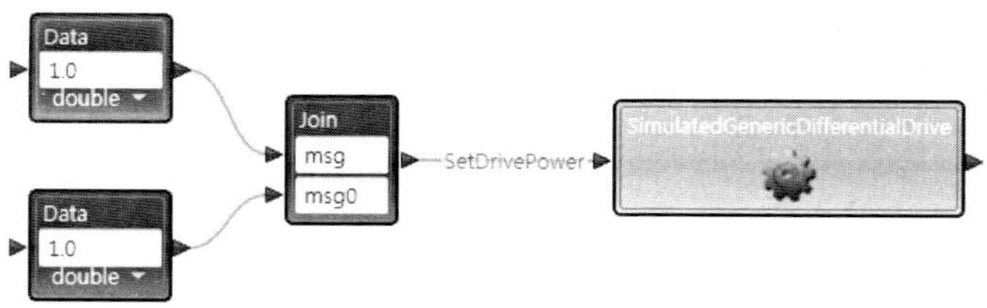

Join 액티버티와 SimulatedGenericDifferentialDrive 서비스를 연결하면 다음과 같이 Connections 창이 실행되며, 이 창에서 다음과 같이 "SetDrivePower" 항목을 선택한다.

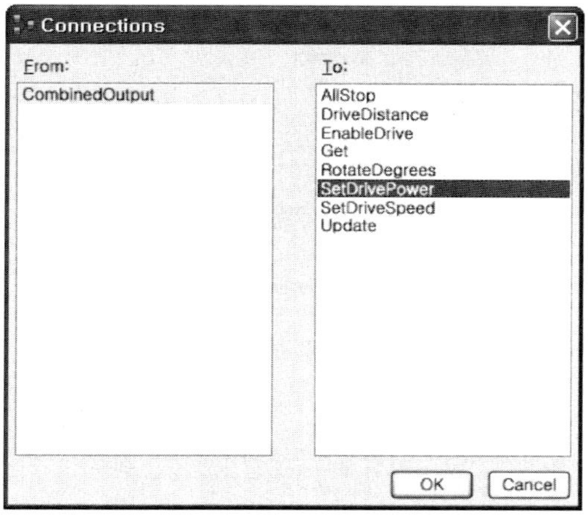

이어서 실행되는 Data Connections 창의 Value 항목에서 각각 "msg"와 "msg0" 항목을 선택한다.

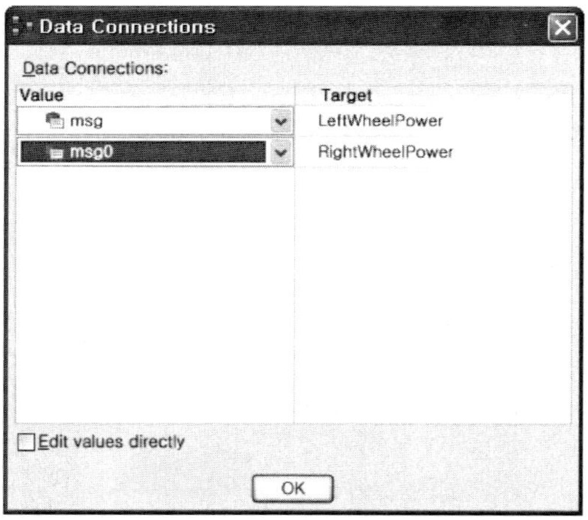

이제 이전 단원에서 설명한 것과 같이 SimulatedGenericDifferentialDrive에 시뮬레이션 로봇을 지정하는 것이다. "LEGO" 또는 "P3DX" 로봇 중 한 가지를 선택해서 연결하면 된다.

SimulatedGenericDifferentialDrive 서비스를 마우스로 클릭한 후 화면 우측의 속성 툴 박스에서 LEGO 시뮬레이션 로봇을 선택한다.

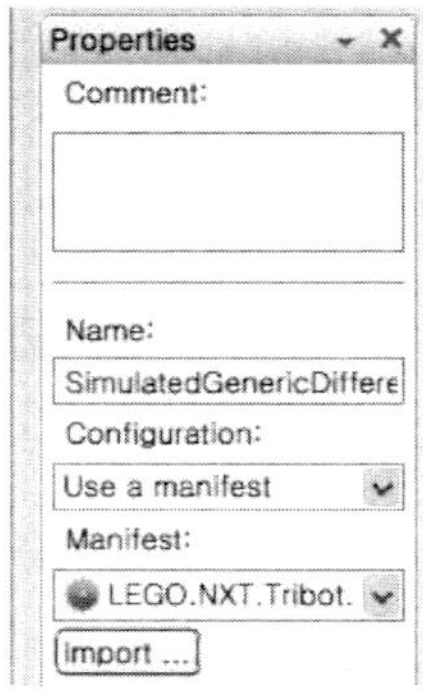

자 이제 위의 다이어그램을 저장한 후 실행시켜 본다.

실행시키자마자 시뮬레이션 상의 로봇이 빠르게 앞으로 전진하는 것을 볼 수 있을 것이다.

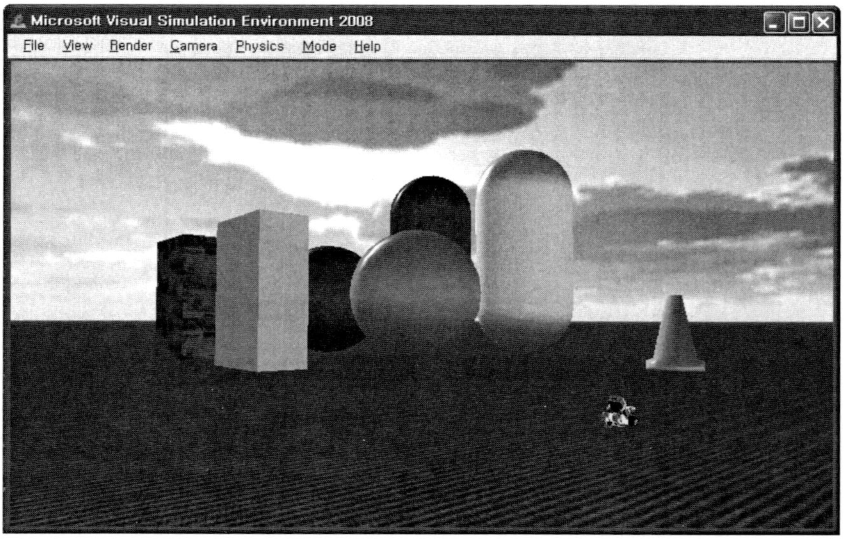

SimulatedGenericDifferentialDrive 서비스를 연결하면 로봇과의 인터페이스를 위하여 다양한 동작을 제공하는데, Connections 창에서 설정할 수 있다. SimulatedGenericDifferentialDrive 서비스가 제공하는 동작은 다음과 같다.

동작	설명
All Stop	드라이브가 멈춘다. 진행 중인 작업을 취소하고, 모든 드라이브의 전원을 끄도록 설정한다. 로봇이 이동 중에 발생할 수 있는 위험에서 안전하게 사용할 수 있도록 하는 것이며, 정지 후 다시 로봇을 동작시키려면 Enable Drive를 "True"로 설정해야 한다.
Drive Distance	앞으로 또는 뒤로 지정된 거리를 이동하게 된다. 이를 위하여 거리, 전원, 그리고 이동거리 스테이지에 대한 매개변수를 가지고 있다. 로봇이 이동할 거리는 미터로 표시하며, double 데이터 형식을 갖는다. 각 바퀴의 속도 입력을 위한 Set Drive Power 변수는 –1.0~1.0을 가지며 –부호는 모터가 역방향으로 회전하는 것을 의미한다. "DriveDistanceStage"와 "DriveStage. InitialRequest"로 설정하여야 한다. 또한, 로봇이 이동 중에 다른 모션을 요청하려면 Drive Distance 명령을 취소하여야 한다. Drive Distance를 정확하게 사용하기 위해서는 인코더를 이용한 이동거리 측정 또는 다른 수단을 지원하기 위하여 필요가 있으며, 타이머만을 사용할 경우에는 정확하게 이동하지 않을 수 있다.
Enable Drive	"True"로 설정하면 드라이브를 사용할 수 있으며, "false"로 설정하면 드라이브를 사용할 수 없다. 드라이브 서비스를 사용하기 위해서는 처음 "true"로 설정하여야 한다. "False"로 설정되어 있을 경우에 다른 작업을 요청하면 모든 요청은 실패한다.
Get	SimulatedGenericDifferentialDrive 서비스의 상태를 반환한다.
Set Drive Power	왼쪽과 오른쪽 바퀴의 전원 설정을 통하여 바퀴의 속도를 설정한다. double 데이터 형식을 가지는 Left Wheel Power와 Right Wheel Power변수를 가지고 있으며, 각각 –1.0~1.0 값을 입력할 수 있다. –부호는 모터가 역방향으로 회전하는 것을 의미한다. Set Drive Power를 통하여 바퀴를 운전하는 복잡한 작업을 간단하게 해결할 수 있다. 모터의 속도를 변경하면 로봇의 바퀴 속도가 바뀌고, 두 바퀴를 "0"으로 설정하면 로봇은 정지한다.
Set Drive Speed	m/s 단위로 이동속도를 설정할 수 있다. 로봇의 속도는 바퀴의 지름, 배터리 전압 량, 모터의 회전속도 등에 결정된다. 이러한 요소 때문에 실제로 로봇의 속도를 제어하기란 쉽지 않다. 속도를 정확하게 제어하기 위해서는 바퀴로부터 피드백을 받아야 한다.

혹시라도 로봇이 너무 빨리 움직여서 로봇이 금방 사라져 버릴 수 있으므로 다음과 같이 다이어그램을 수정해서 실행 후 5초가 지나면 로봇이 움직이도록 수정해본다. 물론 로봇에 전달되는 값도 1.0에서 0.5로 수정하여 속도도 더 줄여본다.

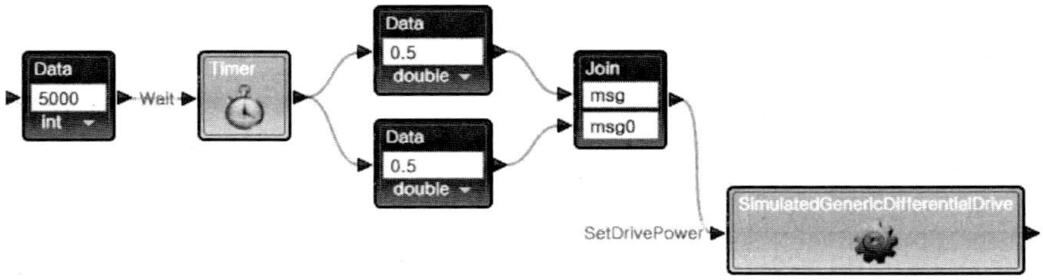

위의 다이어그램을 수행하면, 실행 후 5초 후에 로봇이 움직이기 시작하며, 이전 경우보다 좀 더 느리게 시뮬레이션 상의 로봇이 움직이는 것을 볼 수 있을 것이다.

위의 다이어그램에서 사용된 타이머는 결과를 천천히 출력하기 위하여 추가한 것일 뿐, 항상 필요한 서비스는 아니다.

MSRDS를 지원하는 로봇들은 모두 SetDrivePower라는 인터페이스를 지원하도록 되어 있으며, 이 인터페이스에서는 왼쪽 모터의 파워 값과 오른쪽 모터의 파워 값을 입력받도록 되어 있다.

따라서 double 형의 값을 왼쪽과 오른쪽 모터의 값으로 지정하면 로봇을 움직이게 되는 것이다. 지정하는 값은 통상 -1.0 ~ +1.0 사이의 값을 지정하며, 해당 로봇에 따라 값이 달라질 수 있다. 일반적으로 MSRDS에서 제공되는 시뮬레이션 로봇들은 위의 값의 범위로 제어된다.

위의 예에서는 왼쪽 바퀴와 오른쪽 바퀴의 모터의 값을 동일하게 0.5로 주었기 때문에 로봇이 앞으로 전진하게 된다.

만약 로봇을 뒤로 이동시키려면 어떻게 값을 주어야 할까?

값을 모두 -0.5로 지정하면 로봇이 뒤로 이동하는 것을 볼 수 있을 것이다.

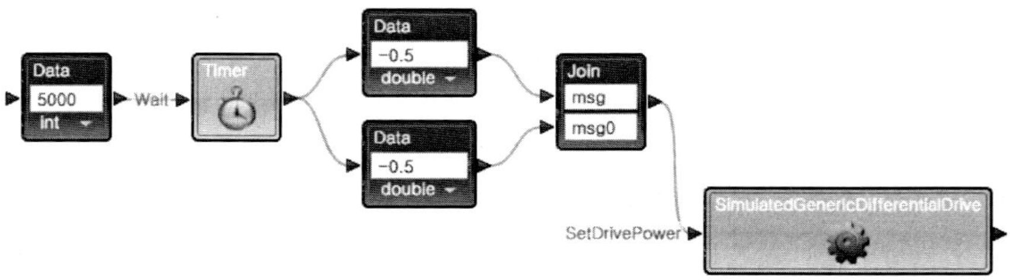

이번에는 로봇을 왼쪽으로 돌게 하려면 어떻게 해야 할까?

왼쪽 모터의 값을 -0.5로 하고 오른쪽 모터의 값을 +0.5로 하면 로봇이 왼쪽으로 이동을 하게 될 것이다. 다음과 같이 값을 수정한 후에 한 번 실행시켜 보자.

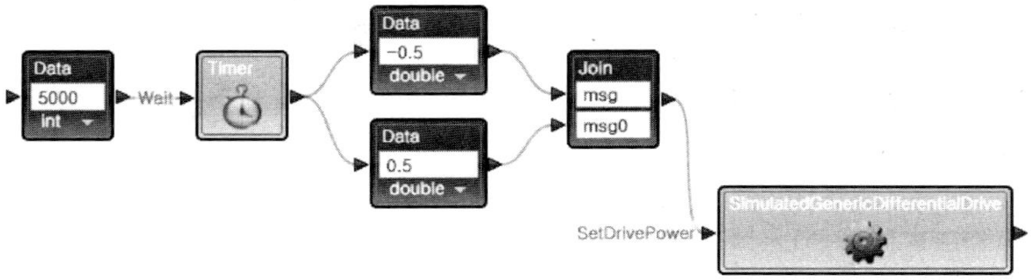

로봇을 오른쪽으로 돌게 하기 위해서는 왼쪽과 오른쪽 모터의 값을 앞의 것과 반대로 입력하면 된다.

이번에는 실질적인 기능으로서 제자리에서 회전하지 않고 앞으로 전진하면서 오른쪽 방향으로 로봇이 나아가게 하려면 어떻게 해야 할까?

아래와 같이 왼쪽 바퀴의 값을 0.5로, 그리고 오른쪽 바퀴의 값을 "0.3"으로 설정한 후 한 번 실행시켜 보자.

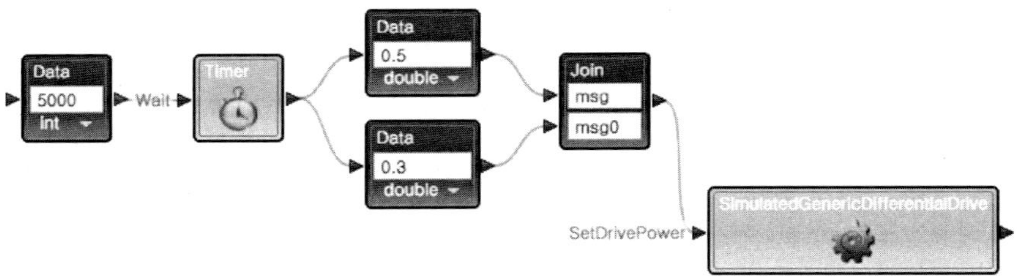

위의 다이어그램을 실행시키면 로봇이 오른쪽 방향으로 원을 그리면 움직이게 되는 것을 확인할 수 있을 것이다.

7.3 조종 버튼 이해하기

본 단원에서는 로봇을 조종하기 위한 간단한 버튼에 대해 소개를 한다. 다행히도 아주 간단하게 전진 및 후진, 정지, 좌측 및 우측 명령을 생성해 낼 수 있는 아주 간단한 다이얼로그 액티버티가 MSRDS에서 기본적으로 제공된다.

SimulatedGenericDifferentialDrive 서비스에 연결하여 로봇을 제어하기 위하여 로봇의 방향을 제어하는 과정이 필요한데, Direction Dialog 서비스를 이용하여 로봇의 방향을 제어할 수 있다. Direction Dialog는 5개의 버튼(전진, 후진, 좌측, 우측, 정지)으로 방향을 제어할 수 있으나 실행환경에 따라 4개의 버튼만 보일 수 있다.

다이어그램에 Direction Dialog 서비스와 Calculate 액티버티를 추가한 후 두 액티버티를 연결한다.

이때 주의할 점은 Direction Dialog 서비스의 출력단자가 두 개라는 것이다. 두 개의 단자 중에서 아래에 있는 단자와 Calculate 액티버티의 입력단자를 연결하면 된다. 만약 Direction Dialog 서비스의 출력단자 중 위에 있는 단자와 Calculate 액티버티를 연결하게 되면, 단지 딱 한 번만 값이 전달될 뿐, 그 다음부터는 값이 전달되지 않는다. 이벤트가 발생할 때마다 값을 전달하고자 한다면 두 번째 출력단자인 Notification 출력단자와 Calculate 액티버티의 입력단자를 연결해야 한다.

이때 다음과 같이 Connections 창이 실행되며, 이 창에서 From: 항목을 "ButtonPress"로 선택한다. ButtonPress는 눌린 버튼의 정보를 반환하고, DialogStateChange는 다이얼로그에서 버튼의 변경상태를 반환하고, ButtonRelease는 버튼을 눌렀다가 놓은 정보를 반환한다.

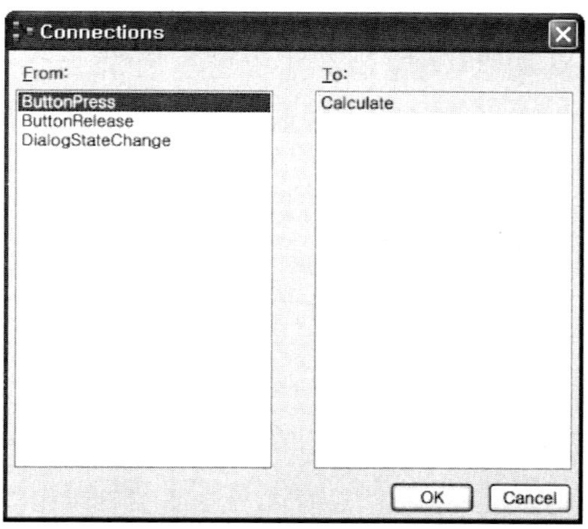

이번에는 Calculate 액티버티의 텍스트 박스에 마우스를 클릭한다. 클릭한 후에는 입력 가능한 값이 표시되는 것을 볼 수 있으며, 이 항목들 중에서 "Name" 항목을 선택한다.

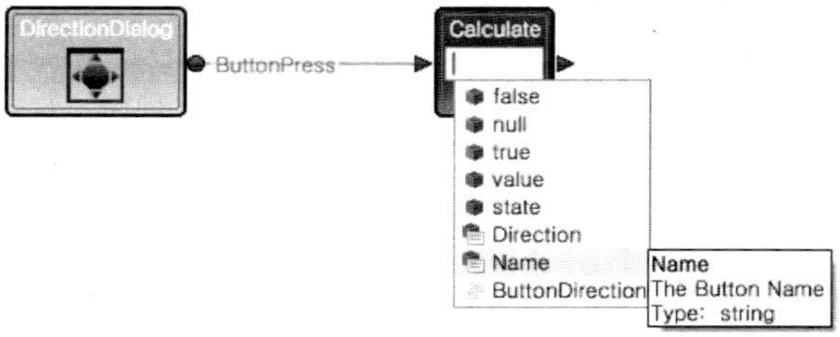

다음으로 Simple Dialog 서비스를 Calculate 액티버티 우측에 추가한 후, Calculate 액티버티와 Simple Dialog 서비스를 연결한다.

연결할 때, Connections 창과 Data Connection 창에서의 설정은 다음과 같이 설정한다.

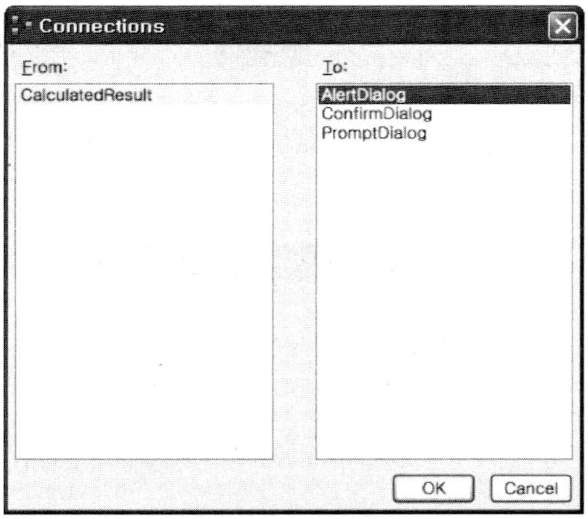

Data Connection 창에서 Value 항목을 반드시 "value"로 선택해 주어야 값이 전달된다.

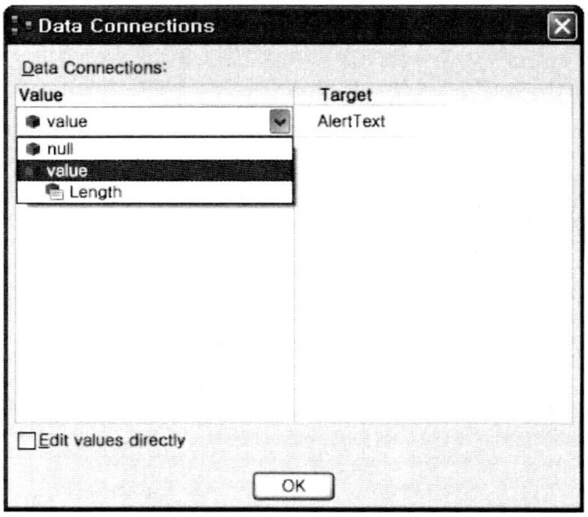

이제 최종적인 다이어그램은 다음과 같으며, 다이어그램을 저장하고 실행하여 본다.

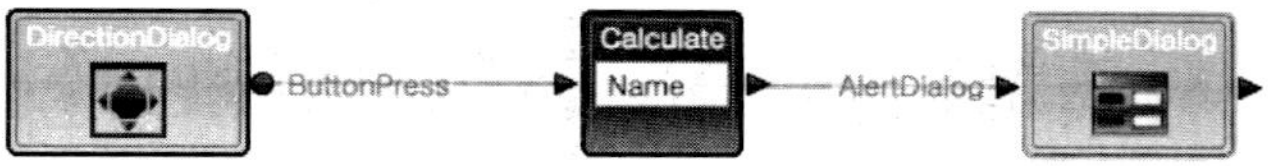

위의 다이어그램을 실행하면 방향 버튼이 있는 DSS Direction Dialog 창이 나타난다.

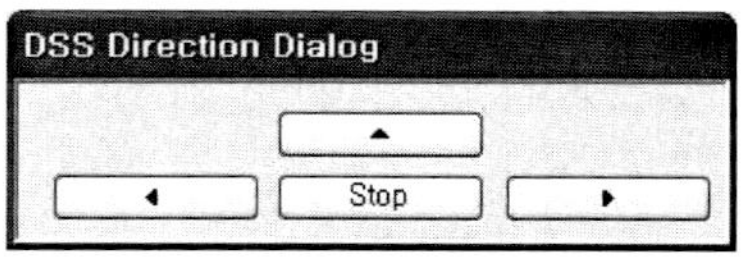

전진 방향의 버튼을 클릭하면 해당 버튼의 이름이 출력되는 것을 볼 수 있다.

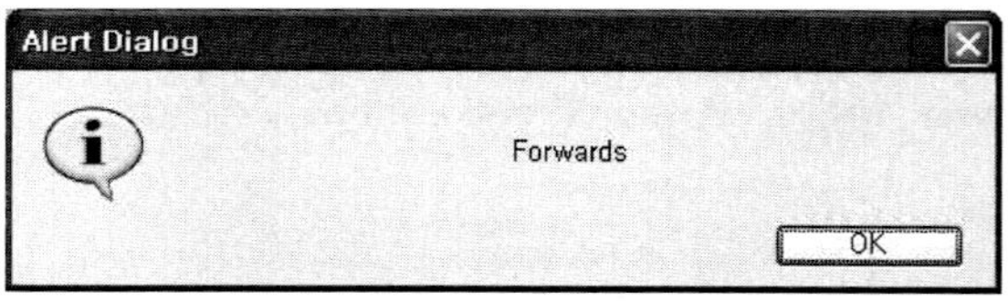

나머지 버튼에 대해서도 클릭하면 버튼의 이름이 나타난다.

각 버튼을 클릭하면 다음과 같은 이름을 출력하게 됨을 알 수 있다.

전진버튼 : Forwards
Stop 버튼 : Stop
좌측버튼 : Left
우측버튼 : Right

이제 Direction Dialog가 각 버튼에 따라 이름을 출력함을 파악하였으면 버튼의 이름을 이용하여 모터에 전달되는 값을 만들어 보자.

이전 다이어그램에서 Simple Dialog 액티버티를 제거한 후에 Switch 액티버티를 추가하고 다음과 같이 버튼의 이름을 Switch 액티버티의 텍스트 박스에 추가한다.

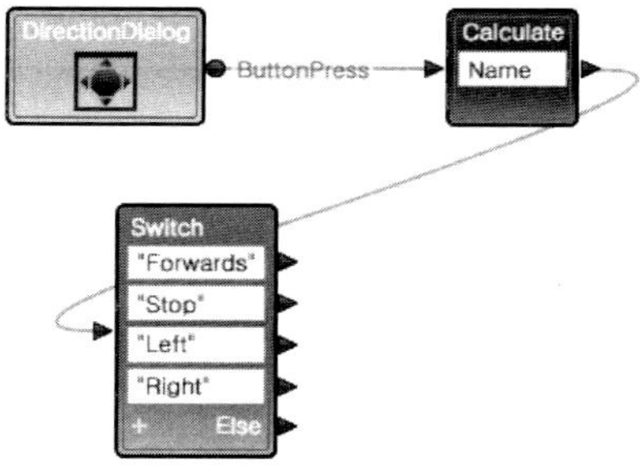

Switch 액티버티에 버튼의 이름을 입력할 때, 반드시 " "을 사용하여야 한다.

이어서 두 개의 Data 액티버티와 하나의 Join 액티버티를 추가한 후 "Forwards" 값의 출력단자에 다음과 같이 연결하고 Join 안에 있는 변수 이름의 값을 다음과 같이 변경한다.

msg → Left
msg0 → Right

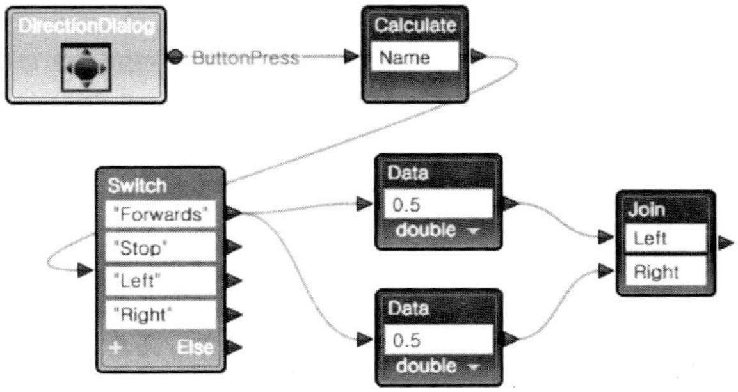

이제는 나머지 항목들에 대해서도 동일하게 작업을 진행한다. 다이어그램을 살펴보기 전에 먼저 각자 스스로 Stop, Left, Right 항목에 대해 해당되는 Data와 Join의 액티버티 조합을 추가하여 보자.

나머지 항목들에 대해서도 동일한 작업을 적용한 결과는 다음과 같다.

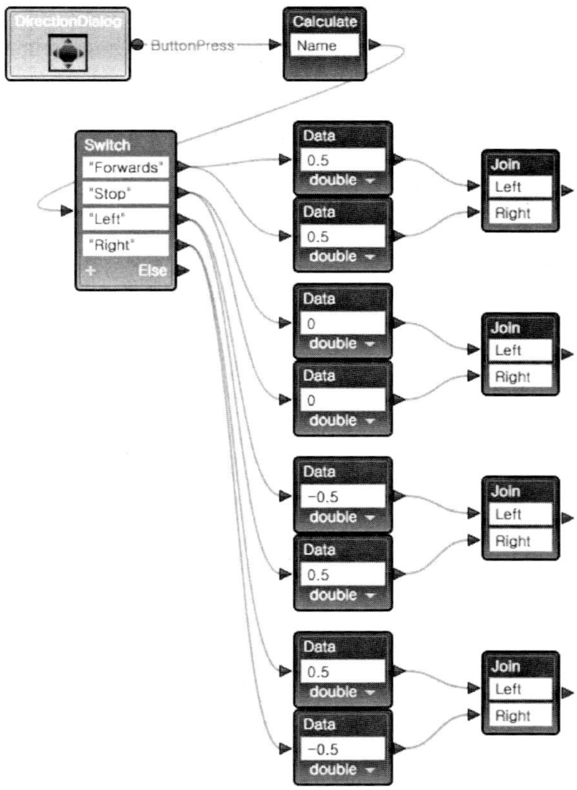

이제 남아 있는 작업은 이러한 결과를 로봇에 연결하는 작업들이다. 시뮬레이션 로봇을 연결하는 것과 실제 로봇을 연결하는 작업은 동일하다. 로봇을 연결하기 전에 Merge 액티버티를 추가하여 값을 한 개의 액티버티를 통해서 전달이 되도록 한다.

이미 이전 단계에서 각 Join 액티버티들의 변수 이름을 모두 Left와 Right 이름으로 전달이 되도록 하였기 때문에, Merge 액티버티를 통과한 값들은 항상 Left와 Right 이름으로 전달된다. 마지막으로 SimulatedGenericDifferential-Drive 서비스를 추가한 후 Merge 액티버티와 연결한다.

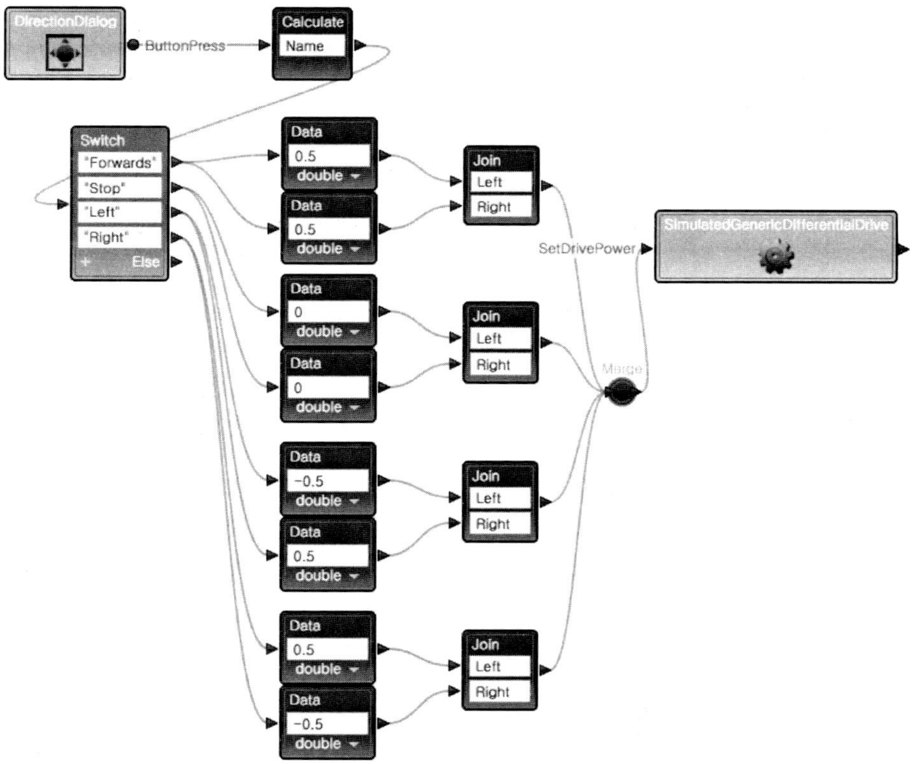

이때, Connections 창이 실행되면 아래와 같이 "SetDrivePower"를 선택한다.

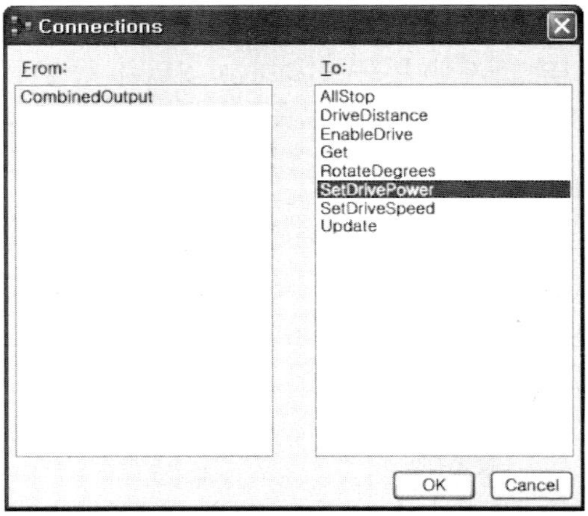

또한, Data Connections 창에서 "LeftWheelPower"와 "RightWheelPower"의 Value 속성을 각각 "Left"와 "Right" 값을 선택한다.

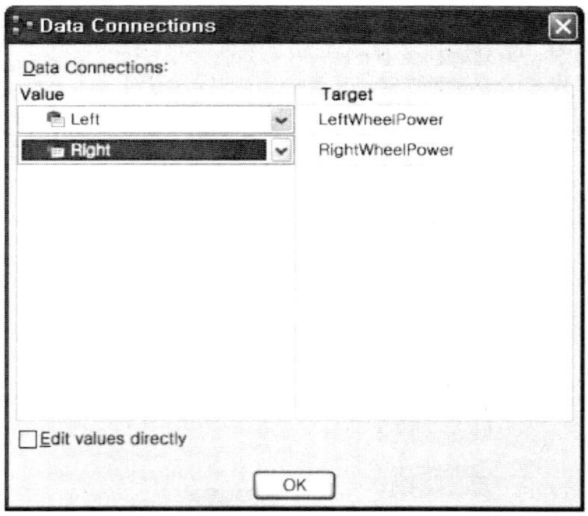

그 다음 작업은 SimulatedGenericDifferentialDrive 서비스를 선택한 후, Configuration에서 Manifest를 지정해 주어야 한다. 이미 앞의 단원에서 설명을 하였듯이 이 단원에서는 P3DX 로봇을 선택한다. SimulatedGenericDifferentialDrive 서비스를 마우스로 선택한 후 우측의 속성 툴 박스에서 "Use a Manifest" 항목을 선택한다. 그리고 Import 버튼을 클릭하여 다음과 같이 "MobileRobots .P3DX…. " 로봇을 선택한다.

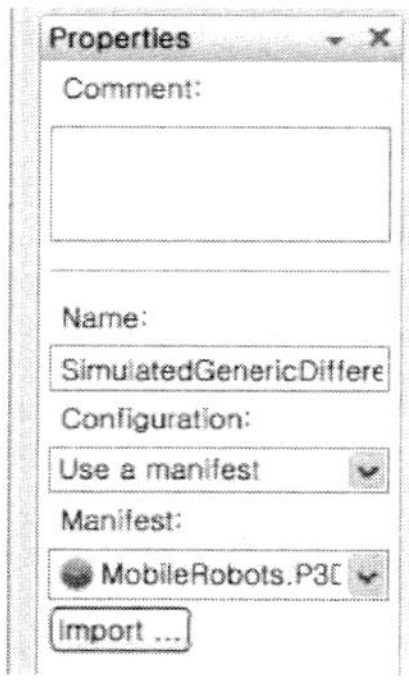

이제까지 작업한 내용을 저장하고 실행하여 본다. 실행 후에는 다음과 같은 DSS Direction Dialog 창과 로봇이 보이는 시뮬레이션 창이 표시된다. 다음의 버튼을 클릭하여 로봇을 조종해 보기 바란다.

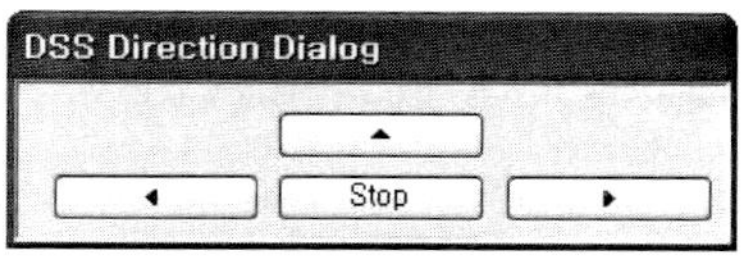

위의 예에서는 로봇이 조금 빠르게 회전하므로 Left와 Right 버튼에 해당하는 값을 0.5에서 0.2의 크기로 수정한다면, 조금 더 부드러운 제어가 가능할 것이다.

찾아보기

Related Title

휴머노이드 로봇공학

I S B N	9788972838982
저 자	김수현 외
정 가	19,000원
출간년도	2010-10

Introduction to AI Robotics

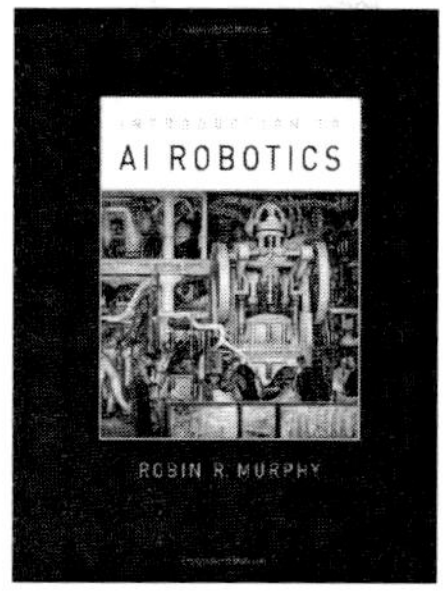

I S B N	9780262133838
저 자	Robin R. Murphy
정 가	49,000원
출간년도	2000-11

ODE에 의한 로봇 시뮬레이션

I S B N	9788972838197
저 자	김영탁
정 가	19,000원
출간년도	2009-12

Robotics

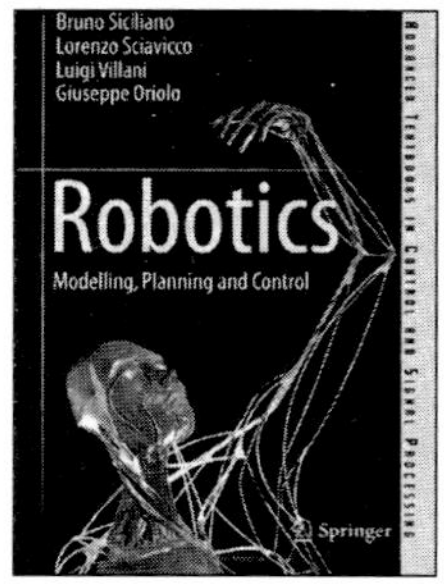

I S B N	9781846286414
저 자	Bruno Siciliano, Lorenzo Sciavicco, Luigi Villani
정 가	149,000원
출간년도	2008-12

HDL 및 Verilog를 이용한 FPGA 로봇 설계 실습

I S B N	8972834858
저 자	이제현, 한승수 공저
정 가	14,000원
출간년도	2005-08

Designing Autonomous Mobile Robots

I S B N	9780750676830
저 자	John M. Holland
정 가	37,000원
출간년도	2003-11

임베디드 로봇 설계

I S B N	8972835293
저 자	서종완, 이성대 공저
정 가	19,000원
출간년도	2006-09

Fundamentals of Robotics

I S B N	9789812383358
저 자	Xie
정 가	39,000원
출간년도	2003-04

저자약력

정종인 교수(jichung@kongju.ac.kr)

1981년 경북대학교 전자공학과(전산모듈) 공학사
1985년 경북대학교 대학원 전산전공 공학석사
1995년 서강대학교 대학원 전자계산학과 공학박사
1999–2000년 University of Southern California Post-doc
1985–1997년 우송공업대학 전산과 교수
1997년–현재 공주대학교 컴퓨터교육과 교수,
공주대학교 과학영재교육원장 및 원격교육연수원장

김영준 대표(young.admin@gmail.com)

2002년부터 2006년까지 MS의 컨설팅 그룹에서 아키텍트 컨설턴트로 활동한 후, 2007년부터 MS 본사 로보틱스 그룹으로 소속을 옮겨 아시아 지역의 로봇 기업 지원 및 로보틱스 개발자 스튜디오의 저변확대를 위해 노력해 왔다. 현재는 로보틱스 애플리케이션 커뮤니티 회사인 HelloApps.com을 운영하고 있으며, 이 사이트를 통해 MSRDS 및 SPL을 전 세계에 알리는 활동을 하고 있다.

정가 19,000원

MSRDS VPL–논리력 향상을 위한 로봇 프로그래밍

2012년 7월 13일 초판 인쇄
2012년 7월 23일 초판 발행

저　자 : 정 종 인·김 영 준
발행자 : 우 명 찬·송　준
발행처 : 홍릉과학출판사
주　소 : ㊐ 142-885 서울시 강북구 인수동 455-60
등　록 : 1976년 10월 21일 제5-66호
전　화 : 999-2274~5, 996-8341, 903-7037
팩　스 : 905-6729
ISBN : 978-89-97570-24-9

hongpub@hongpub.co.kr
www.hongpub.co.kr

저자와의 협의하에 인지생략